国际贸易实务模拟操作教程

（第四版）

夏合群　夏菲菲　主　编
胡爱玲　赵　翊　乔志霞　副主编

对外经济贸易大学出版社
中国·北京

图书在版编目（CIP）数据

国际贸易实务模拟操作教程/夏合群，夏菲菲主编
. —4 版. —北京：对外经济贸易大学出版社，2020. 5（2024.12重印）
ISBN 978-7-5663-2151-0

Ⅰ. ①国… Ⅱ. ①夏…②夏… Ⅲ. ①国际贸易-贸易实务-高等学校-教材 Ⅳ. ①F740. 4

中国版本图书馆 CIP 数据核字（2020）第 071503 号

国际贸易实务模拟操作教程（第四版）

夏合群 夏菲菲 **主编**

责任编辑：李晨光

出版发行：对外经济贸易大学出版社
社　　址：北京市朝阳区惠新东街 10 号
网　　址：www. uibep. com
资源网址：www. uibepresources. com
邮政编码：100029
邮购电话：010-64492338
发行部电话：010-64492342
E-mail：uibep@ 126. com

成品尺寸：185mm×260mm
印　　张：22
字　　数：508 千字
ISBN 978-7-5663-2151-0
印　　刷：三河市少明印务有限公司
版　　次：2020 年 5 月北京第 4 版
印　　次：2024 年 12 月第 6 次印刷
定　　价：49. 00 元

序　言

随着现代信息技术的发展，计算机及其网络系统已经能够让我们去模拟现实商业环境和商业运营方式，以处理复杂的决策问题。在国外大学商科教育中，计算机模拟教学已经不是什么新鲜事物，而我国高校引入计算机模拟教学的历史并不长。人文科学类的计算机模拟教学更是起步不久，还处在探索的过程中。与自然科学研究对象的变量可控性不同的是，社会科学的研究对象是人的行为、人的思维和决策过程。它们涉及很多复杂多变的因素，除了模拟者自身可控因素之外，还有环境和背景因素，以及模拟参与者之间的相互影响。很多模拟变量之间具有较强的不确定性，达到完全仿真的模拟的确有很大的难度。

通常，从人类行为角度看，商科类软件模拟系统有两大类：一类是程序性模拟系统，另一类是决策性模拟系统。程序性模拟系统是主要针对业务流程设计的模拟系统，通过该系统的训练和程序操作，学生可以了解业务流程的全过程，较好地印证书本知识，体会真实业务过程，加深对专业知识的理解。决策性模拟系统则是通过计算机系统的设计，模拟现实场景和真实的业务运作问题，让学生进行自我判断、分析和决策。决策性模拟让学生知道自己的决策行为最终会带来什么结果，其目标是反思和改进决策过程，以及寻求较好的问题解决方法。

在国际贸易专业教学领域，国际贸易实务计算机模拟系统一般侧重于程序性模拟，主要模拟进出口运作的操作流程和操作方法，让学生从书本知识学习进入实践环节。这种教学方法的应用能够缩短理论与实践的距离，有助于培养操作能力强的人才。

从 20 世纪 90 年代开始，一些高校和企业纷纷探索计算机模拟教学，把网络和计算机模拟应用到国际贸易实务教学中。对外经济贸易大学联合企业开发了国际贸易实务计算机教学模拟系统。南京世格软件有限责任公司就是国际贸易实务模拟操作系统的成功开发者，其产品是全国各高校国际贸易实务模拟操作教学的较优秀的软件系统之一。

《国际贸易实务模拟操作教程（第四版）》一书就是介绍南京世格 SimTrade 国际贸易实务计算机模拟的辅助教材。该教材较好地反映了国际贸易实务的业务操作过程，体系完整，内容充实，有助于学生完成各项模拟任务。该教材不仅介绍了国际贸易实务模拟操作过程，还就模拟业务中所涉及的进出口相关知识做了简要介绍。

引入更多的计算机模拟系统，对实务类课程和教学进行创新是未来教学改革的重要发展趋势。本人以此作序来推进这一进程。

王　健

对外经济贸易大学国际经济贸易学院教授

前　言

教材作为教育目标、理念、内容、方法、规律的集中体现，是教育教学的基本载体和关键支撑，是教育核心竞争力的重要体现。建设高质量教材体系，对于建设高质量教育体系而言，既是应有之义，也是重要的基础和保障。

为了全面贯彻落实党的二十大报告提出的“深入实施科教兴国战略、人才强国战略、创新驱动发展战略，开辟发展新领域新赛道，不断塑造发展新动能新优势”，把全面推进习近平新时代中国特色社会主义思想和党的二十大精神进教材作为首要任务和持续推进的重大工程，特全面修订了本教材，助力中国特色高质量教材体系建设。

本教材是根据教育部“高等学校面向21世纪经济管理系列课程教学内容与课程体系改革研究”项目中提出应达到的教学基本要求而编写的应用型经管系列规划教材，也是根据《关于2017—2020年开展示范性虚拟仿真实验教学项目建设的通知》的精神，依据国际贸易规则和全国仿真模拟实验的最新动态，采用《国际贸易术语解释通则2020》（Incoterms® 2020），升级更新SimTrade外贸实习平台教学系统（V6.0），调整出入境检验检疫管理队伍划入海关总署的管理职责和机构职能而修订的国际贸易实务模拟实训的新版教材。

本教材在第三版的基础上进行修订，修订内容包括5篇、24章、5个附录以及包含课学课件在内的10个电子教学资源的内容。

为紧跟国际贸易发展最新动态，本教材新增了第四篇跨境电子商务和国际贸易“单一窗口”的相关内容。本教材还新增了SimTrade外贸实习平台软件（V6.0）的升级更新内容，具体包括：（1）关于货物贸易外汇管理制度改革的相应修改；（2）关于“原中国出入境检验检疫部门正式并入中国海关”，实行“关检融合”制度的相应修改；（3）关于最新出口退税制度的修改，取消出口报关单（退税联），通关数据直接推送至国税局，办理退税时不需要再提交出口报关单（退税联）；（4）相关单据的更新使之更接近当前外贸企业使用单据；（5）新增公司基本信息“统一社会信用代码”，取消“海关代码”“税务登记号”栏目；（6）更新商品监管条件代码表；（7）更新商品H.S.编码库，可检索到2017年最新的商品税率以及监管条件；（8）更新银行汇率为当前汇率；（9）更新软件自带演示数据；（10）淘金网的“产品展示”中增加了50个新产品；（11）教师功能和在线帮助的相关修改内容。

为了丰富本教材的教学内容，本次修订在电子资源上做了较大补充，除了教学课件之外，还包括以下内容：我国国际贸易相关机构、国际贸易从业执业资格证考证指南、正在使用世格系列产品的1 000多所高校名单、SimTrade外贸实习平台实习指导书（教师篇）、SimTrade外贸实习平台实习指导书（学生篇）、POCIB国际贸易从业技能综合实训、OCALE全国跨境电商创新创业能力大赛介绍、南京世格软件有限责任公司教育部产学合作协同育人项目申报指南、国际贸易“单一窗口”标准版服务目录。

本教材的编写特点如下：

（1）教材将国际贸易实务的基本知识与南京世格软件有限责任公司和对外经济贸易大

学研发的国际贸易实务模拟操作软件 SimTrade 相结合，以国际贸易实务业务程序为主线，以国际贸易实务模拟操作软件的四个模块为核心，将教材中 5 篇、24 章、5 个附录的内容，通过生动具体的实务知识、实务流程、应用案例分析和实务模拟操作提示展现出来，构成了三位一体的实务模拟操作教学系统，为学生提供了一个在仿真模拟实践中了解和掌握进出口交易程序和基本技能的有效途径。

（2）教材在编写过程中实现了三个结合：国际贸易实务模拟操作软件公司与国际经济与贸易专业学校的结合；国际贸易实务专业理论知识与国际贸易实务模拟操作软件内容的理论与实际的结合；课堂讲授国际贸易实务基础知识与计算机模拟操作国际贸易实务流程的结合。

（3）教材在编写过程中，紧密结合教学基本要求，注重内容精炼、重点突出，取材力求更新，对传统的教学内容进行了必要的调整和增删。侧重应用理论和应用技术，强调实务模拟操作和实务应用案例分析。

本教材是国际经济与贸易专业学生的实验课指导教材，也可作为外贸专业人员相关培训教材和有志于从事进出口贸易的有关人员自学参考教材，以及国际贸易从业、执业资格证考证的训练参考教材。此外，本教材还可作为相关教学改革试点专业的参考书。

本教材在编写过程中，大量引用了近年来众多外贸公司进行国际贸易的单证实例和典型案例，同时参阅和引用了国内外近年来与国际贸易实务相关的教材、资料、技术标准等，尤其得到了南京世格软件有限责任公司张亮经理及其同仁对本教材的大力支持，编者在此一并表示衷心的感谢。

由于时间仓促，水平有限，书中不妥之处恳请广大读者批评指正。

夏合群

2023 年 5 月

目　　录

第五篇 SimTrade 实习平台软件（V6.0）的操作

第一篇

国际贸易实务的基础知识

学习目标

通过对本篇的学习，学生应在熟悉国际贸易的概念、特点、种类、国际贸易适用的法律与惯例、国际贸易术语的基础上，了解在使用 CIF 术语时信用证、托收与汇付方式下的实务流程，熟悉国际贸易实务模拟操作的基本流程，掌握买卖双方根据货物性质、交易条件、贸易结算方式等，选择不同处理程序的方法。

学习要求

知识要点	能力要求	相关知识
国际贸易的特点	(1) 了解国际贸易与国内贸易的异同 (2) 熟悉国际贸易的特点	国际贸易所涉及的相关领域与部门
国际贸易的种类	熟悉国际贸易的各种分类方式	国际贸易的不同形态和类型
国际贸易适用的法律与惯例	(1) 熟悉国际贸易中常用的国际贸易法律与惯例 (2) 熟悉国际贸易惯例与法律的关系	(1)《中华人民共和国合同法》 (2)《联合国国际货物销售合同公约》 (3)《跟单信用证统一惯例（UCP600）》
国际贸易术语 2020	(1) 熟悉贸易术语的意义 (2) 掌握常用贸易术语的主要义务	《国际贸易术语解释通则 2020》(INCOTERMS® 2020)
信用证方式下的实务流程	(1) 熟悉信用证方式下的出口贸易的基本流程 (2) 掌握信用证方式下的进口贸易的基本流程	(1) 信用证的基本概念 (2) 信用证方式下进出口贸易的基本程序
托收方式下的实务流程	(1) 熟悉托收方式下出口贸易的基本流程 (2) 掌握托收方式下进口贸易的基本流程	(1) 托收的基本概念 (2) 托收方式下进出口贸易的基本程序
汇付方式下的实务流程	(1) 熟悉汇付方式下出口贸易的基本流程 (2) 掌握汇付方式下进口贸易的基本流程	(1) 汇付的基本概念 (2) 汇付方式下进出口贸易的基本程序

主要概念

国际贸易　出口贸易　进口贸易　国际贸易术语　信用证　托收　汇付
进出口贸易的基本流程　国际条约和国际贸易惯例

第一章

国际贸易的基本概念

国际贸易实务模拟操作是一门主要研究国际货物买卖的具体过程及相关活动内容与商务运作规范的课程，也是一门具有涉外商务活动特点的实践性很强的综合性应用课程。为了学好这门课程，学生首先必须对国际贸易的基本概念有所了解。

第一节　国际贸易的概念与特点

一、国际贸易的概念

国际贸易（International Trade）是指不同国家或地区间的买卖双方从事货物、服务或技术等交易的行为。双方协商约定，卖方应将买卖标的物的所有权或使用权转让给买方，而买方则应将货物、服务价款或等值物品交付给卖方。

二、国际贸易的特点

国际贸易包括货物贸易、服务贸易和生产要素的跨国流动三部分内容，其中货物贸易是国际贸易中最主要的组成部分。与国内贸易相比，国际贸易与国内贸易都是货物、服务和生产要素的交换活动，交易过程大同小异，经营目的都是为取得利润或经济效益。但是，国际贸易具有许多不同于国内贸易的特点，主要表现在以下几个方面。

（一）国际贸易难度比较大

国际贸易中各国之间使用的语言不同，各国的货币与度量衡差别很大，各国的贸易政策与措施不尽相同，各国的商业法律、风俗习惯、宗教、信仰等并不完全一致，使得进行对外贸易、开拓国外市场、进行市场调研、了解贸易对象的资信状况等都比较困难，一旦发生贸易纠纷，解决起来难度也比较大。

（二）国际贸易风险比较大

在国际贸易中，自买卖双方接洽开始，要经过报价、还价、确认而后订约，直到履约的基本流程。在此期间可能会出现各种各样的风险，如信用风险、商业风险、汇兑风险、运输风险、价格风险、政治风险等。

（三）国际货物贸易交易环节多

在国际货物贸易中，交易过程的中间环节多，除了双方当事人外，还涉及中间商、代理商以及为货物贸易服务的相关部门，如工厂、商贸公司、仓储、运输、保险、银行、车站、港口、海关等，任何一个部门或一个环节出现差错，都会影响整笔交易的正常进行。

（四）国际贸易的市场竞争更加激烈

在国际货物贸易中，一直存在着争夺市场的激烈竞争，竞争的表现形式既有价格竞争，又有非价格竞争，并且竞争种类繁多，不胜枚举。在信息产业和通信业高速发展的今天，国际、国内市场环境透明度大大提高，竞争更趋激烈，有时甚至达到了白热化的程度。

（五）对从事国际贸易的人才素质要求更高

从事国际贸易的人员不仅要精通外语，了解各国政治、经济、法律、文化、宗教等方面的情况，还要具有良好的商业信誉，熟悉国际贸易惯例，掌握各种专业理论知识与基本技能，善于交流，具有开拓创新能力、驾驭市场能力和善于应对挑战与随机应变的能力，甚至需要具备管理企业的能力。

（六）世贸组织成员方的贸易行为要受 WTO 规则的约束

背景知识

从事外贸工作人员应具备的专业知识要求

（1）熟悉相关的外国语言。这是在对外贸易中，从与外商洽谈起直至办理各种贸易单证的基础，也是系统研究有关对外贸易国际惯例的基础。

（2）掌握市场营销学知识。对外贸易商品种类繁多，对象各异，竞争十分激烈，只有掌握了市场营销学知识，才能取得良好的效果。

（3）熟悉本国对外贸易的法规章程。这样就可以做到依法办事，既充分利用了本国政府针对对外贸易所实行的各种鼓励措施，又能顺利地办好相关手续。

（4）了解对方国家关税壁垒与非关税壁垒措施，由此才能较好地确定我们的对策，使产品较顺利地进入对方市场。

（5）熟悉国际金融方面的有关知识。这样才能正确地选择计价货币，并采用相应的措施，防范汇率风险。同时，正确地选择结算方式，以保证出口收汇的安全，并按时和如数收款。

（6）熟悉涉外保险知识。明确可能出现的风险，进行相应的保险，懂得发生损失时如何索赔，防范不必要的损失。

（7）熟悉商品学知识，能够对有关商品的生产、收购、包装、储存、运输、销售等做出适当的安排。

（8）要具备相关的法律知识，各国商人所依据的是各自国家的商事法规，以及一些国际上通行的规则和惯例。掌握相关的法律知识，为我所用，从而在国际贸易中游刃有余。

（9）要具备世界地理和运输知识，以便选择最适当的运输方式、最直接的运输路线、最低廉的运输费用。

（10）要有财会、统计学方面的知识，据此进行核算，不断提高经营效益。

第二节　国际贸易的种类

国际贸易分类方式有很多种，常见的有以下几种分类方式。

一、依货物流向分

（1）出口贸易（Export Trade）：将本国所生（出）产的产品卖到外国去，得到的是外汇。出口的不一定是货物，有可能是技术、专利、知识等。

（2）进口贸易（Import Trade）：自外国买进他国生产的产品，而不论此产品是否由该出口国生产。

进口贸易与出口贸易实际上是一笔交易的两个方面，一笔交易的成立必须有买方与卖方：就买方立场而言，该笔交易就是进口贸易；而就卖方立场而言，该笔交易就是出口贸易。

（3）过境贸易（Transit Trade）：货物由出口国输往进口国的运送途中，必须经过第三国，对第三国而言，该笔交易即为过境贸易。

（4）转口贸易（Entrepot Trade）：是指货物生产国与消费国之间或货物供给国与需求国之间经由第三国贸易商分别签订进口合同和出口合同所进行的贸易（见图 1-1）。

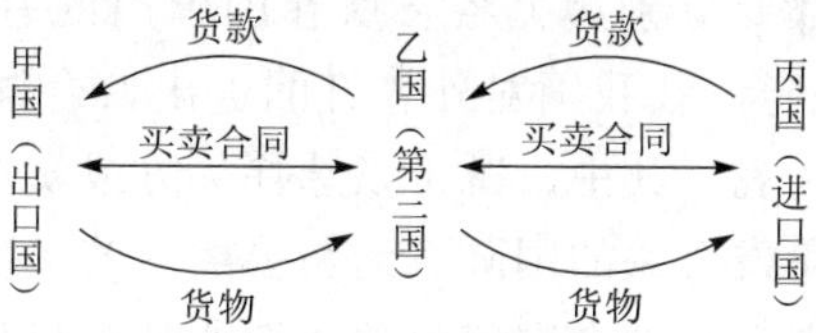

图 1-1 转口贸易流程图

二、依货物形态分

（1）有形贸易（Visible Trade）：交易商品如果是有体积、有重量的有形货物，如成衣、食品、水泥等，称为有形贸易，有形贸易必须经过海关进出口通关。

（2）无形贸易（Invisible Trade）：交易商品如果是无形的劳务或服务的提供，如运输、保险、金融等，则称为无形贸易。

三、依贸易途径分

（1）直接贸易（Direct Trade）：指进出口买卖双方直接进行交易，中间并无第三者介入，货物或货款也不经过第三地。

（2）间接贸易（Indirect Trade）：指进出口买卖双方并非直接进行交易，而是通过第三人（佣金代理商）为媒介，间接完成两国之间的贸易。佣金商以服务换取佣金，本身不负盈亏责任。

（3）三角贸易（Triangular Trade）：指输出国的出口商并未与输入国的进口商直接订约，而是由第三国的中间商以买方的身份与出口商订立购货合同，再以卖方的身份与进口商订立售货合同，从支付的货款中赚取差额利润，但货物直接从输出国运到输入国（见图 1-2）。

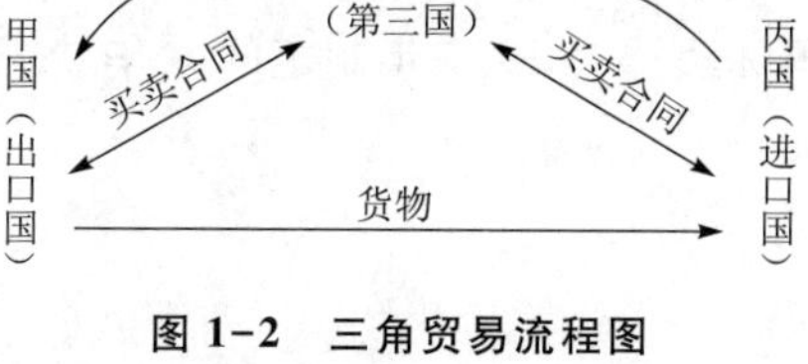

图 1-2 三角贸易流程图

第三节 国际贸易适用的法律与惯例

在国际货物贸易中，买卖双方订立、履行合同和处理合同争议时，都应遵循相关的法律与惯例。由于交易双方所处的国家不同，其所在国的法律体系和法律制度不同，它们对外缔结或参加的国际条约与协定以及对国际贸易惯例的选择与运用情况，也都彼此有别。因此，每笔交易、每个合同和处理每项争议所适用的法律与惯例，都会有所差异。归纳起来，国际货物贸易所适用的法律与惯例，一般有下列三种类型。

一、合同有关国国内的相关法律

进出口合同双方当事人都要分别遵循各自所在国国内的有关法律。如《中华人民共和国合同法》，根据此项法律规定，在我国对外签订的进出口合同中，交易双方可以协商约定处理合同争议所适用的法律法规。其中，既可以选择买方或卖方所在国的法律，也可以选择买卖双方同意的第三国的法律或有关的国际条约与公约。若买卖双方未在进出口合同中约定解决合同争议适用的法律，则由受理合同争议的法院或仲裁机构，依据与合同有最密切联系的国家的法律来处理合同项下的争议。

二、双边或多边国际条约或公约

在国际货物贸易中，各国政府和一些国际组织为消除国际贸易障碍和解决争议，相继缔结和订立了一些双边或多边的国际条约或公约，其中有些已为大多数国家所接受，并且行之有效，如贸易协定、支付协定，以及有关国际贸易、运输、商标、专利、知识产权和仲裁等方面的条约或公约。我国对外缔结或参加的有关国际货物贸易方面的双边和多边条约或公约颇多，其中，对我国发展国际贸易影响较大的是世界贸易组织（WTO）协定及其附件所包括的各种协议和《联合国国际货物销售合同公约》。

三、国际贸易惯例

国际贸易惯例通常是指由国际组织或商业团体，根据国际贸易长期实践逐渐形成的一般贸易习惯做法而制定成文的国际贸易规则，它是国际贸易法律的重要渊源之一。在经济全球化和各国积极谋求国际贸易法统一化的进程中，国际贸易惯例起着重要作用。惯例本身不是法律，也不具有法律效力，但通过各国立法和国际立法可以赋予惯例以法律效力。

在当前国际货物贸易中，影响较大且适用范围广泛的国际贸易惯例主要有：国际商会2006年修订的《跟单信用证统一惯例》（UCP600），1995年公布并于1996年1月1日生效的《托收统一规则》（URC522），1998年4月6日公布并于1999年1月1日生效的《国际备用信用证惯例》（ISP98）、2020年1月1日正式生效的《国际贸易术语解释通则2020》（INCOTERMS® 2020）以及国际法协会1932年制定的《华沙—牛津规则》等。

第二章

国际贸易术语

第一节　国际贸易术语概述

国际贸易涉及的层面非常广泛，从事国际贸易的当事人必须在不同的国境及不同的法律制度下，利用各种不同的设施或服务，来完成其所从事的交易活动。国际贸易交易过程中，交易双方在洽谈交易、订立合同时必须考虑下面几个重要的问题。

（1）买卖双方在什么地方、以什么形式办理货物的交接？

（2）由谁负责办理货物通关过境的手续及其费用？

（3）由谁负责租船订舱与支付运费？

（4）由谁负责办理货物运输保险并支付保险费？

（5）货物在运送途中所生毁损或灭失的风险应由谁承担？

（6）买卖双方需要交接哪些有关的单据？

贸易术语就是为解决这些问题，在实践中产生和发展起来的国际惯例。

贸易术语（Trade Terms）又称贸易条件或价格术语，是在长期的国际贸易实践中产生的。它用一个简短的概念或三个字母外文缩写来表示商品的价格构成和买卖双方在货物交接中有关交货地点，确定风险、风险责任、费用划分等问题的专门用语。贸易术语具有简化交易手续，缩短洽商时间，节省费用开支的作用。

第二节　国际贸易术语解释通则 2020

一、《国际贸易术语解释通则 2020》的分类

2019 年国际商会（ICC）正式推出 2020 年版本的《国际贸易术语解释通则 2020》（Incoterms® 2020），以取代已经在国际货物贸易领域使用了近十年的 Incoterms® 2010，新版本于 2020 年 1 月 1 日正式生效。《国际贸易术语解释通则 2020》依然把国际贸易术语分为 11 种，按照所适用的运输方式划分为适用于任何运输方式和适用于水上运输方式两大类，如表 2-1 所示。

表 2-1 《国际贸易术语解释通则 2020》的分类

组别	术语缩写	术语英文名称	术语中文名称
第一组（七种）适用于任何运输方式的术语	EXW	Ex Works	工厂交货
	FCA	Free Carrier	货交承运人
	CPT	Carriage Paid to	运费付至目的地
	CIP	Carriage and Insurance Paid to	运费、保险费付至目的地
	DAP	Delivered at Place	目的地交货
	DPU	Delivered at Place Unloaded	目的地交货并卸货
	DDP	Delivered Duty Paid	完税后交货
第二组（四种）适用于水上运输方式的术语	FAS	Free along Side	装运港船边交货
	FOB	Free along Side Free on Board	装运港船上交货
	CFR	Cost and Freight	成本加运费
	CIF	Cost，Insurance and Freight	成本、保险费加运费

二、《国际贸易术语解释通则 2020》的结构

Incoterms® 2020 在每一术语的解释上，对买卖双方各列出 10 项业务，表明“A 卖方义务和 B 买方义务”，如表 2-2 所示。

表 2-2 《国际贸易术语解释通则 2020》的结构表

A 卖方义务	B 买方义务
A1 卖方的一般义务	B1 买方的一般义务
A2 许可证、其他许可，安全清关和其他手续	B2 许可证、其他许可，安全清关和其他手续
A3 运输和保险合同	B3 运输和保险合同
A4 交付货物	B4 收取货物
A5 风险转移	B5 风险转移
A6 费用划分	B6 费用划分
A7 通知买方	B7 通知卖方
A8 交货证明、运输单据或具有同等效力的电子信息	B8 交货证明、运输单据或具有同等效力的电子信息
A9 检验、包装、标记	B9 货物检验
A10 信息协助和相关费用	B10 信息协助和相关费用

三、Incoterms® 2020 贸易术语的风险、责任及费用界限

Incoterms® 2020 贸易术语下，双方的风险、责任及费用界限可用表 2-3。

表 2-3　　Incoterms® 2020 买卖双方权利义务关系表

贸易术语	交货地点	风险转移界限	出口报关的责任、费用负担者	进口报关的责任、费用负担者	适用的运输方式
EXW	商品产地、所在地	买方处置货物后	Buyer	Buyer	任何方式
FOB	装运港口	货交装运港船上后	Seller	Buyer	水上运输
FCA	出口国内地、港口	承运人处置货物后	Seller	Buyer	任何方式
FAS	装运港口	货交装运港船边后	Seller	Buyer	水上运输
CFR	装运港口	货交装运港船上后	Seller	Buyer	水上运输
CIF	装运港口	货交装运港船上后	Seller	Buyer	水上运输
CPT	出口国内地、港口	承运人处置货物后	Seller	Buyer	任何方式
CIP	出口国内地、港口	承运人处置货物后	Seller	Buyer	任何方式
DAP	进口国国内	买方处置货物后	Seller	Buyer	任何方式
DPU	进口国国内	目的地交货并卸货后	Seller	Buyer	任何方式
DDP	进口国国内	买方在指定地点收货后	Seller	Seller	任何方式

四、《国际贸易术语解释通则 2020》的主要变化

Incoterms® 2000 与 Incoterms® 2010 相比较，主要有以下变化。

Incoterms® 2020 在 2010 版本的基础上更进一步明确了买卖双方的责任，其生效后对贸易实务、国际结算和贸易融资实务等方面都将产生重要的影响，为将来的全球贸易做好准备。

Incoterms® 2020 考虑了日益普遍的货物运输安全需求，不同货物及运输性质对保险承保范围的灵活性需求，及 FCA（货交承运人）规则下部分融资性销售情形中银行对装船提单的需求。

Incoterms® 2020 主要修订内容如下：

（一）对 FCA 规则增加签发装船提单选项

FCA（货交承运人）是指卖方在卖方所在地或其他指定地点将货物交给买方指定的承运人或其他人。在货物海运销售中，货物在卖方运输工具上备妥待卸并置于承运人或买方指定的其他人控制之时，交货即告完成。

FOB（船上交货）是指卖方以在指定装运港将货物装上买方指定的船舶或通过取得已交付至船上货物的交货方式。货物灭失或损坏的风险在货物交到船上时转移，同时买方承担自那时起的一切费用。

FOB 可能不适合于货物在上船前已经交给承运人的情况。例如用集装箱运输的货物通常是在集装箱码头交货，货物被储藏在集装箱码头等待船只到达并装船，而不是实际将货物装到船上。该集装箱码头常常由买方的海运承运人指定。若集装箱在集装箱码头中损坏，即使卖方与集装箱码头经营者没有任何合同关系，损失仍由卖方承担。此时应当使用 FCA 术语，因为在 FCA 规则下，卖方将集装箱交给承运人而无须等待集装箱装船即完成了对买方

的交货。

在以上情形中，卖方会坚持使用 FCA 术语，同时卖方又希望使用信用证这一付款方式，而信用证通常要求出示提单；根据运输合同，承运人只可能在货物实际装船后才会签发装船提单；而在 FCA 规则下，卖方的交货义务在货物装船前已经完成，因此，卖方交货时无法从承运人处获得装船提单。

为解决以上问题，Incoterms® 2020 中 FCA 术语 A6/B6 中增加了一个附加选项，即买卖双方可以约定买方指示其承运人在货物装运后向卖方签发装船提单，卖方随后方才有义务向买方（通常通过银行）提交提单。尽管国际商会意识到装船提单和 FCA 项下的交货存在矛盾，但这符合用户需求。值得注意的是，即使采用该附加选项，卖方并不因此受买方签署的运输合同条款的约束。

（二）费用划分条款的调整

在 Incoterms® 2020 规则的条款排序中，费用划分条款列在各术语的 A9/B9（Incoterms® 2010 列在 A6/B6）中。除了序号的改变，在 Incoterms® 2020 中，A9/B9 统一罗列了原 Incoterms® 2010 中散见于各不同条款中对应的费用项目，如在 FOB2010 中，与获得交货凭证相关的费用仅出现在 A8“交货凭证”中，而非 A6“费用划分”中。因而 Incoterms® 2020 中的 A9/B9 较 Incoterms® 2010 中的 A6/B6 篇幅更长。

对费用划分条款的修订的目的在于提供给用户一站式费用列表，买方或卖方得以在一个条款中找到其选择的 Incoterms 术语所对应的所有费用，这使得卖方和买方之间费用的分摊得到了改进和明确。

同时，原散见于各条款的费用项目仍然保留：如 FOB 术语中获取凭证对应的费用同时出现在 A6/B6 及 A9/B9，方便用户在想了解某一特定事项的费用划分时可直接翻阅相关特定条款而非总括条款。

（三）CIP 保险条款调整为必须符合《协会货物保险条款》条款（A）的承保范围

在 Incoterms® 2010 规则中，CIF（成本、保险费加运费）和 CIP（运费和保险费付至）规定了卖方必须自付费用取得货物保险的责任。该保险至少应当符合《协会货物保险条款》（Institute Cargo Clauses，LMA/IUA）条款（C）（Clauses C）或类似条款的最低险别。

《协会货物保险条款》条款（C）规定了承保“除外责任”各条款规定以外列明的风险，它只承保“重大意外事故”，而不承保“自然灾害及非重大意外事故”。其具体承保的风险有：（1）火灾、爆炸；（2）船舶或驳船触礁、搁浅、沉没或倾覆；（3）陆上运输工具倾覆或出轨；（4）在避难港卸货；（5）共同海损牺牲；（6）抛货。

在 Incoterms® 2020 规则中，对保险义务，CIF 规则维持现状，即默认条款（C），但当事人可以协商选择更高级别的承保范围；而对于 CIP 规则，卖方必须取得符合《协会货物保险条款》条款（A）承保范围的保险，但当事人可以协商选择更低级别的承保范围。

《协会货物保险条款》条款（A）采用“一切风险减除外责任”的办法，即除了“除外责任”项下所列风险保险人不予负责外，其他风险均予负责。条款（A）承保的风险比条款（C）要大得多，这有利于买方，也会增加卖方的保费。

这一修订的原因在于 CIF 更多地用于海上大宗商品贸易，CIP 作为多式联运术语更多地用于制成品。

（四）FCA、DAP、DPU 及 DDP 允许卖方/买方使用自己的运输工具

Incoterms® 2010 中假定卖方和买方之间的货物运输将由第三方承运人进行，未考虑到由卖方或买方自行负责运输的情况。

Incoterms® 2020 中则考虑到卖方和买方之间的货物运输不涉及第三方承运人的情形。因此，在 D 组规则［DAP（目的地交货）、DPU（目的地交货并卸货）及 DDP（完税后交货）］中，允许卖方使用自己的运输工具。同样，在 FCA（货交承运人）中，买方也可以使用自己的运输工具收货并运输至买方场所。

（五）DAT 更改为 DPU

Incoterms® 2010 中，DAT（Delivered at Terminal 运输终端交货）与 DAP（Delivered at Place 目的地交货）唯一的区别是在 DAT 中卖方将货物从抵达的运输工具上卸下至“运输终端”即完成交付；而在 DAP 中卖方将货物置于抵达的运输工具上且做好卸载货物的准备，由买方处置，无须卸货即完成交付。

Incoterms® 2010 DAT 的“使用说明”中将“运输终端”广泛地定义为“任何地点，而不论该地点是否有遮盖，例如码头、仓库集装箱堆积场或公路、铁路、空运货站。”

Incoterms® 2020 对 DAT 和 DAP 做了两项修订。首先，Incoterms® 2020 中两个术语的排列位置改变了，交货发生在卸货前的 DAP 现在列在 DAT 前。其次，DAT 更改为 DPU（Delivered at Place Unloaded，目的地交货并卸货），更强调目的地可以是任何地方而不仅仅是“运输终端”，使其更加笼统，符合用户需求，即用户可能想在运输终端以外的场所交付货物（虽然实质内容并无其他改变）。但若目的地不是运输终端，卖方需确保其交货地点可以卸载货物。

（六）在运输责任及费用划分条款中增加安保要求

Incoterms® 2010 各规则的 A2/B2 及 A10/B10 中简单提及了安保要求。随着运输安全（例如对集装箱进行强制性检查）的要求越来越普遍，Incoterms® 2020 将与之相关的安保要求明确规定在了各个术语的 A4“运输合同”及 A7“出口清关”中，因安保要求增加的成本也在 A9/B9 费用划分条款中做了更明确的规定。

（七）升级“使用说明”为“用户注释”

Incoterms® 2020 升级了 Incoterms® 2010 中各规则首部的“使用说明”为“用户注释”。用户注释阐明了 Incoterms® 2020 中各术语的基本原则，如何时适用，风险何时转移及费用在买卖双方间的划分；旨在（1）帮助用户有效及准确地选择适合其特殊交易的术语；（2）就受 Incoterms® 2020 制约的合同或争议提供部分需要解释问题的指引。

第三章

国际贸易实务模拟操作的基本流程

第一节　信用证方式下的实务流程

凭信用证付款是目前国际贸易使用最广泛的一种方式。所谓**信用证（Letter of Credit，L/C）**，是指买方应于合同成立后，依照合同所规定的条件，请求当地的外汇银行，向卖方开出信用证。信用证通常由开证银行通过其在出口地的往来银行转达卖方，卖方收到信用证后，随即着手备货装运，并备妥信用证所要求的一切单据，于交货后开具汇票，连同信用证一并提交外汇银行请求押汇。押汇银行对单据进行审核，如完全符合信用证上所列条款，即买进跟单汇票，并将汇票及单据寄往开证银行，开证银行收到汇票及单据后，就通知买方前往付款赎单。

其 L/C 方式下贸易实务流程见图 3-1。

图 3-1 各阶段步骤分别简略说明如下。

一、认识与签约（程序 1~4）

1. 推销：进出口商要将产品打进国际市场，必须先开拓市场，寻找合适的交易对象。可以通过寄送业务推广函电（Sale Letter）或在互联网、国外杂志、报刊上刊登产品广告来推销自己，同时也可通过参加商展、实地到国外考察等途径来寻找交易对象，增加贸易机会。

2. 询盘（Inquiry）：又称为询价。进口商收到出口商的业务推广函电或看到广告后，根据自己的需要，对有意进一步洽商的出口商予以询盘，以期达成交易。

3. 发盘（Offer）：又称为报价。出口商按买主来函要求，先向供货的工厂询盘，然后计算出口报价回函给进口商。这期间可能需要函电多次往返接洽，最后得到关于价格条款的一致意见。

4. 签订合同：国外买主与出口商经一番讨价还价后，就各项交易条件达成一致，正式签订合同（Contract 或 Agreement）。合同可以由出口商起草，也可以由进口商起草，或由买卖双方共同拟订。

二、进口商申请开立信用证（程序 5~8）

5. 申请开信用证：进口商填妥付汇核销单后，再开具**“不可撤销信用证开证申请书”（Irrevocable Documentary Credit Application）**，向其有往来的外汇银行申请开立信用证。

6. 开信用证：开证银行接受申请并根据申请书开立**“信用证”（Letter of Credit，L/C）**，

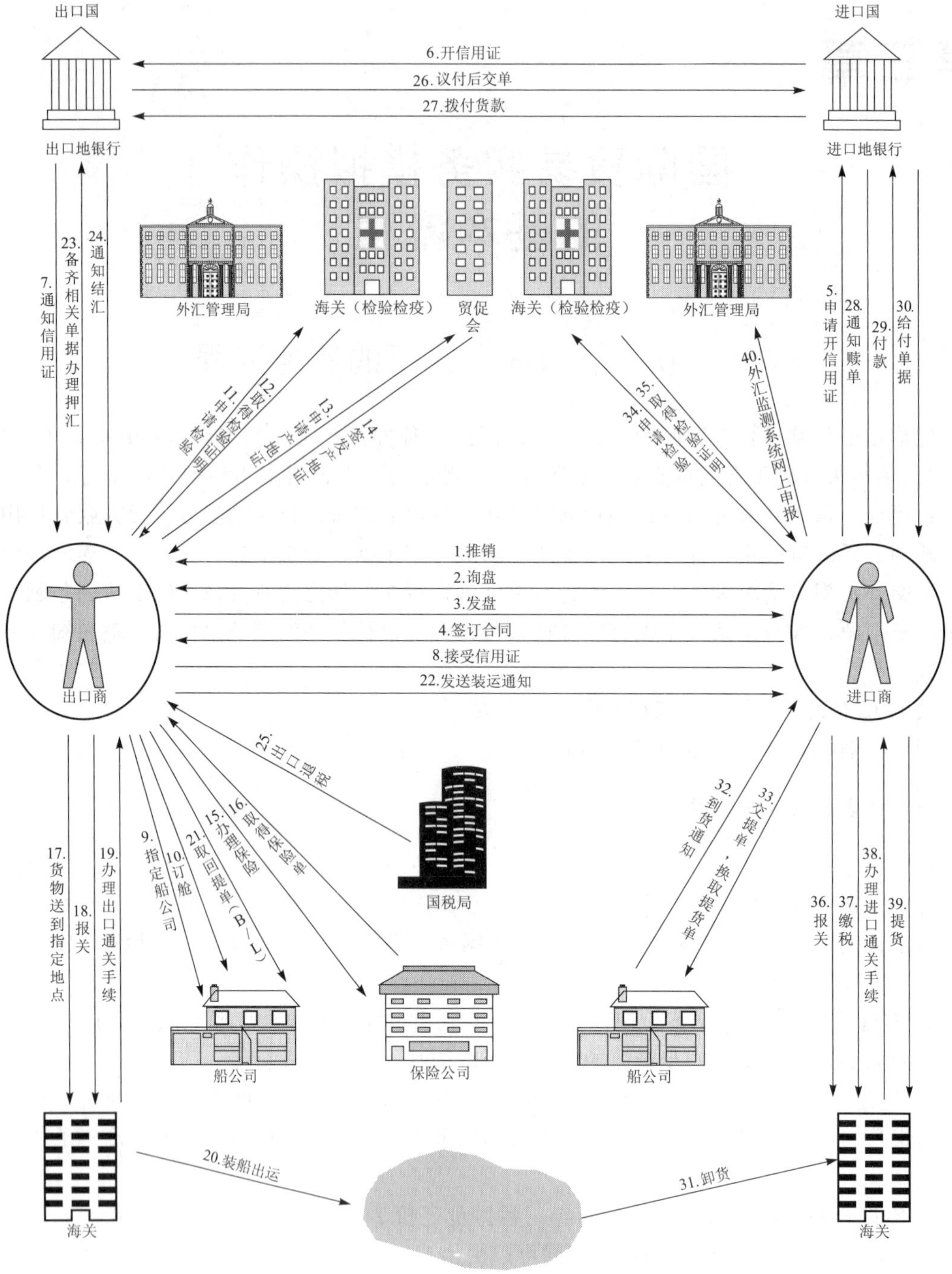

图 3-1　L/C 方式下贸易实务流程图

经进口商确认后，将信用证寄给出口地银行（在出口国称为通知行），请其代为转送给出口商。

7. 通知信用证：出口地银行填妥**“信用证通知书”**（**Notification of Documentary Credit**），将信用证通知出口商。

8. 接受信用证：出口商收到通知银行送来的信用证后，经审核无误，接受信用证，即可开始备货、装船等事宜。

三、出口商备货装运（程序 9~22）

9. 指定船公司：在 CIF 或 CFR 术语下，出口商一边备货，一边还要寻找合适的船公司，以提前做好装运准备；在 FOB 术语下，此步骤则应由进口商完成。

10. 订舱：确定好船公司后，出口商即应根据相应的船期，配合装运期限进行订舱，经船公司接受后发给配舱通知，凭此填制其他单据，办理出口报关及装运手续。

11. 申请检验：出口商根据信用证的规定填写**“出境货物报检单”（Application for Certificate of Export Inspection）**，并备齐商业发票、装箱单等相关文件向海关申请出口检验。

12. 取得检验证明：检验机构经对商品检验合格后，根据出口商的要求，签发相应的商检证书，如品质证书、健康证书等。

13. 申请产地证：出口商填妥相应的产地证明书向相关单位申请签发，在中国通常由中国贸促会签发。其中“原产地证明书”（Certificate of Origin）与“普惠制产地证明书”（Generalized System of Preferences Certificate of Origin“Form A”），应向海关（检验检疫）申请，而“输欧盟纺织品产地证”则应向商务部授权的纺织品出口证书发证机构申请。

14. 签发产地证：相关机构经过审核，根据出口商的申请，签发相应的产地证书。

15. 办理保险：在 CIF 术语下，保险由出口商办理，出口商须根据信用证的规定填写**“货物运输保险投保单”（Cargo Transportation Insurance Application）**，并附商业发票向保险公司投保。

16. 取得保险单：保险公司承保后，签发**“货物运输保险单”（Cargo Transportation Insurance Policy）**给出口商。

17. 货物送到指定地点：出口商办完以上各项手续后，将货物送至承运人指定的码头或地点，以待报关出口。

18. 报关：送出货物后，出口商填妥**“出口货物报关单”**，并备齐相关文件（商检证书、商业发票、装箱单、出境货物通关单、产地证等），看货取样，以电子数据申报或纸质申报的形式报关，并随附单证向海关投单报关。

19. 办理出口通关手续：海关审核货物与单据无误后即办理出口通关手续。

20. 装船出运：通关手续完成后，货物即装运上船，起航。

21. 取回提单（B/L）：船公司须等到货物已装上船（B/L 上标注 On Board Date），并起航后才签发提单，因此货物出运后，出口商可到船公司领取**“海运提单”（Bill of Lading, B/L）**。

22. 发送装运通知：出口商将货物运出后，应向买主寄发**装运通知（Shipping Advice）**。尤其是在 FOB、CFR 术语下，保险由买方自行负责时，出口商须尽快发送装运通知以便买方凭此办理保险事宜。

四、结汇与索偿（程序23~30）

23. 备齐相关单据办理押汇：货物装运出口后，出口商按L/C的规定，备妥相关文件（商业发票、装箱单、海运提单、货物运输保险单、商检证书、产地证、信用证等），并签发以进口商为付款人的**汇票（Bill of Exchange）**，向出口地银行要求**押汇（Negotiation）**。以出口单据作为质押，向银行取得融资。

24. 通知结汇：押汇单据经押汇银行验审与信用证的规定相符，即拨付押汇款，进口银行发出结汇邮件，出口银行通知出口商可以结汇，同时收取一定押汇费用。

25. 出口退税：持报关单（出口退税联）与商业发票前往国税局办理出口退税，税务局参考外汇局提供的企业出口外汇信息和分类情况，依据相关规定，审核企业出口退税。

26. 议付后交单：押汇银行议付后，将押汇单据发送到国外开证银行，要求偿付押汇款。

27. 拨付货款：开证银行审单与信用证条款核对无误后，拨付押汇款（即承兑）给出口地银行。

28. 通知赎单：开证银行向进口商要求缴清货款。由于当初进口商在向开证银行申请开立信用证时，大部分的信用证金额尚未付清，而出口商已经在出口地押汇（抵押融资），所以开证银行通知进口商缴清余款，将押汇单据赎回。

29. 付款：进口商向开证银行缴清货款，同时需将贸易进口付汇核销单交给银行审核。

30. 给付单据：进口商付款后，自开证银行取回所有单据（即出口商凭以押汇的文件）。

五、进口商提货（程序31~40）

31. 卸货：船方和装卸公司根据载货清单和其他有关单证卸货。

32. 到货通知：此时货物已运抵进口国的目的港，船公司通知进口商来换取提货单。

33. 交提单，换取提货单：进口商向船公司缴交**提单（B/L）**换取**提货单（Delivery Order，D/O）**。尤其当进口商是在FOB术语下买入货物时，进口商唯有向船公司缴清运费及杂费，并将B/L向船公司换取D/O，才能向海关提出报关，表明进口商已获得船公司同意可以提领货物。

34. 申请检验：进口商填写**"入境货物报检单"（Application for Certificate of Import Inspection）**，并备齐提货单、商业发票、装箱单等文件向出入境检验检疫局申请进口检验。

35. 取得检验证明：检验机构经对商品检验合格后，签发相关证明给进口商。

36. 报关：进口商备齐进口货物报关单、提货单、商业发票、装箱单、入境货物通关单、合同等文件，向海关投单报关。

37. 缴税：进口商向海关缴清各项税款，应纳税捐包括进口关税、增值税与消费税等。

38. 办理进口通关手续：海关审单通过，办理进口通关手续。

39. 提货：海关放行后，进口商即可至码头或货物存放地提领货物。

40. 外汇监测系统网上申报：进口商凭进口付汇到货核销表、进口货物报关单及进口付汇核销单到外汇管理局办理付汇核销。

第二节　托收方式下的实务流程

所谓**托收（Collection）**，是指出口商将货物装运出口后，备妥提单（B/L）、保险单（Insurance Policy）、商业发票（Commercial Invoice）等一切必要的单据，并签发以进口商为付款人的汇票，一并交给出口地的托收银行，再由托收银行将此单据与汇票寄往进口地的代收银行向进口商收取货款的方法。

托收依其付款的方式分为两种，一种是规定买方付款后交付单据，称为**付款交单（Documents against Payment，D/P）**，卖方所开的汇票多为即期汇票，汇票一经托收银行提示买方，买方应立即付款，然后才能取得货运单据办理提货。

托收的另一种方式是规定买方承兑汇票后，银行才交付单据，称为**承兑交单（Documents against Acceptance，D/A）**，买卖双方如约定交付单据的条件为承兑交单，则卖方所开出的汇票必为远期汇票。

一、付款交单实务流程

由于托收方式下的实务流程与L/C方式下的实务流程的区别仅在于与信用证相关的部分，其他程序基本一样，因此图3-2说明中将相同部分予以简化。

图3-2各阶段步骤分别简略说明如下。

（一）认识与签约（程序1~4）

此阶段与采用L/C方式时一样，分为推销、询盘、发盘与签订合同，不同之处仅在于买卖合同中双方约定的结算方式为付款交单（D/P）。

（二）出口商备货装运（程序5~18）

采用D/P方式付款时，没有信用证介入，因此进口商不必申请开立信用证，出口商签订合同后就可直接办理备货装运的各项手续，此阶段与L/C方式下的实务流程大体相同。

（三）结汇与求偿（程序19~27）

19. 备齐相关单据，办理托收：货物装运出口后，出口商按双方规定，备妥文件（商业发票、装箱单、海运提单、货物运输保险单、商检证书、产地证等），并签发以进口商为付款人的即期汇票，向出口地银行办理托收（Collection）。

20. 寄送托收单据至代收银行：托收银行将单据发送到国外代收银行，请代收银行代为向进口商提示单据，同时托收银行要收取一定的托收手续费。

21. 通知赎单：代收银行向进口商提示单据，并请求进口商付款。

22. 付款：进口商向开证银行缴清货款，同时需将已填好的“贸易进口付汇核销单”交给银行审核。

23. 给付单据：进口商付款后，自代收银行取回所有单据（即出口商凭以办理托收的文件）。

24. 汇交代收款项至托收银行：代收银行将所得款项扣除有关费用后，汇交托收银行。

25. 通知结汇：托收银行收到货款后，扣除各项费用，即通知出口商可以结汇。

26. 非现场总量核查：外汇局通过货物贸易外汇监测系统，全面采集企业货物进出口和贸易外汇收支逐笔数据，定期比对、评估企业货物流与资金流总体匹配情况，对存在异常的

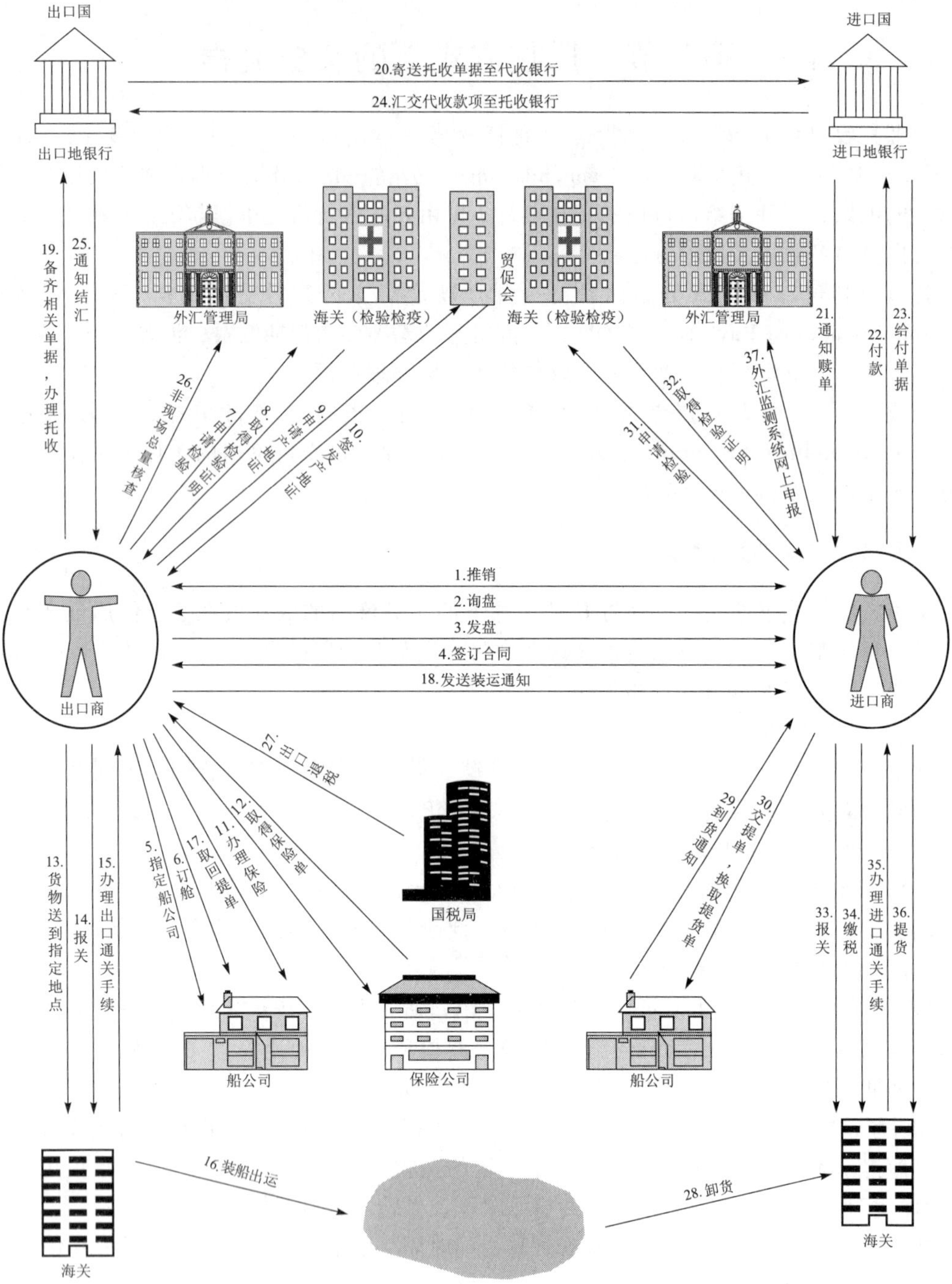

图 3-2　D/P 方式下贸易实务流程图

企业进行重点监测，必要时实施现场核查。

27. 出口退税：出口商凭报关单（出口退税联）与商业发票前往国税局办理出口退税。

（四）进口商提货（程序 28~37）

此阶段与 L/C 方式下的实务流程相同。

二、承兑交单实务流程

D/A 方式下贸易实务流程见图 3-3。

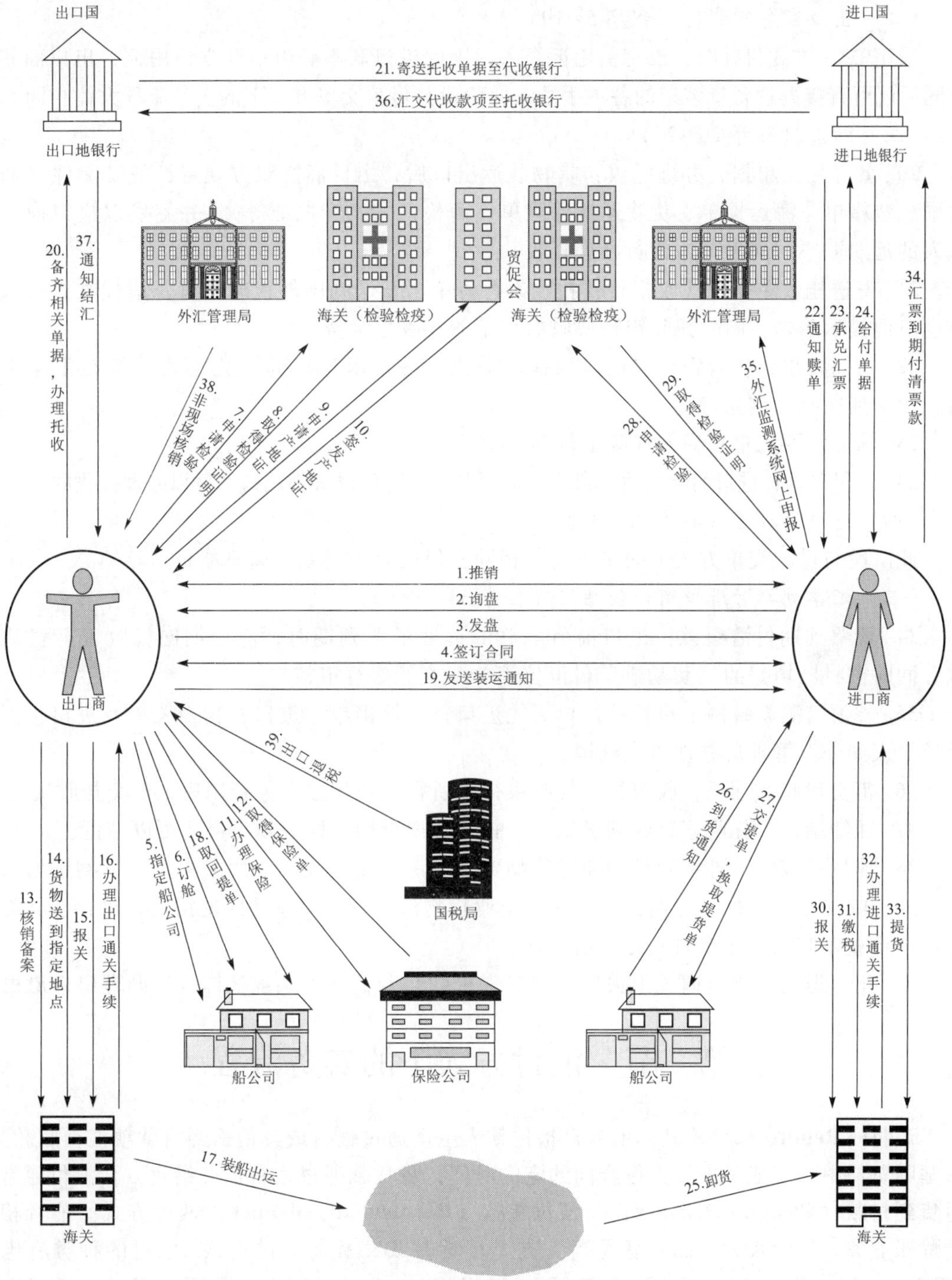

图 3-3　D/A 方式下贸易实务流程图

图3-3各阶段步骤分别简略说明如下。

（一）认识与签约（程序1~4）

此阶段与采用付款交单方式时一样，分为推销、询盘、发盘与签订合同，不同之处仅在于买卖合同中双方约定的结算方式为承兑交单（D/A）。

（二）出口商备货装运（程序5~19）

采用D/A方式付款时，没有信用证介入，因此进口商不必申请开立信用证，出口商签订合同后就可直接办理备货装运的各项手续，此阶段与付款交单方式下的实务流程大体相同。

（三）结汇（程序20~24）

20. 备齐相关单据，办理托收：货物装运出口后，出口商按双方规定，备妥文件（商业发票、装箱单、海运提单、货物运输保险单、商检证书、产地证等），并签发以进口商为付款人的远期汇票，向出口地银行办理托收。

21. 寄送托收单据至代收银行：托收银行将单据发送到国外代收银行，请代收银行代为向进口商提示单据，同时托收银行要收取一定的托收手续费。

22. 通知赎单：代收银行向进口商提示单据，并请求进口商承兑汇票（即在汇票上签名，承诺到期时一定兑付）。

23. 承兑汇票：进口商向代收银行办理承兑汇票。

24. 给付单据：进口商承兑后，自代收银行取回所有单据（即出口商凭以办理托收的文件）。

（四）进口商提货（程序25~33）

此阶段与付款交单方式下的实务流程相同，但此时未付款，尚不能付汇核销。

（五）汇票到期时进口商付款结汇（程序34~39）

34. 汇票到期付清票款：进口商所承兑的远期汇票到期时，应如期向代收银行付清票款，同时需将已填好的“贸易进口付汇核销单”交给银行审核。

35. 外汇监测系统网上申报：进口商凭进口付汇核销单、进口货物报关单及进口付汇到货核销表到外汇管理局办理付汇核销。

36. 汇交代收款项至托收银行：代收银行将所得款项扣除有关费用后，汇交托收银行。

37. 通知结汇：托收银行收到货款后，扣除各项费用，即通知出口商可以结汇。

38. 非现场核销：外汇管理局通过货物贸易外汇监测系统，全面采集企业货物进出口和贸易外汇收支逐笔数据，定期比对、评估企业货物流与资金流总体匹配情况，对存在异常的企业进行重点监测，必要时实施现场核查。

39. 出口退税：出口商凭报关单（出口退税联）与商业发票前往国税局办理出口退税。

第三节　汇付方式下的实务流程

汇付（Remittance），又称汇款，指付款人主动通过银行或其他途经将款项汇交收款人。在国际贸易中，一般是由买方按合同约定的时间，将货款通过银行汇交给卖方。汇付通常分为**货到付款（Cash on Delivery）**与**预付货款（Payment in Advance）**两种方式。前者相当于赊账业务，风险较大；而后者是指买方于订货时或交货前支付货款。汇付的种类有**电汇（Telegraphic Transfer，T/T）**、**信汇（Mail Transfer，MT）**、**票汇（Demand Draft，DD）**、**支票（Check）**等。其中电汇最为常用，因此本节仅以预付货款的电汇方式为代表，绘制 T/T 方式下的贸易实务流程图（见图 3-4）。

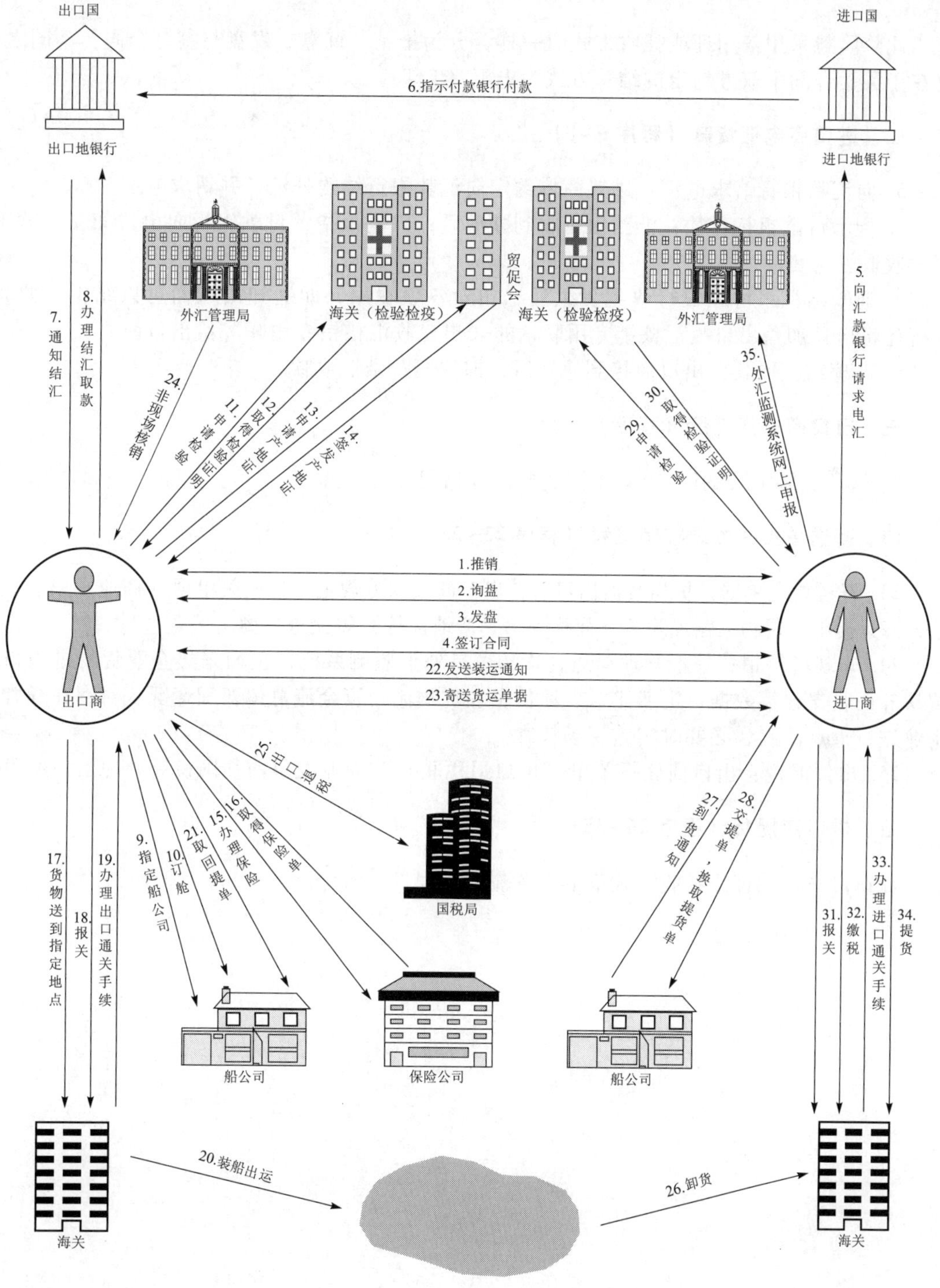

图 3-4　T/T 方式下贸易实务流程图

图 3-4 各阶段步骤分别简略说明如下。

一、认识与签约（程序 1~4）

此阶段与采用信用证或托收方式时一样，分为推销、询盘、发盘与签订合同，不同之处仅在于买卖合同中双方约定的结算方式为电汇（T/T）。

二、进口商电汇货款（程序 5~8）

5. 向汇款银行请求电汇：进口商依约定向汇款银行结购外汇，并请求电汇。

6. 指示付款银行付款：汇款银行收到款项后，以电报指示付款银行向出口商支付款项，同时收取一定费用。

7. 通知结汇：付款银行收到货款后，扣除各项费用，即通知出口商可以结汇。此外，银行还将出具加盖出口收汇核销专用联章的“出口收汇核销专用联”给出口商。

8. 办理结汇取款：出口商接到通知后，前往银行结汇取款。

三、出口商备货装运（程序 9~22）

此阶段与信用证或托收方式下的实务流程相同。

四、寄送单据并办理核销退税（程序 23~25）

23. 寄送货运单据：货物装运出口后，出口商按双方规定，将相关单据（商业发票、装箱单、海运提单、货物运输保险单、商检证书、产地证等）寄交进口商。

24. 非现场核销：外汇管理局通过货物贸易外汇监测系统，全面采集企业货物进出口和贸易外汇收支逐笔数据，定期比对、评估企业货物流与资金流总体匹配情况，对存在异常的企业进行重点监测，必要时实施现场核查。

25. 出口退税：出口商凭报关单（出口退税联）与商业发票前往国税局办理出口退税。

五、进口商提货（程序 26~35）

此阶段与信用证或托收方式下的实务流程相同。

第二篇

出口贸易实务操作

第四章

贸易的准备

学习目标

通过对本章的学习，学生应熟悉交易前进行国际商品市场调研的目的、内容和方法；掌握国际商品市场调研的目的、项目和方法的实务模拟操作；熟悉落实出口货源，制定出口商品经营计划及广告宣传的具体程序；掌握准备货源与广告宣传的实务模拟操作过程；掌握对交易客户进行资信调研的模拟操作，以选择合适的交易对象，建立交易关系。

学习要求

知识要点	能力要求	相关知识
国际商品市场的调研	（1）了解国际商品市场调研的目的 （2）熟悉国际商品市场调研的项目和方法 （3）通过模拟操作掌握国际商品市场调研的目的、项目和方法	（1）有关国家或地区市场、需求预测、销售方案等所需信息的调研 （2）间接调研方法、直接调研方法 （3）自主调研项目、委托调研项目
准备货源与广告宣传	（1）了解货源的准备过程及应用案例分析 （2）熟悉广告宣传的方式及过程 （3）掌握准备货源与广告宣传的实务模拟操作过程	（1）出口商品经营计划 （2）宣传方式与广告媒体
选择交易对象	（1）熟悉选择交易对象的基本程序和内容 （2）掌握与客户建立业务关系的实际操作方法	（1）选择目标客户 （2）目标国家的环境因素
资信调研	（1）熟悉资信调研的项目 （2）熟悉资信调研的方法 （3）掌握对客户进行资信调研的实际操作方法	（1）国家征信 （2）企业征信 （3）个人征信

主要概念

国际商品市场调研　直接调研　间接调研　自主调研　委托调研　商品经营计划　宣传方式与广告媒体　目标客户　目标国家市场　环境因素　资信调研　国家征信　企业征信

第一节　国际商品市场调研

一个产品制造商或出口贸易商，如果要将产品打进国际市场，就必须先了解市场，也就是预先对拟销地区、国家或重要商业城市的经济、文化、社会政经制度、宗教信仰以及人口情况、国家所得、贸易金融制度等营销环境做综合性的调研分析，然后再进一步调研各市场竞争情形、消费者偏好以及市场潜力，从而评估自己的产品是否有打入该市场的机会。市场调研的结果越精确详细，就越能正确判断货物出口的可能性及未来的发展，提高成交率。

对出口商而言，要分别到各进口国做实地调研可能性不是很大，大多数出口商对与贸易相关的机构所发布的市场调研资料进行系统地分析，以了解各进口国的情况。

一、市场调研的目的

市场调研的目的在于了解市场，以便有效地推销货物，具体又可细分为下列几项。

（1）了解国外市场的供求状况：提供有市场需求的商品永远是获利的不二法门，借着市场调研可以了解国外市场对什么商品有需求，以便能提供符合其需求的产品。

（2）寻找最有利的市场：各个市场的地理、政治、经济、社会等条件皆不相同，做市场调研可借此比较、评定各国市场的潜力与等级，作为拓展出口的参考，进而认清贸易发展的方向，确立市场目标。

（3）寻求进口商或代理商：市场调研可了解国外市场中有哪些进口商会对自己的产品感兴趣，或有哪些代理商可以代理销售。

（4）了解竞争对手：知己知彼才能百战百胜，竞争对手多，市场的产销秩序就有可能因为直接或间接的价格竞争而被破坏。市场调研可以对竞争对手做更多的了解，以便制定更好的销售策略。

二、市场调研的项目

市场调研的项目可分为以下两种。

（一）一般调研项目

一般调研项目是关于某一特定市场的一般性调研，与准备推销的商品无特定关系。调研的主要内容包括以下方面。

（1）地理：包括位置、面积、地形、气候等。

（2）人文：包括人口、语言、教育、宗教风俗等。

（3）交通：包括铁路、公路、港口情况、运输设施等。

（4）货币金融：包括通货、物价、外汇、银行等。

（5）工商政策及法令：包括贸易外汇管理法规、关税制度、度量衡制度等。

（6）商业习惯：包括销售季节、销售渠道、消费者购买力等。

（二）个别调研项目

个别调研项目是对拟销售的商品在该市场的产销情况调研。调研的主要内容包括以下方面。

（1）供求状况：包括有关商品在当地的生产量与生产企业名单、输出/入量与输出/入企业名单等。

（2）当地竞争情形：包括当地产品资料、进口产品资料、消费数量等。

（3）推销相关事项：包括有关商品的销售渠道、推广方法等。

三、市场调研的方法

基于以上各项目，调研的方法主要有两种方式。

（一）取得第一手资料

出口商自己或委托他人直接调研取得所需资料。

（1）通信调研：向国外团体、机构或我国驻外机构去函，委托他们派人调研。

（2）出国调研：亲自出国实地调研当地市场的相关情况。

（二）收集第二手资料

收集现有的已整理过的资料。

（1）各政府机构的定期刊物：主要指各国政府发行的图书或报告。

（2）各国驻我国办事处的资料。

（3）进出口商会或贸易发展协会的刊物。

（4）金融或征信机构的期刊。

（5）国内外报纸杂志的广告或研究报告。

（6）我国驻外单位的研究报告。

（7）联合国或国际组织的年鉴资料。

背景知识

各国的文化差异

世界上的文化大约有两万种之多，在同一个国家内也有明显的文化差异。这些差异具体表现在语言、价值观念、法律、宗教、政治、教育程度、技术水平等方面。在国际贸易中，由于各国贸易商和消费者存在文化方面的差异，不同国家、不同民族的人们因民族特性、宗教信仰、风俗习惯等不同，而对颜色、数字、图案都有不同的忌讳和偏好。在进行国际贸易业务交往时，外贸工作人员必须要考虑到这些文化差异。

（一）语言差别

世界上有三千多种不同的语言，仅在印度一个国家就有两百种语言。加上各种各样的方言，一些语言学家认为全世界至少有一万种不同的语言和方言。如果不了解对方语言习惯，就可能遇到许多业务上的困难。

（二）非语言方面的差异

贸易一方的非语言示意，如面部表情、身体动作、姿势手势等都直接影响到贸易另一方对内容的理解。根据各国不同的文化习俗，这些国家非语言表示的问候可以是点头、鞠躬、握手、拥抱或眉毛一竖等。

模拟操作提示 4-1

在 SimTrade 实习平台中，各项商业信息都体现在“淘金网”里，具体表现为以下方面。

（1）首页：市场信息、买家信息、卖家信息帮助使用者调研国内外市场状况，为使用者分析、选择适当的目标市场与交易对象提供多种渠道。

（2）产品展示：可交易的商品限制在本页面所示的范围内。使用者可了解产品的基本特点，以便从中选择适当的产品，更有厂商发布的产品广告作为交易参考。

（3）公司库：在这里可以查到所有出口商、进口商、工厂的详细资料，还有成绩优秀的公司排名，为使用者调研、评估交易对象的资信状况，选择正确的交易对象提供准确信息；公司广告更为使用者宣传自己提供一席之地，增加企业扩大业务的机会。

（4）银行：在这里可以查到所有出口地银行、进口地银行的详细资料。在申请开证、押汇、结汇、赎单、付款时，可来此页面查询银行编号，并能看到今日汇率牌价。

（5）运费查询：本页可查询国内港口名称与国外港口运费信息。运费在进出口业务中所占的比重不容小觑，它直接影响到成交方式及最终的交易金额。了解各港口的运费价格，在交易磋商阶段尤其重要。本页还有货运相关知识供使用者参考。

（6）保险费：出口商、进口商在做核算时，要来此页面查询保险费率，用以计算要支出的保险费用，以期争取对自己更有利的成交价格。在此页面中还可查看相关的保险知识。

（7）其他费用：列出进出口业务中的相关费用，为出口商、进口商、工厂预算支出及预估利润提供精确的计算资料。

（8）税率查询：我国海关进出口税则表是应税商品和免税商品的系统分类表，无论是进口税还是出口税都用一个税则商品目录，并在进口税率栏同时列出优惠和普通两栏高低不同的税率，运用优惠税率的国家是与我国订立关税互惠协议的国家，运用普通税率的国家是未与我国订立关税互惠协议的国家。在 SimTrade 中，统一按优惠税率征税，使用者可以根据海关编码查询产品各项税率，用以计算。

第二节　落实货源与广告宣传

一、落实出口货源，制定出口商品经营计划

出口货源的落实是出口工作的基础。无论是专业出口经营企业还是自营出口企业，都必须对出口商品的生产、销售、品质、数量及出口创汇目标等有充分的了解，并在此基础上，结合国际经贸动态、市场趋势对商品的出口制订经营计划，计划的主要内容包括以下方面。

（1）国内产销及货源情况：包括国内生产能力、内销安排、出口货源、可供数量及时间、价格、品质、规格、包装，此外还包括存在的问题及解决办法等。

（2）国外市场情况：主要包括国外市场需求状况，价格变动趋势以及出口商品在国外市场的地位等。

（3）出口经营情况：包括出口商品的成本、创汇率、盈亏率的情况以及前一个时期出口销售情况和存在的问题、解决方法等。

（4）推销计划和措施：包括时间、品种、数量（或金额）、国别和地区的计划进度以及为实现推销计划应采取的具体措施如贸易方式、销售渠道、收汇方式、促销手段、运输方式及安排等。

二、广告宣传

广告宣传工作是做好出口推销的重要环节，是扩大我国出口贸易的重要途径，原则上应按原定的方案部署有计划、有步骤地进行。目前，我国外贸企业使用的宣传方式与广告媒体很多，如报纸、期刊、专业印刷品（如商业指南、贸易年鉴、手册）、视听广告（电视、电影、广播）、户外广告、直接邮寄广告（样本、实物样品、商品目录、图片说明书、通告函）、商品交易展览会等。在宣传时，应注意内容实事求是，文字简单明了，尊重国外的风俗习惯；刊登后还要及时检查，注意反馈与效果，研究改进方法，提高宣传效率。

模拟操作提示 4-2

在 SimTrade 实习平台中，可发布公司广告和产品广告，分别对公司和产品做宣传。广告的发布在“业务中心”页面中完成，具体步骤如下：

1. 发布产品广告

（1）在“业务中心”画面，单击标志为“广告公司”的建筑物；

（2）在弹出业务画面中点上方的“发布广告”项；

（3）输入广告标题、关键字，选择发布类型为“产品广告”，并选择相应的产品编号，再输入广告内容；

（4）单击“确定”按钮，完成产品广告发布。产品广告发布成功后，会显示在“淘金网”里“产品展示”页面中。

2. 发布公司广告

（1）在“业务中心”画面，单击标志为“广告公司”的建筑物；

（2）在弹出业务画面中单击上方的“发布广告”项；

（3）输入广告标题、关键字，选择发布类型为“公司广告”，再输入广告内容；

（4）单击“确定”按钮，完成公司广告发布。公司广告发布成功后，会显示在“淘金网”里“公司库”页面中。

第三节　选择交易对象

一、寻找买主

经过市场调研，了解产品的市场需求情况后，接下来就要从市场所属的地区，找出信用可靠的交易对象。寻找国外买主的方法很多，主要有以下几种途径。

（1）自我介绍。通过查阅国外出版的企业名录、传媒广告，以函电或发送资料的方式自我介绍建立关系。

（2）请国外银行介绍客户。

（3）请国内外的贸易促进机构或友好协会介绍客户，如我国的贸促会也办理介绍客户的业务。

（4）请我国驻外使馆商务参赞处或外国驻华使馆、商会介绍合作对象。一般来讲，我国驻外使馆对当地主要厂商的经营范围、能力和资信较为熟悉。

（5）通过参加国内外展览会、交易会建立关系。这类活动的优点是能和客户直接见面，联系的范围广。

（6）利用国内外的专业咨询公司介绍客户。国内外都有许多专业咨询公司接受委托代办介绍客户，他们的业务关系中有许多具有一定影响、专业经验和能力的各种类型的客户，请他们介绍客户，一般效果较好。

（7）通过互联网的搜索引擎寻找客户。

背景知识

国外参展主要地区

欧洲、美国、日本作为与我国贸易量最大的地区与国家，也是我国企业出国展览集中的地区。其中，欧洲已成为我国企业出国办展览最集中的地区。其中法国、意大利和德国作为中国企业参展最多的欧洲国家，位列于中国企业出国展览项目最多的10个国家之中。

1. 法国

法国每年举办全国性国内展和国际展约为175个，其中专业展览120个左右。中国企业对法国大型展览会的国际参与程度正在不断提高。

2. 意大利

意大利是中国企业到欧洲参展的第二大国，每年都有中国企业参加的展览项目，其中米兰是重要的展览城市。

3. 德国

国际上具有领先地位的博览会约有2/3在德国举行，即德国每年承办约130个国际、国内专业博览会。德国举办博览会的城市有20多个，其中中国企业参展最多的城市有科隆、汉诺威、法兰克福、杜塞尔多夫、柏林、纽伦堡、莱比锡等。其中较著名的博览会有德国科隆国际博览会和德国汉诺威展览会。

二、交易的提议

选定交易对象后，出口商向其推销的主要方式通常是发出招揽函、价目表、目录、样品等资料。草拟建立业务联系的信函是每个外贸业务人员必须掌握的业务技能。

招揽函的内容要简单扼要、语意诚恳，设法引起对方的兴趣订购商品。一般说来，建立业务联系的信函包括以下几个部分。

（1）从何处得知对方的名称、地址。首次主动与对方交往，说明信息来源非常必要。作为进出口商，贸易信息来源的渠道很多，主要有通过驻外商务参赞、商会、银行、第三方公司介绍；通过书刊、互联网获悉；在交易会上结识等。

（2）自我介绍。主要介绍本公司的性质、贸易经验、业务范围、宗旨以及某些相对优势。

（3）表达愿与对方建立业务关系的希望。

（4）提出希望交易产品的种类或范围。

（5）附上商品目录（Catalogue）等。一般是对本公司经营产品的整体情况的介绍，也可以是对对方感兴趣的某类特定产品进行推荐性的介绍。产品介绍一般包括产品质量、价格水平、销路等。同时，为了对方更详细了解本公司产品，通常还附上产品目录、价目单或另邮样品等。

（6）盼对方尽快回音、下订单或告知意见，并表示敬意等语句。

通常一次信函就收到明确效果的情况很少，但只要耐心寄发资料给多家国外潜在客户，总会有回音，对方如果回函表示有兴趣，即有进一步交易的机会。

模拟操作提示 4-3

在 SimTrade 实习平台中，可以通过邮件系统发送国际贸易函电建立业务关系。发送函电在“我的邮件”页面中完成，具体步骤如下：

1. 在“我的邮件”页面，单击左上方“新建”按钮。
2. 在弹出的编辑邮件窗口中，输入收件人、主题和内容栏的内容。
3. 函电撰写完毕后，单击“发送”，系统弹出框提示“已成功发送邮件”，函电被发送至国外对象。

应用案例分析 4-1

宏昌国际股份有限公司（Grand Western Foods Corp.）是一家成立于 1988 年的贸易公司，负责人为刘铭华（Minghua Liu），主要经营罐头食品，产品质优价廉，远销到欧洲、中东和北美地区，享有良好声誉。公司为了积极拓销产品，利用各种方法寻找客户资料。在网络上发现加拿大的卡特贸易公司（Carters Trading Company，LLC）发布的关于求购罐头的信息后，向对方寄送开发信函介绍本公司，并表达希望建立业务关系的愿望（见表 4-1）。

表 4-1　　开发信函 1

GRAND WESTERN FOODS CORP.
Room 2501，Jiafa Mansion，Beijing West road，Nanjing，P. R. China
FAX：86-25-23500638　TEL：86-25-23501213
E-MAIL：lmh@ simtrade. net

Date：June 24，2019

Carters Trading Company，LLC
P. O. Box8935，
New Terminal，Lata. Vista，
Ottawa，Canada

Dear Sirs：

We Knew your name and address from the website of simtrade and note with pleasure the items of your demand just fall within the scope of our business line. First of all，we avail ourselves of this opportunity to introduce our company in order to be acquainted with you.

续表

Our firm is an exporter of various Canned Foodstuffs. We highly hope to establish business relations with your esteemed company on the basis of mutual benefit in an earlier date. We are sending catalogue and pricelist under separate cover for your reference. We will submit our best price to you upon receipt of your concrete inquiry. We are looking forward to receiving your earlier reply. Yours faithfully, Grand Western Foods Corp. Minghua Liu, Manager

◎ 本信文格式：Block Style，Mixed Punctuation（齐平式）。

注：opportunity 机会	canned foodstuffs 罐头食品	esteemed 尊敬的
catalogue 商品目录	pricelist 价目表	submit 提供
concrete 具体的	inquiry 询价	mutual benefit 互利

应用案例分析 4-2

拜尔斯科技股份有限公司（Buyers Technology Development Co.，Ltd.）向德纳斯特制造有限公司（Dynasty Manufacturing Ltd.）寄送开发信函（见表 4-2）。

表 4-2　　　　开发信函 2

BUYERS TECHNOLOGY DEVELOPMENT CO.，LTD. Hongwu Road 16#，Nanjing 210004 P. R. China FAX：86-25-21378547　TEL：86-25-23134065 E-MAIL：Atdoun@ seed. net
June 24，2019 Dynasty Manufacturing Ltd. 3344-54th Avenue S. E. Calgary，Alberta T2C OAS Canada Dear Ladies and Gentlemen： We sincerely wish to do business with you. We believe that our high quality products will find ready sales in your market. Enclosed，for your reference，are our latest catalogs and best quotations in FOB Shanghai term. We have 20 years' experience in manufacturing this kind of technological products and have earned a good reputation with our customers.

续表

Please let us know your exact requirements so that we can submit more offers in detail. We look forward to getting reply from you soon.

Sincerely,

BUYERS TECHNOLOGY

DEVELOPMENT CO. , LTD.

Atdoun Wang, President

◎ 本信文格式：Modified block style，Indented Paragraph，Mixed Punctuation（改良缩进式）。

第四节　资信调研

国际贸易是超越国境的买卖行为，事先了解贸易对象是取胜的先决条件。有些进口商缺乏商业道德，一旦遇到市场变化，会对已经交运的货物借故提出拒付或索赔，尤其是非信用证方式出口时，出口商在接到对方回函表示愿意建立业务关系后，必须先调研对方的信用状况，以免日后蒙受损失。资信调查（Credit Investigation）对于国际贸易的顺利进行有着重要作用。

（1）有助于选定信用良好的顾客。

（2）较全面了解对方的信用程度，在 D/P、D/A 及寄售条件的交易中，可以测定给予赊账的限额与现存契约限额，以便安全交易。

（3）即使在与对方缔结了交易关系后，也应定期做资信调查，以便经常了解对方的资信情况。

调研程序见图 4-1。

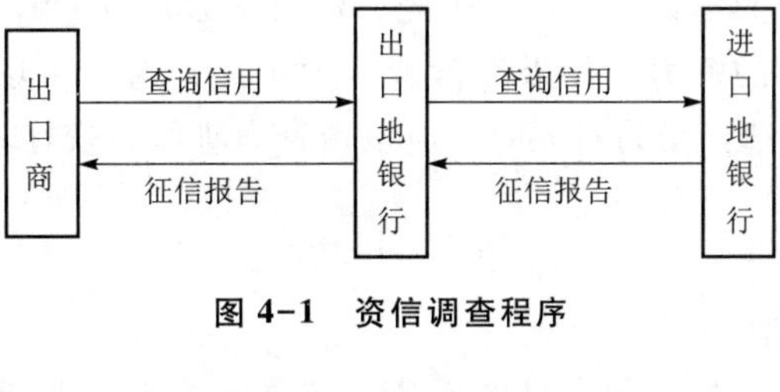

图 4-1　资信调查程序

一、资信调研的项目

（一）国家征信

近年来，很多国家的政局不稳，经济效率低，外汇短缺，以至于无力偿付债务，因此国家信用也属于资信调研的一项，主要分为以下三方面。

（1）政治方面：包括当前政治形势、国家组织结构、军事力量与外交政策等。

（2）经济方面：包括当前经贸形势、产业结构、国际收支状况、资源形态、支付能力与信用等。

（3）社会方面：包括社会结构、劳资关系、治安情况等。

（二）企业征信

企业征信包括企业创立历史、财务结构、公司形态、偿债能力、经营方针、获利情形及信用程度等，可以根据主客观环境及实际需要，决定调研的项目。调研重点通常包括以下方面。

（1）企业的组织机构情况：包括企业的性质、创建历史、内部组织机构、主要负责人及担任的职务、分支机构等。调研中应弄清厂商企业的中英文名称、详细地址，防止出现差错。

（2）政治情况：主要指企业负责人的政治背景，与政界的关系以及对我国的政治态度等。

（3）资信情况：包括企业的资金和信用两个方面。资金是指企业的注册资本、财产以及资产负债情况等；信用是指企业的经营作风、履约信誉等。这是客户资信调研的主要内容，中间商更应重视这类内容。例如，有的客户愿意和我们洽谈上亿美元的投资项目，但经调研其注册资本只有几十万美元。对这样的客户，我们就该考虑其资信能力。

（4）经营范围：主要是指企业生产或经营的商品、经营的性质，该公司是代理商、生产商，还是零售批发商等。

（5）经营能力：包括每年的营业额、销售渠道、经营方式以及在当地和国际市场上的贸易关系等。此外，对客户资信进行调研后，应建立档案卡备查，分类建立客户档案。总之，要善于利用不同类型客户的长处，为我方服务。

（三）个人征信

个人征信的目的在于分析评价个人的信用程度，一般重视的是被调研人的品性（Character）、能力（Capacity）以及资本（Capital）三大要素。

（1）品性：指经营者在商场上的商业道德，调研的目的主要在于了解对方的人格信誉、社会评价、社会地位、创业经历及整个企业过去有无不良交易记录与毁约行为等。

（2）能力：指经营者的学识、经历、眼光、经营实力及应付困境的能力等。

（3）资本：指经营者的资力。如果经营者财力不足，遇到市场紧缩时，就容易造成资金周转失灵而倒闭，因此选择交易对象时，应该选资力雄厚者较好。

二、资信调研的方法

常见的方法有以下几种。

（1）通过银行调研：这是一种常见的方法，按国际习惯，调研客户的情况属于银行的业务范围；在我国，一般委托中国银行办理，也可以请自己的往来银行代为调研。向银行查询客户资信，一般不收费或少量收费。

（2）通过国外的工商团体进行调研：如各国商会、同业公会、贸易协会等，也可以接受国外厂商的委托，调研所在地企业的情况，但通过这种渠道得来的资信，要经过认真分析，不能轻信。

（3）通过商业征信机构调研：商业征信机构是专业的征信机构，世界各主要城市都有这类机构。委托征信机构调研客户信用，必须支付委托费。这种专业性的调研项目较多，取得的资料较新而且详细。

（4）通过我国驻外商务机构调研：通过我国驻外机构和在实际业务活动中对客户进行考察所得的材料，一般比较具体、可靠，对业务的开展有较大的参考价值。

（5）通过外国出版的企业名录、厂商年鉴等资料：通过这些资料对了解客户的经营范围和活动情况也有一定的参考价值。

（6）其他：由对方来函自己判断调查，要求对方直接提供资信资料以供自己分析调研。

应用案例分析 4-3

卡特贸易公司（Carters Trading Company，LLC）收到宏昌国际股份有限公司（Grand Western Foods Corp.）寄来的开发信函后，回复函电表示愿意与其建立业务关系，信中提供了自己的往来银行“The Chartered Bank”供出口商咨询。宏昌国际股份有限公司立即向该行寄送资信调研函（见表 4-3）。

表 4-3　　资信调研函

GRAND WESTERN FOODS CORP.
Room 2501，Jiafa Mansion，Beijing West road，Nanjing，P. R. China FAX：86-25-23500638　TEL：86-25-23501213 E-MAIL：lmh@ simtrade. net
Date：June 28，2019 The Chartered Bank P. O. Box99552， Ottawa，Canada Dear Sirs： The Carters Trading Company，LLC，P. O. Box8935，New Terminal，Lata. Vista，Ottawa，Canada has given us your name and address as a reference. In view of this，we would be extremely grateful if you could inform us of the following information about them. 1. Date of establishment and name of the president. 2. Line of Business. 3. The net worth. 4. The annual business volume. 5. The credit rating and record of payment. In addition to the above items we could be greatly obliged for any opinion from you.

续表

Please be assured that any information you may supply will be treated in strict confidence and without any responsibility on your part. Your prompt attention to this matter will be much appreciated. Sincerely, Minghua Liu, Manager Grand Western Foods Corp.

◎ 本信文格式：Modified Block Style, Block Paragraph, Mixed Punctuation（改良齐平式）。

注：net worth 净资产　　annual business volume 年营业额

credit rating 信用等级

数日后，咨询银行“The Chartered Bank”回复资信调研报告（见表4-4）。

表 4-4　　资信调研报告

THE CHARTERED BANK
P. O. Box99552, Ottawa, Canada FAX: 0096614659220　TEL: 0096614659123 E-MAIL: boguna@ chartered. com
July 10, 2019 Mr. Minghua Liu Grand Western Foods Corp. Room 2501, Jiafa Mansion, Beijing West road, Nanjing, P. R. China REPORT ON THE CARTERS TRADING COMPANY This is a report on The Carters Trading Company, LLC about which you inquired in your letter of June 28, 2019. We are pleased to send you the following information. 1. This firm was established by Carter in 1976. 2. It operates as a wholesaler of Canned Foodstuffs which is distributed throughout the Canada. 3. The net worth is in excess of USD 8, 000, 000. 4. The annual business turns over USD 960, 000, 000. 5. Our records show that they have never failed to meet our bills since they opened an account with us in July 1989. The monthly limit of credit we feel that we may safely grant them is approximately USD 2, 000, 000.

续表

The managing staff of the company is well known to us and we have high regard for their character，integrity and reliability. We hope that this information will be of assistance. RUDER BRIAN，MANAGER THE CHARTERED BANK.

◎ 本信文格式：AMS（Administrative Management Society）Simplified Style（简易式）。

第五章

询盘与发盘

学习目标

通过对本章的学习，学生应了解贸易磋商的一般程序，熟悉贸易磋商过程中询盘、发盘的种类、具体内容和过程，熟悉询盘、发盘的应用案例，掌握询盘、发盘的模拟操作过程。

学习要求

知识要点	能力要求	相关知识
贸易磋商的基本程序	熟悉贸易磋商的基本流程	（1）进出口贸易的基本程序 （2）贸易磋商信函
贸易磋商的询盘过程	（1）熟悉询盘的意义、种类、内容 （2）熟悉询盘的应用案例分析 （3）掌握询盘的模拟操作过程	（1）询盘的种类 （2）询盘的内容
贸易磋商的发盘过程	（1）熟悉出口价格的构成 （2）熟悉发盘的种类、内容 （3）熟悉发盘的应用案例分析 （4）掌握发盘的模拟操作过程	（1）计算出口价格 （2）发盘的种类、内容
出口价格核算	（1）熟悉出口价格核算的费用项目 （2）掌握出口价格核算的计算公式	（1）出口磋商 （2）出口报价

主要概念

贸易磋商　询盘　发盘　购买发盘　销售发盘　实盘　虚盘　联合发盘　特别发盘
出口价格核算

第一节　询　　盘

一、询盘的意义

进口商收到出口商希望建立业务关系的信函后，如觉得可以接受，即可向出口商询问购买该货物的种种条件，称为**询盘（Inquiry、Enquiry 或 Trade Inquiry）**，也称为询价，实际上就是**“要求发盘”（Request for Offer）**。询盘可以由买方发出，也可以由卖方发出。

询盘时请注意：询盘是交易的第一步，但在法律上对双方并无约束效力。进口商询盘后，并没有必须购买的义务，而出口商也没有必须出售的责任。但在商业习惯上，对方通常都应尽快答复，并根据询盘内容给对方发盘。如果一笔交易从询盘开始，经过协商就各项条件取得一致，最后交易成功，询盘将是全部成交文件的组成部分。双方若发生纠纷，询盘的内容有时也可能成为确定双方某项责任的依据。

二、询盘的种类

（一）买方询盘

买方询盘是买方主动发出的向国外厂商询购所需货物的函电。在实际业务中，询盘一般多由买方向卖方发出。买方询盘过程中应注意的问题有：

（1）对多数商品，应同时向不同地区、国家的厂商分别询盘，以了解国际市场行情，争取最佳贸易条件。

（2）对规格复杂或项目繁多的商品，不仅要询问价格，而且要求对方告之详细规格、数量等，以免往返磋商、浪费时间。

（3）询盘对发出人虽无法律约束力，但要尽量避免询盘而无购买诚意的做法，否则容易丧失信誉。

（4）对垄断性较强的商品，应提出较多品种，要求对方一一报价，以防对方趁机抬价。

（二）卖方询盘

卖方询盘是卖方向买方发出的征询其购买意见的函电。卖方对国外客户发出询盘大多是在市场处于动荡变化及供求关系反常的情况下，为探听市场虚实、选择成交时机，主动寻找有利的交易条件。

三、询盘的内容

询盘的内容可简可繁，虽然多属于价格方面，但并不仅限于此，有时可以具体写明所要购买的货品的质量、规格、数量及付款条件等，并索取样品、目录或说明书等有关资料。一般询盘的重点如下：

（1）品名（Name of Commodity）。

（2）项目（Item 或 Article）。

（3）规格（Specification）。

（4）品质（Quality）。

（5）单价（Unit Price）。

（6）数量（Quantity）。

（7）包装（Packing）。

（8）装运条件（Shipment）。

（9）付款条件（Payment）。

（10）目录（Catalogue）。

（11）样品（Sample）。

（12）其他（Others）。

模拟操作提示 5-1

在 SimTrade 实习平台中，买卖双方磋商的环节有：询盘、发盘、还盘和接受。这些环节都可以通过邮件系统来实现。在邮件系统中发送函电时，可以在编辑邮件窗口“合同号”项目中输入公司业务编号或者预定义的合同号，以便于按照业务分类来管理磋商函电，跟踪业务进程。

应用案例分析 5-1

进口商卡特贸易公司（Carters Trading Company，LLC）的经理 Carter 收到宏昌国际股份有限公司（Grand Western Foods Corp.）发来的开发信函后，向其询购甜玉米罐头（见表 5-1）。

表 5-1　　询盘函 1

Carters Trading Company，LLC
P. O. Box8935，New Terminal，Lata. Vista，Ottawa，Canada FAX：0016137895107　TEL：0016137893503 E-MAIL：Carter@ carters. com
Date：July 15，2019 Grand Western Foods Corp. Room 2501，Jiafa Mansion，Beijing West road， Nanjing，P. R. China Dear Mr. Minghua Liu， Thanks for your E-Mail. With reference to your letter of June 24，2019，we are glad to learn that you wish to enter into trade relations with us. At present，we are in the market for Canned Sweet Corn，and shall be glad to receive your best quotations for this item，with indications of packing，for date of shipment，CIF Toronto Port. Your early reply will be appreciated. Yours sincerely Carter，Manager Carters Trading Company，LLC

应用案例分析 5-2

进口商德纳斯特制造有限公司（Dynasty Manufacturing Ltd.）向拜尔斯科技股份有限公司（Buyers Technology Development Co., Ltd.）询购电器产品（见表 5-2）。

表 5-2 询盘函 2

DYNASTY MANUFACTURING LTD.
3344-54th Avenue S. E., Calgary, Alberta T2C OAS, Canada

June 30, 2019

Buyers Technology Development Co., Ltd.
Hongwu Road 16#,
Nanjing 210004 P. R. China

Dear Sirs,

Through the "www. simtrade. net" we have learned your address and would like to introduce ourselves as one of the leading importers in Canada. We import from China, Hong Kong, Korea, W. Europe and USA. We are importing electric merchandise for distribution throughout this country.

We find your products interesting and would like to ask you to furnish us with the following:

1. The best quotation FOB and CFR net in USD including the measurements & weights of your goods and best delivery time.
2. Catalogue and illustrated brochures or pamphlets.
3. One typical sample via air parcel post for our inspection.
4. Your bank's name & address, and your FAX. No.

We are looking forward to your early reply.

Sincerely yours,
Hacob Blum
Manager, Import Dept.
Dynasty Manufacturing Ltd.

应用案例分析 5-3

阿拉伯地区某国买主来函，询购海滩鞋（见表 5-3）。

表 5-3　　询盘函 3

Subject: Inquiry Letter

Dear Sirs,

As we are in need of two thousand pairs of handcuffs and fetters for prompt delivery, would you please quote us your best price as soon as practicable?

The details of this enquiry are as follows.

Specification: G-214 HANDCUFFS
with stainless steel
H-109 FETTERS
with stainless steel

Quantity: One thousand pairs/item

Price: Either CIF Abu Dhabi or DDU Abu Dhabi

Insurance: Covering All Risks Institute Cargo Clauses (All Risks) and Institute War Clauses (Cargo) full CIF value plus 10 percent.

Shipment: Prompt delivery.

Payment: By Irrevocable Sight L/C.

It will be appreciated if you let us have your quotation at your earliest convenience.

Sincerely yours,
Teresa Tsai, Manager
CHABBIN TRADING CO.

第二节　发　　盘

所谓**发盘（Offer 或 Quote）**又称发价，指买卖当事人的一方提出条件，表示愿意以所提条件与对方成立买卖合同的意思。在实际业务中，发盘通常是一方在收到对方的询盘之后提出的，但也可以不经对方询盘而直接向对方发盘。

一、收集报价资料

接到询盘后，出口商即开始搜集报价资料，用以计算出口价格。出口价格的构成大致包括以下几方面，具体计算公式请参见本书附录1。

（1）购货成本（Purchase Cost）：货物的基价（Base Price），指工厂交货的价格，须事先向工厂索取报价。对于出口商，购货成本则是货物生产成本。

（2）出口检验费。办理出口检验的手续费用。

（3）内陆运费（Inland Freight）：散货送至CFS或整货拉至CY所发生的内陆运费也属于成本之一，包括卡车运费或铁路运费、搬运费等。

（4）证明书费。出口需开立各种证明的费用。

（5）报关费。办理报关手续的各种费用。

（6）银行费用（Banking Charges）：出口商凭信用证及各项单据向银行请求押汇时，银行将收取下列各项费用。

① 手续费（Banking Commission）：银行接受出口商信用证押汇，购入出口商的汇票，再转向国外开证银行洽兑汇票的佣金收入。

② 信用证（修改）通知费：通知银行在将信用证或信用证修改书通知出口商时，要收取一定的通知费用。

（7）运费与附加费（Freight and Surcharge）：采用出口商负担运费的贸易术语（如CFR、CIF）时，售价应含运费。运费在CFR价与CIF价中占很大部分，有时运往较远的港口或到达国外卸货港后再经内陆转运至最终目的地，运费合计起来可能高达货价的30%或50%，甚至相当于货价。因此出口商对运费一定要计算准确，否则就有亏本的风险。运费构成及计算请参阅本书第九章。

（8）保险费（Insurance Premium）：采用出口商负担保险费的贸易条件（如CIF）时，售价应含保险费，全依合同规定的保险条件而定，计算方法请参阅本书第十一章。

（9）公司综合费用。

（10）利润（Profit）：出口商大多在计算出上述出口成本后，再加上预期利润，这是出口商从事贸易的目的。利润的高低依货品种类、进口市场情形、交货数量、供求关系、买方付款条件及手续繁简而不同，没有一定的标准。

（11）佣金（Commission）：出口商给予买方的回佣或佣金也要计算在成本内，佣金的高低，取决于买方在洽商时提出的要求。

（12）其他杂费。

以上各项费用，并非每一笔出口贸易都有，要依贸易条件、交易性质及商品种类而定，由出口商自行掌握。

二、发盘的种类

（一）依发盘人不同划分

（1）购买发盘（Buying Offer）：由买方主动向卖方发盘，此种发盘极其少见。

（2）销售发盘（Selling Offer）：由卖方主动向买方发盘，是贸易中最常使用的发盘。

（二）依发盘条件是否确定划分

（1）实盘（Firm Offer）：指发盘人明确指出了特定的被要约人、货物内容、数量、价格、有效期限及相关交易条件，并毫无保留地表示愿意按发盘的各项条件订立合同。实盘在法律上是典型的“要约”，只要被发盘人（被要约人）表示接受，合同即告成立，发盘人（要约人）自当受该发盘条件的约束。

（2）虚盘（Non-firm Offer）：指不含确定意思的发盘，即使被发盘人接受发盘，也不构成合同成立。非稳固发盘在法律上并非“要约”，只是“要约的邀请”，因此不能约束发盘人。

（三）其他发盘方式

（1）联合发盘（Combined Offer）：即发盘人将两种以上货物同时发盘，被发盘人只能全部接收或全部拒绝。

（2）特别发盘（Special Offer）：通常是为了推销库存货物，而同时向各地客户发盘，以先买先售为条件的方式。

三、出口发盘的内容

出口商收到进口商的询盘后，根据计算的出口价格向对方发盘。发盘的内容通常包括下列几项：

（1）货品的名称。

（2）发盘的有效期限。

（3）交易的基本条件，如质量、数量、价格、包装刷唛、保险、交货、付款等条件。

（4）交易的附带条件，如检验、不可抗力、索赔、仲裁等条件。

其中货品名称、发盘的有效期限及交易的基本条件为稳固发盘的必要记载事项，至于交易的附带条件，即使不记载也不影响其效力。

模拟操作提示 5-2

在 SimTrade 实习平台中，各项报价资料查询方法如下：

（1）购货成本：向工厂询盘得知。

（2）运费：在“淘金网”的“运费查询”页，输入港口名称进行查询。

（3）保险费：在“淘金网”的“保险费”页查看。

（4）其他各项费用均可在“淘金网”的“其他费用”页查到。

计算方法可参照“在线帮助”中的预算表填写说明。

应用案例分析 5-4

宏昌国际股份有限公司（Grand Western Foods Corp.）收到卡特贸易公司（Carters Trading Company，LLC）的询盘后，开始收集报价资料，计算价格后（计算方法请参照本书附录），向对方发盘并寄送样品（见表 5-4）。

表 5-4　　　　发盘函 1

GRAND WESTERN FOODS CORP.

Room2501, Jiafa Mansion, Beijing West road, Nanjing, P. R. China
FAX: 86-25-23500638　TEL: 86-25-23501213
E-MAIL: lmh@ simtrade. net

Date: July 18, 2019

Carters Trading Company, LLC
P. O. Box 8935,
New Terminal, Lata. Vista,
Ottawa, Canada

Dear Mr. Carter,

We have received your letter of July 15, 2019, asking us to offer the Canned Sweet Corn for shipment to Victoria Port and highly appreciate that you are interested in our products.

Comply with your kindly request, we are pleased to offer our best price as follows:

1. CANNED SWEET CORN
2. Packing: EXPORTER CARTON
3. Specification: 3060G×6TINS/CARTON
4. Quantity: 800 CARTONS
5. Price: USD16/CARTON CIF TORONTO PORT
6. Payment: L/C
7. Shipment: in August, 2019
8. Brand: At your option

Our offer remains effective until July 30, 2019.

Yours faithfully,

Minghua Liu, Manager
Grand Western Foods Corp.

应用案例分析 5-5

拜尔斯科技股份有限公司（Buyers Technology Development Co., Ltd.）向进口商德纳斯特制造有限公司（Dynasty Manufacturing Ltd.）就电器产品报价（见表 5-5）。

表 5-5　　　　　　　　　　　　发盘函 2

BUYERS TECHNOLOGY DEVELOPMENT CO., LTD.

Hongwu Road 16#, Nanjing 210004 P. R. China
FAX: 86-25-21378547　TEL: 86-25-23134065
E-MAIL: Atdoun@ seed. net

July 5, 2019

Dynasty Manufacturing Ltd.
3344-54th Avenue S. E.
Calgary, Alberta T2C OAS
Canada

Dear Sirs,

Thank you very much for your letter of June 30, 2019 expressing your interest in our products.

We are pleased to offer electric merchandise as follows:

Item No.	Quantity	FOB Shanghai	CIF Vancouver
5002	200 set	USD 36. 40/set	USD 38. 0/set
5403	150 set	USD 41. 80/set	USD 43. 5/set
5405	100 set	USD 51. 60/set	USD 54. 2/set

Payment: By irrevocable sight L/C
Shipment: within 45 days after receiving your L/C
Validity: Until July. 28 thereafter subject to our confirmation

Please let us know if you find any of our products suitable for your market. We look forward to having the opportunity of serving you.

Yours faithfully
Atdoun Wang, President

BUYERS TECHNOLOGY
DEVELOPMENT CO., LTD.

应用案例分析 5-6

某公司就运动服向国外公司报价（见表 5-6）。

表 5-6　　　　　　　　　　　　　　　　发盘函 3

Dear Sirs,

Thank you for your inquiry of August 7, requesting us to offer you for our SPORT SHIRTS, STYLE A.

In reply, we have the pleasure of submitting to you firm offer on the following terms and conditions subject to your reply reaches us by August 22, 2019.

Commodity: Sport shirts, style A.
Quality: As per sample submitted to you on July 10, 2019.
Quantity: 500 doz. only.
Price: US $ 25.86 per doz. CIF New York.
Total amount: US $ 12 930.00
Packing: Export standard packing.
Payment: Against 100% confirmed, transferable and sight L/C in our favor.
Insurance: ICC (A) plus War risk for 110% of CIF value.
Shipment: During October, 2019, subject to L/C reaching us by the end of September 20, 2019.
Exchange risks: for buyer's account.

We are sure you will find our price very reasonable. The market here is enjoying an upward trend, so we trust not overlook this opportunity and hope to receive your prompt order.

Yours truly,

Manager
ABC TRADING CO., LTD

第三节　出口价格核算

出口商品对外报价需根据出口成本、国际市场价格水平，结合企业的经营意图等多方面因素综合考虑，确定合理的价格。国际市场商品价格千变万化，通常受商品所固有的价值的影响，所以出口企业的成本，即出口成本就成为报价的基础。

一、出口报价的核算

（一）出口价格的表示方法

出口价格可以用单价（Unit Price）和总值（Total Value）两种方法表示。如每吨 30 美元

CIF 东京，可表示为 US＄30.00 Per Metric Ton CIF Tokyo，总值是单价和数量的乘积。

（二）出口价格构成

国际贸易中的价格主要由成本、费用、利润三部分构成。单价是由计价货币、计价金额、计量单位和贸易术语四部分组成。

1. 成本（Cost）

成本是整个价格的核心。它是出口企业或外贸单位为出口其产品进行生产、加工或采购所产生的成本，我们统称之为含税成本。

2. 费用（Expenses，Charges）

出口报价中的费用主要有国内费用和国外费用两部分。其中国内费用主要包括包装费、仓储费、国内运输费、认证费、港口费、商检报送费、捐税、购货利息、经营管理费、银行费用等；国外费用包括出口运费、出口保险费、佣金等。

3. 预期利润（Expected profit）

预期利润是出口价格的重要组成部分，也是出口商交易的主要目的。预期利润的高低须依据出口货物的种类、市场行情、交易数量、进口商的信用、付款条件及其复杂程度而定。对此，出口商必须心中有数，适当掌握。

二、出口价格的费用项目和计算公式

出口价格的费用项目和计算公式见表 5-7。

表 5-7　出口价格的费用项目和计算公式（参考）

费用项目	说　明	计　算　公　式
购货成本	向国内制造厂商或其他供应商购进货物所付的货款	购货成本＝购货单价×购货数量
内陆运费	拼箱货送至 CFS 或整箱货拉至 CY 所发生的运费，费率为 60 元/m^3（立方米）	内陆运费＝出口货物总体积×60
报关费	办理出口报关的手续费，200 元/次	报关费，即报关手续费，200 元/次
检验证书费	检验证书费为出口商出口货物时办理检验检疫手续、取得证明的费用，如健康证书、植物检疫证书等	
邮费	邮费是在 T/T 方式下出口商向进口商邮寄单据时按次收取的费用	
银行费用	银行结汇手续费，L/C 通知费为 200 元/次，修改通知费为 100 元/次，议付费率为 0.13%（最低 200 元），D/A 费率为 0.1%（最低 100 元，最高 2 000 元），D/P 费率为 0.1%（最低 100 元，最高 2 000 元）	1. L/C 结汇方式下： 押汇手续费＝押汇金额×0.13% 银行费用＝押汇手续费＋通知费＋修改通知费 2. 托收结汇方式下： 银行费用＝托收金额×0.1% 3. T/T 方式下： 银行费用＝总金额×当前汇率

续表

费用项目	说　明	计　算　公　式
公司综合费用	公司综合费率为 5%	公司综合费用=每笔业务成交金额×5%
预期利润	由公司自定，可按 FOB 价格的 10% 计算	预期利润=FOB 总价×10%
海运费	详见第九章	1. 选择合适的集装箱类型，详见第九章 2. 如为拼箱货物，船公司在重量吨或体积吨二者中择其运费较高者收取，详见第九章。 拼箱运费只有基本运费，分按体积与重量计算两种方式： （1）按体积计算，x_1 = 单位基本运费（MTQ）×总体积 （2）按重量计算，x_2 = 单位基本运费（TNE）×总毛重 取 x_1、x_2 中较大的一个 3. 如为整箱货物，计算公式为： 海运费=集装箱数量×（单位基本运费+单位港口附加费+单位燃油附加费）
保险费	CIF 条件下由出口商负担，CFR 与 FOB 条件下则由进口商负担，详见第十一章	保险费=保险金额×保险费率 （其中保险费率视投保险种而定，为投保的各险种费率之和）
退税收入	出口退税是国家为鼓励出口实行的政策，详见第十五章。输入商品海关编码进行查询（如输入商品 10001 的海关编码 33041000，查到出口退税率为 17%，消费税从价计算，为 30%）。如果一笔合同涉及多项商品，则需计算各项后再累加	商品出口退税收入=应退增值税 + 应退消费税 = 采购成本/（1+增值税率）×出口退税率 + 采购成本×消费税率
FOB	以上各项费用与预期利润之和即可作为 FOB 报价	将上述各项费用相加，再扣除退税收入，列出等式计算出 FOB 报价
CFR	在 FOB 价的基础上计算 CFR 价	CFR 价=FOB 价+海运费
CIF	在 CFR 价的基础上计算 CIF 价	CIF 价=FOB 价+海运费+保险费

第六章

还盘、接受与签订合同

学习目标

通过对本章的学习，学生应了解贸易磋商的一般程序，熟悉贸易磋商过程中还盘与接受的法律意义、具体内容和过程，学会询盘、发盘的具体操作步骤。掌握在国际贸易中选择合同所适用的法律的基本原则，书面合同的形式和内容、书面合同的签订程序。

学习要求

知识要点	能 力 要 求	相 关 知 识
贸易磋商的还盘过程	（1）熟悉还盘的法律意义和内容 （2）熟悉还盘的应用案例分析	（1）国际贸易惯例 （2）还盘的要件
贸易磋商的接受过程	（1）熟悉接受的法律意义和内容 （2）熟悉接受的应用案例分析	（1）国际贸易惯例 （2）接受的要件
书面合同的签订	（1）熟悉在国际贸易中选择合同所适用的法律的基本原则 （2）熟悉合同成立的条件 （3）熟悉书面合同的形式和内容 （4）熟悉书面合同的签订程序 （5）熟悉书面合同签订的应用案例分析 （6）掌握书面合同签订的模拟操作	（1）《中华人民共和国合同法》 （2）《联合国国际货物销售合同公约》 （3）《承认与执行外国仲裁裁决公约》 （4）《跟单信用证统一惯例》（UCP600） （5）《2020 年国际贸易术语解释通则》

主要概念

还盘　接受　书面合同　确认书　协议书　备忘录　售货合同　购货合同　购销合同

第一节　还　　盘

还盘（Counter Offer）又称还价，法律上称为“反要约”，即被发盘人对发盘人所报出的条件全部或有一部分不同意，而提出的变更请求，原发盘即因此失效，产生一个新的要约。原发盘人不再受原要约的约束，得到还盘后，如果同意，可予以承诺而成立合同；如不同意，就要再发出还盘或再予一次确定发盘，以求双方意见达成一致，并确立合同。

应用案例分析 6-1

进口商卡特贸易公司（Carters Trading Company, LLC）收到宏昌国际股份有限公司（Grand Western Foods Corp.）的报价，对样品表示满意，但认为价格过高，因此去函要求对方降价（见表 6-1）。

表 6-1 **还盘函 1**

Carters Trading Company, LLC
P. O. Box8935, New Terminal, Lata. Vista, Ottawa, Canada FAX: 0016137895107 TEL: 0016137893503 E-MAIL: Carter@ carters. com
Date: July 22, 2019 Grand Western Foods Corp. Room 2501, Jiafa Mansion, Beijing West road, Nanjing, P. R. China Dear Mr. Minghua Liu, We are very grateful of receiving your kindly offer today. While appreciating the good quality of your goods, we find your price is rather too high to be accepted by us. We also point out that very good quality Canned Sweet Corn is available in our market from several European manufacturers, all of them are at prices from 5%-10% below yours. Such being the case, we have to ask you to consider if you can make a reduction in your price about 5%. As our order would be around 800 CARTONS, you may think it worth while to make a concession. Your earlier reply will be highly appreciated. Yours sincerely Carter, Manager Carters Trading Company, LLC

应用案例分析 6-2

进口商德纳斯特制造有限公司（Dynasty Manufacturing Ltd.）向拜尔斯科技股份有限公司（Buyers Technology Development Co., Ltd.）还价（见表 6-2）。

表 6-2 **还盘函 2**

DYNASTY MANUFACTURING LTD. 3344-54th Avenue S. E., Calgary, Alberta T2C OAS, Canada
June 30, 2019 Buyers Technology Development Co., Ltd. Hongwu Road 16#, Nanjing 210004 P. R. China Dear Sirs, Thank you for your offer by e-mail and catalogs by DHL. If the prices of FOB Taiwan for each item can be reduced by USD 1.2/pc and shipment can be made within 30 days after credit issued by our bank, we will order as follows: Item No. 5002 for 200 pcs Item No. 5403 for 300 pcs Item No. 5405 for 375 pcs Please confirm by e-mail and airmail the sales confirmation. Sincerely yours, Hacob Blum Manager, Import Dept. Dynasty Manufacturing Ltd.

第二节 接 受

接受（Acceptance）在法律上称为"承诺"，即被发盘人（Offeree）同意依照发盘人所提各项条件成立合同的意思。在国际贸易中，实盘经被发盘人接受后，合同即告成立，双方应分别履行其所承担的合同义务。

应用案例分析 6-3

宏昌国际股份有限公司（Grand Western Foods Corp.）收到卡特贸易公司（Carters Trading Company）的还盘后，对价格做了调整，表示愿意接受对方的要求（见表 6-3）。

表 6-3　　　　　　　　　　　　　　接受函 1

GRAND WESTERN FOODS CORP.

Room 2501, Jiafa Mansion, Beijing West road, Nanjing, P. R. China
FAX: 86-25-23500638　TEL: 86-25-23501213
E-MAIL: lmh@ simtrade. net

Date: July 25, 2019

Carters Trading Company, LLC
P. O. Box8935,
New Terminal, Lata. Vista,
Ottawa, Canada

Dear Mr. Carter,

We have received your E-Mail on July 22, 2019.

After the consideration, we have pleasure in confirming the following offer and accepting it:

1. Commodity: CANNED SWEET CORN
2. Packing: EXPORTER CARTON
3. Specification: 3060G×6TINS/CTN
4. Quantity: 800CARTONS
5. Price: USD 14/CARTON CIF TORONTO PORT
6. Payment: L/C
7. Shipment: in August, 2019

Sales Confirmation will be sent immediately.

Yours faithfully,

Minghua Liu, Manager
Grand Western Foods Corp.

应用案例分析 6-4

某进口商接受出口商的发盘（见表 6-4）。

表 6-4　　接受函 2

Sub.：acceptance letter Dear Sir： Thank you for your fax of April 10 and quotation No. 00/TE-152. All of the terms and conditions are accepted by us. The irrevocable sight Credit will be issued next month. And the P/O will be mailed later. Hari Hasan Enterprises Tsai Tim（Trade Dept.）

第三节　书面合同的签订

买卖双方经过交易磋商，对交易的条件或条款取得一致意见后，即可签订书面合同。国际货物买卖合同一般金额大、内容繁杂、有效期长，因此许多国家的法律要求采用书面形式。但英国、德国、法国等国的法律对一般货物买卖合同都不要求具备一定形式。《联合国国际货物销售合同公约》也规定销售合同在形式方面不受任何限制。但是根据我国法律规定，对外贸易合同必须采用书面形式。

常见的书面形式有正式的合同（Contract）、确认书（Confirmation）、协议书（Agreement）、备忘录（Memorandum）、订单（Order）、委托订购单（Indent）等。目前，我国主要使用正式合同和确认书两种，它们分别适用不同的需要。虽然在格式、条款项目和内容繁简上有所不同，但在法律上具有同等效力，对买卖双方均有约束力。

买卖双方可以通过不同的方式及条件达成合同意愿，如：

（1）通过谈判直接成交而签订正式合同。例如：Import Contract，Export Contract，Purchase Contract，Sales Contract 等。

（2）通过信件、传真达成协议，应一方或双方当事人的要求，尚须签订确认书的合同。例如：Sales Confimation，Purchase Confirmation 等。

（3）通过信件、传真达成协议，即以发盘、还盘及有效接受的往来函电作为合同的基础。

除书面形式外，还须经国家主管部门批准的合同，如技术引进或输出合同、补偿贸易合同、来料加工合同、来件装配合同等。一般的国际货物买卖合同无须国家主管部门批准，即可成立。

书面合同在国际贸易上并不是合同有效成立的必要条件，只要双方互相遵守诚信原则，一方交货，另一方付款，贸易过程就已结束。但是由于国际关系复杂、政局变化莫测，再加上各国风俗习惯、宗教信仰不一样，联络通信不便、对方的信用不确定等因素，为了避免日后发生纠纷，最好以书面形式订立合同。

一、书面合同的形式

在国际贸易中，书面合同的名称没有特定的限制，我国在外贸实践中，主要采用的有合同和确认书这两种形式。此外，也有采用协议书（Agreement）和备忘录（Memorandum）的，有时国外客户还会要求我方签署他们拟制的订单，这里就主要的形式做简略说明。

（一）合同

交易成立后，由当事人的一方将交易内容制成合同，然后由双方共同签署，这种合同的内容比较全面详细。由卖方制作的称为“售货合同”（Sales Contract）；由买方制作的称为“购货合同”（Purchase Contract）；如果是由买卖双方互派代表一同制作，当场签字的，则可称为“购销合同”（Sales and Purchase Contract），但这种情形较少见。

（二）确认书

这是合同的简化形式，通常由一方制作确认书一式两份，拟好并签名后寄给对方，对方经审核同意并签字确认，保留一份，同时将另一份寄还。由卖方制作的称为“售货确认书”（Sales Confirmation），由买方制作的则称为“购货确认书”（Purchase Confirmation），效力与买卖合同相等。

（三）订单

由买方制作，向卖方发出订购货物的书面凭据。通常由买方制作订单一式两份，拟好并签名后寄给卖方，卖方对订单的内容若无异议，可签名后再寄还一份给买方，即具备成交签约的法定效力。

二、书面合同的内容

书面合同一般由三个部分组成，即合同的约首、本文和约尾。而这三个部分又各自包含不同的内容。

（一）约首（Preamble）

约首即合同的首部，主要包括合同名称、编号、缔约日期及地点、缔约当事人的名称及地址等。

（二）本文（Body）

本文是合同的主体，具体规定了买卖双方的权利和义务，又可分为主要条款和一般条款两部分。

（1）主要条款：包括商品的品名、品质、数量、包装、价格、运输、保险、支付方式八个条款。

（2）一般条款：包括商检、索赔、仲裁及不可抗力四个条款。

（三）约尾（End）

约尾即合同的尾部，通常写明合同使用的文字及其效力，合同正本的份数、附件及其效力，以及双方当事人或其授权人的签字。

书面合同的内容必须符合政策，做到内容完备、条款明确、文字严密，并与交易磋商的内容相一致。一经签订，即成为约束双方当事人的法律文件。

模拟操作提示 6-1

在 SimTrade 实习平台中，合同的签订在“业务中心”页面中完成，买卖双方均可起草合同，以出口商起草合同为例：

（1）单击标志为“进口商”的建筑物，在弹出页面中单击“起草合同”；

(2) 输入合同编号、交易对象编号与办理相关业务的出口地银行编号，再单击“确定”，打开合同；

(3) 详细填写合同；

(4) 单击“添加单据”，选中“出口预算表”前的单选钮，单击“确定”；

(5) 单击“查看单据列表”，再单击出口预算表对应的单据编号，打开表单进行填写（计算方法请参照在线帮助中的“出口预算表的填写”）；

(6) 单击“检查合同”，确认合同填写无误；然后单击“合同送进口商”，寄送给对方签字确认。

接下来进口商应确认合同：

(1) 进口商登录后进入业务中心，单击标志为“出口商”的建筑物；

(2) 在弹出画面的左边首先单击“切换”，将需要确认的合同设置为主合同；

(3) 单击“修改合同”，打开合同页面查看相关条款；

(4) 单击“添加单据”，选中“进口预算表”前的单选钮，单击“确定”；

(5) 单击“查看单据列表”，再单击进口预算表对应的单据编号，打开表单进行填写（计算方法请参照在线帮助中的“进口预算表的填写”）；

(6) 单击“修改合同”，在弹出合同的左下方签字；

(7) 回到业务画面，单击“确认合同”，输入合同编号与本地银行编号，单击“确定”，成功确认合同，进入履约阶段。

应用案例分析 6-5

出口商宏昌国际股份有限公司（Grand Western Foods Corp.）与进口商卡特贸易公司（Carters Trading Company，LLC）经过磋商就各项条件达成一致后，出口商即开始制作售货确认书（见表 6-5），并寄给进口商签字确认。

主要栏目填写说明如下：

1. 报表上方两行空白栏

此处为出口商公司抬头，须分别填写出口商英文名称及地址。

2. Messrs

此处详细填写交易对象（即进口商）的名称及地址。

在 SimTrade 中，进口商的详细资料请在“淘金网”的公司库里查询。

如：Dynasty Manufacturing Ltd.

3344-54th Avenue S. E.

Calgary，Alberta T2C OAS

Canada

3. No.

合同编号，由卖方自行编设，以便存储归档管理。

在 SimTrade 中，该号码已于起草合同时填入，在单据中不能再更改。

4. Date

此处填写合同制作日期。

如：2019 年 2 月 18 日，可以有以下几种日期格式填法：

（1） 2019-02-18 或 02-18-2019

（2） 2019/02/18 或 02/18/2019

（3） 190218（信用证电文上的日期格式）

（4） February 18，2019 或 Feb. 18，2019

表 6-5 售货确认书

GRAND WESTERN TRADING CORP.

Room2501,Jiafa Mansion, Beijing West road, Nanjing 210005, P.R.China

SALES CONFIRMATION

Messrs:	Carters Trading Company, LLC P.O.Box8935,New Terminal, Lata. Vista, Ottawa, Canada	**No.**	Contract001
		Date:	2019-08-19

Dear Sirs,

We are pleased to confirm our sale of the following goods on the terms and conditions set forth below:

Choice	Product No.	Description	Quantity	Unit	Unit Price	Amount
					[CIF] [Toronto]	
○	02009	WOMEN'S T-SHIRT 20PCS PER CARTON, COLOR: BLACK, FABRIC CONTENT: 100% COTTON	15000	PC	USD30	USD450000
						[添 加] [修 改] [删 除]
		Total:	15000	PC		[USD] [450000]

Say Total:	U.S.DOLLARS FOUR HUNDRED AND FIFTY THOUSAND ONLY
Payment:	L/C [By 100% irrevocable sight letter of credit in our favor.]
Packing:	20PCS PER CARTON Each of the carton should be indicated with Item No.,Name of the Table,G.W.,and C/No.
Port of Shipment:	Nanjing
Port of Destination:	Toronto
Shipment:	All of the goods will be shipped on or before May 20,2018 subject to L/C reaching the SELLER by the end of June,2018. Partial shipments and transshipment are not allowed.
Shipping Mark:	CARTERSCO CONTRACT001 CANADA 1/750
Quality:	As per sample submitted by seller.
Insurance:	The SELLER shall arrange marine insurance ICC(A) plus institute War Risks for 110% of CIF value and provide of claim, if any, payable in Canada, with U.S. currency.
Remarks:	The Buyers are requested to sign and return one copy of this Sales Confirmation immediately after receipt of the same.

BUYERS	SELLERS
	GRAND WESTERN TRADING CORP.
	Minghua Liu
(Manager Signature)	(Manager Signature)

[打印预览][保存][退出]

5. 增加商品明细

在商品明细栏中点“添加”，逐项填写商品资料见表 6-6。

表 6-6　　　　　　　　　　商品明细表

Product No.	01005		
Description	CANNED SWEET CORN 3060Gx6TINS/CTN		
Quantity	800	Unit	CARTON
Unit	USD	Price	14
		Amount	11200

6. Product No.

此处填写货号，销货合同上应记明各种货物编号，以求联系沟通方便。

在 SimTrade 中，货号必须选择“淘金网”的“产品展示”里已有的商品编号。

7. Description

品名条款，此栏应详细填明各项商品的英文名称及规格，这是买卖双方进行交易的物质基础和前提。对商品的具体描述说明是合同的主要条款之一，如果卖方交付的货物不符合合同规定的品名或说明，买方有权拒收货物、撤销合同并提出损害赔偿。

在 SimTrade 中，商品的详细资料请在淘金网“产品展示”里查找，此栏目填写必须与淘金网的商品详细资料里商品英文名称及英文描述完全一致。

例 1：产品 01005 的商品描述：CANNED SWEET CORN
3060G×6TINS/CTN

例 2：产品 04001 的商品描述：WOODEN TEA SERVICE
PACKING：1SET/BOX，5SETS/CARTON

8. Quantity

数量条款，本栏用于填写交易的货物数量，这是买卖双方交接货物及处理数量争议时的依据。不明确卖方应交付多少货物，不仅无法确定买方应该支付多少金额的货款，而且不同的交易量有时也会影响到价格以及其他的交易条件。

为便于装运并节省运费，通常以一个 20 英尺或 40 英尺集装箱的可装数量作为最低交易数量。在 SimTrade 中，整箱货物交易数量的计算方法请参考在线帮助中“预算表的填写”里的基本计算部分。

9. Unit

货物数量的计量单位，应以适合该货物计量的单位为准。

在 SimTrade 中，货物的计量单位在商品详细资料里已经注明，需要注意的是，此栏应填写销售单位而非包装单位。通常，不同类别的产品，销售单位和包装单位是不同的。例如：食品类的销售单位是 CARTON，钟表类的销售单位则是 PC。

10. Unit Price

价格条款，这是买卖合同中必不可缺的重要组成部分，不仅直接关系到买卖双方的利益，而且与合同中的其他条款也有密切联系。在国际贸易中，通常由出口商根据成本通过往来函电报价给进口商，双方经过协商后确定此交易价格。

货物的价格，通常指货物的单价（Unit Price），是针对一个销售单位的货物价格而言的。单价一般包括贸易术语、计价货币与单价金额等内容，分别填写说明如下：

（1）贸易术语：填写格式为：FOB 后加“起运港”或出口国家名称；CFR 或 CIF 加“目的港”或“进口国家名称”。

（2）计价货币与单价金额：依双方约定填写。其中选择计价货币时需参考 SimTrade 中“淘金网”里银行页面的外汇币种与汇率。

如：CIF Canada（或 CIF Toronto）

USD 18.75

11. Amount

此处列明币种及各项商品总金额（总金额=单价×数量）。

注意：此栏应与每一项商品相对应。

12. Total

货物总计，分别填入所有货物累计的总数量和总金额（包括相应的计量单位与币种）。

在 Simtrade 中，如交易两种或两种以上销售单位不同的商品时，此合计处单位统一表示为“PACKAGE”。

13. Say Total

此处以文字（大写）写出该笔交易的总金额，必须与货物总价数字表示的金额一致。

如：U. S. DOLLARS EIGHTY NINE THOUSAND SIX HUNDRED ONLY。

14. Payment

支付条款，它规定了货款及其从属费用的支付工具、支付方式等内容，与价格条款一样往往成为买卖双方交易磋商时的焦点。

支付方式有许多种，SimTrade 选用了其中最常用的四种方式：L/C（信用证）、D/P（付款交单）、D/A（承兑交单）及 T/T（电汇）。请首先选择其中一种，再将支付条款的具体要求写在后面。

本例中规定的付款方式为：凭不可撤销即期信用证付款，以卖方为受益人。

15. Packing

包装条款，一般包括包装材料、包装方式和每件包装中所含物品的数量或重量等内容，是合同的必要组成部分。

在 SimTrade 中，可参照产品详细情况中的相关说明。

如：3060Gx6Tins per carton. Each of the carton should be indicated with Product No. , Name of the Table, G. W. , and C/NO.

16. Port of Shipment

此处填写起运港名称，为出口商国家港口之一。

在 SimTrade 中，需要注意的是，目的港必须为进口商所属国家的港口之一。进口商所属国家可在进口商基本资料里查看，这是系统自动分配的；港口可到“淘金网”的运费查询页面中，输入国家名称，在“国外港口”里查找该国的所有港口，并从中选择一个港口作为该笔交易的目的港。

17. Port of Destination

此处填写目的港名称，通常已由买方在双方签订合约之前的往来函电中告知卖方。

18. Shipment

装运条款，包括装运时间、装运港或装运地、目的港或目的地，以及分批装运和转运等内容，有的还规定卖方应予交付的单据和有关装运通知的条款。

本例中规定的装运条件为：所有货物于 2019 年 9 月 20 日前装运，但以信用证 8 月底以前送达卖方为条件。不允许分批装运，不允许转运。

19. Shipping Mark

运输标志，也称装运唛头，可以是图案、文字或号码。如没有唛头应填“No Mark”或“N/M”。

如：CHAB（货品名称）

ABU DHABI（进口商所在国家）

C/NO. 1-100（集装箱顺序号和总件数）

MADE IN CHINA（货物原产地）

20. Quality

品质条款，这是对商品的品名、等级、规格等的具体规定，是买卖双方交接货物时的品质依据，同时也是商检部门在进行检验、仲裁机构或法院在解决品质纠纷时的依据。

本例中规定的质量条件为：同卖方所提供的样品一致。

21. Insurance

此处写明保险条款，在 FOB、CFR 条件下，由买方投保，此栏可写“Insurance effected by buyer”。在 CIF 条件下，由卖方投保，应具体载明投保的险别、保险金额、保单类别、适用条款、索赔地点及币种等事项。

本例中规定的保险条款为：卖方应投保协会货物条款（全险）并加保协会战争险条款（货物），保险金额按 CIF 金额的 110% 计算，索赔时在加拿大以美元支付。

在 SimTrade 中，保险险别及对应的保险费率请在“淘金网”的“保险费”页面查询。

22. Remarks

备注，外贸公司多使用格式合同，难免有需要改动和补充之处，有特殊规定或其他条款可在此栏说明。

23. Manager Signature（BUYERS）

进口商公司负责人签名，上方空白栏填写公司英文名称，下方则填写公司法人代表英文名称。

24. Manager Signature（SELLERS）

出口商公司负责人签名，上方空白栏填写公司英文名称，下方则填写公司法人代表英文名称。

第七章

信用证的接受、修改与转让

学习目标

通过对本章的学习，学生应了解在信用证结算方式下的接受与审核、修改、转让等贸易程序；熟悉接受信用证的途径，掌握信用证审核的要点和处理原则；熟悉信用证修改的程序及常见修改条款；掌握 UCP600 条款，信用证正本及信用证转让申请书，信用证转让手续；掌握信用证的接受、修改与转让模拟操作的基本流程。

学习要求

知识要点	能力要求	相关知识
信用证的接受与审核	(1) 熟悉接受信用证的途径 (2) 掌握信用证的审核要点和处理原则 (3) 掌握信用证的接受与审核的模拟操作方法	(1) 信用证的概念及流转程序 (2) 信用证接受的三种途径 (3) SWIFT System
信用证的修改	(1) 熟悉信用证的修改程序 (2) 熟悉信用证的常见修改条款 (3) 掌握信用证修改的模拟操作方法	(1) 信用证修改条款 (2) 信用证的条款欺诈
信用证的转让	(1) 熟悉 UCP600 条款 (2) 熟悉信用证正本及信用证转让申请书 (3) 熟悉信用证转让手续	(1)《跟单信用证统一惯例》(UCP600) (2) 信用证转让申请书

主要概念

信用证的接受与审核　信用证的修改　信用证的修改条款　信用证的转让　信用证转让申请书　《跟单信用证统一惯例》(UCP600)　环球银行财务通信系统（SWIFT System）

第一节　信用证的接受与审核

一、接受信用证的途径

信用证通常通过以下三种途径送达卖方（见图 7-1）。

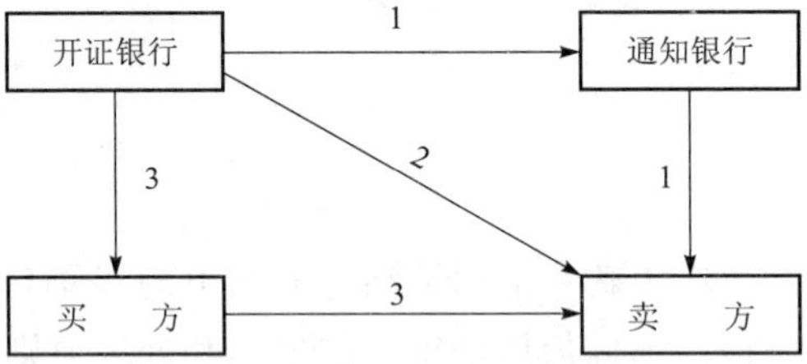

图 7-1　信用证通知途径

（1）由开证银行（Opening Bank）以邮递或电报寄至出口地的通知银行，再由通知银行转送受益人。

（2）由开证银行直接寄交出口地受益人（卖方）。

（3）由开证银行将信用证交给开证申请人（买方），再由开证申请人寄交受益人（卖方）。

其中第一种方式最常见，尤其是利用电报通知〔包括环球银行财务通信系统（Society for Worldwide Interbank Financial Telecommunication System，SWIFT System）〕开立的信用证，通常由通知银行来办理。其原因在于：由通知银行通知的电报信用证，通知银行会审查核押码；就算是经通知银行通知的一般邮寄信用证，通知银行也会查对签名，因此比开证银行或买方直接寄信用证可靠，使用得也最多。

二、信用证的审核

虽然信用证的内容在合同中已有规定，但往往因买方的疏忽或立场不同，出口商可能会接到并非完全符合合同规定的信用证。为了确保交易的安全，除了平日多注意进口国的政治经济形势以及加强对进口商的征信调研外，出口商收到信用证后，必须详细审核信用证所列的条件，审核的重点见表 7-1。

表 7-1　信用证审核表

序号	信　用　证	要　　点	处理原则
1	开证银行的信用是否良好	开证行所在国政局是否稳定，真实情况，经济发展状态，外汇管制和开证行本身信用情况	首先调研开证银行的信用，如该银行信用欠佳，应要求进口商另找出口地的银行（最好是通知银行）保兑
2	是否为正本信用证	信用证副本或预备通知均为无效信用证	要求进口商改开信用证正本
3	信用证上是否有“Revocable”（可撤销）字样	根据 UCP600 的规定，这种信用证被视为可撤销信用证，因此不宜接受	要求进口商修改

续表

序号	信用证	要点	处理原则
4	信用证中所列条件是否与买卖合同相符	信用证是根据买卖合同开立的，二者内容如果矛盾，容易遭到议付行拒付	如有不符或无法履行的条件，应迅速要求进口商修改
5	信用证是否有难以履行的条款	例如在出口地没有该买方国的大使馆或领事馆，信用证上却要求领事馆签证	请进口商修改或删除
6	受益人与申请人的名称地址是否正确	如果名称地址有误，所附单据会成为瑕疵单据	要求进口商修改
7	信用证的有效期限是否合理	信用证有效日期必须晚于装船日，应当合理可行	要求进口商修改
8	信用证的金额是否正确	信用证上的金额应与商业发票一致	要求进口商修改
9	远期信用证上有无买方负担利息的文字	如果应由买方负担，信用证上须载明，否则由卖方负担	要求修改为买方负担
10	各条款间有无相互抵触	出口商必须完全履行信用证项下条款要求，才能获得押汇，如果条款间相互抵触，出口商肯定无法履行	要求进口商修改
11	有无列载适用 UCP600 的条款	除 SWIFT 信用证外，信用证上须注明是依 UCP600 开立的，否则会引发条款解释纠纷	请进口商更改或加注
12	信用证条款与我国贸易外汇法规有无抵触	条款不得与我国外汇管理条例及贸易法相抵触	要求修改，并告知我国法规不允许之处
13	信用证是否规定必须另外指示或通知才生效	信用证上若规定经指示或通知才生效，那么进口商不做指示或通知，就会对出口商不利	请进口商删除
14	信用证有效期以进口地时间为准或未注明以何地为准	信用证有效期应以出口地时间为准，因为汇票与单证寄出的时间出口商无法控制	请进口商修改为出口地时间
15	信用证上有无开证银行保证兑付汇票的文字	缺乏开证银行保证兑付汇票文字的信用证对出口商无保障	要求加入保证兑付的文字

模拟操作提示 7-1

在 SimTrade 实习平台中，信用证的接受与审核由出口商在“业务中心”页面中完成，具体步骤为：

（1）单击标志为“出口地银行”的建筑物，选择“信用证业务”，在下方出现的信用证列表中单击加下划线的信用证编号，可打开信用证正本进行审核。

（2）审核无误后选中相应信用证通知书，单击“接受”，信用证即可生效。

第二节　信用证的修改

一、信用证修改的程序

当出口商发现信用证上有条款需要修改时，应立刻要求进口商向开证银行申请修改。开证银行修改信用证的通知，可以航空邮递，也可以用电报方式，通常根据实际需要而采用适当的方法，但最好仍由原信用证通知银行来转交。如果修改时间紧迫，信用证的修改也可以采取变通办法，即由出口商请通知银行以电报的形式向开证银行询问修改事项是否可以接受，开证银行于征得进口商同意后，即以电报答复，如出口商接受，就相当于该条款已确认修改。这两种修改步骤见图 7-2。

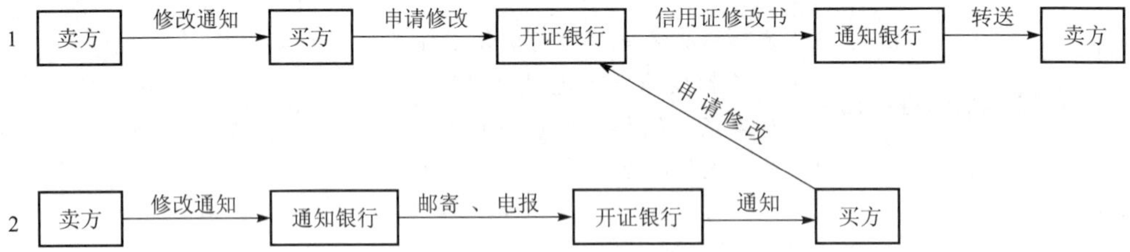

图 7-2　信用证修改步骤

二、常见修改条款

信用证常见的修改条款如下：

（1）更改受益人名称及地址，如“Amend the beneficiary's name and address to read...”。

（2）展延装运期及信用证有效期，如“Extend the date of shipment to... and validity to...”（当信用证有效期同时兼为最后装运日期的情况下，展延信用证有效期的修改通知，并不包含最后装运日期的延长。因此，出口商若希望一并延长装运有效期，在信用证修改通知上应一并载明。）

（3）增加或减少信用证金额，如“This credit amount to be increased by... making a total of...”或“This credit amount to be decreased by... leaving a balance of...”。

（4）增加或减少货物数量，如“Increase（Decrease）the quantity of commodity by... to...”。

（5）删除信用证条款，如“Delete the clause...”或“Item of special instructions to be deleted and substituted as...”。

（6）更改装卸地名，如“Shipment to be made from...to...”。

（7）修改货物名称或规格，如“Merchandise to be changed to read as...”或“Amend commodity description to read...”。

（8）信用证需由……银行附加保兑，如“This credit shall be confirmed by...Bank”。

（9）修改为准许分批装运或转运，如“Partial shipment and/or transhipment are allowed”。

（10）更改船名，如“Shipment to be made per S/S...instead of...”。

（11）修改为可转让信用证，如“This Credit is transferable”。

（12）修改为准许货物装在甲板上，如“Bill of lading indicating THE GOODS ARE LOADED ON DECK are allowed”。

模拟操作提示 7-2

在 SimTrade 实习平台中，出口商审核信用证时如发现有需要修改的地方，可立即通过 SimTrade 的邮件系统将修改要求告知进口商，由进口商向开证行申请修改。

第三节　信用证的转让

信用证原则上是一种非让渡性（不可转让）的证券，根据 UCP600 第 38 条规定，只有开证银行在信用证上确切注明**“可转让”（Transferable）**字样者，信用证的受益人才能将信用证的权益依法转让给他人，可转让信用证通常适用于有中间商存在的情况。凡是信用证未注明可转让者，均为不可转让信用证。UCP600 规定，使用诸如“可分割”（Divisible）、“可分开”（Fractionable）、“可让渡”（Transmissible）之类措辞并不能使信用证成为可转让信用证。

UCP500 和 UCP600 均规定，受益人可通过款项让渡及信用证转让两种方法将其权利转让于第三者。两种方法的不同之处在于：在款项让渡项下，受益人是根据现行法律规定，将信用证项下应得款项让渡或转让于第三者；而在可转让信用证项下，受益人是将信用证项下应执行的权利转让于第三者（即第二受益人）。

一般而言，信用证如需转让，应由原受益人提出信用证正本及**信用证转让申请书（Application for Transfer of Credit）**向转让银行办理转让，具体手续包括以下方面。

（1）受益人提交转让申请书一式两联，转让申请书应注明：转让日期、受让人（第二受益人）的名称和详细地址、转让金额、转让货物的数量、全部转让或部分转让、转让方式（电传或航邮传递）并将转让申请书加盖受益人公章。

（2）提交正本信用证和信用证项下修改书、函电等文件（如为部分转让，受益人则应缮制一套正本交银行，原正本留存备用）。以上手续办妥，待银行审查无误后，则根据受益人的要求，将信用证及该证项下修改书及时转予受让人（第二受益人）所在地的银行（通知行），并向受益人收取一定的手续费。

第八章

备　货

学习目标

通过对本章的学习，学生应了解备货的程序，熟悉寻求国内制造厂商的几种途径，熟悉购销合同的内容和法律意义，熟悉验货的程序、时间、地点和主要内容，掌握备货模拟操作的基本流程。

学习要求

知识要点	能力要求	相关知识
寻求国内制造厂商	（1）熟悉寻求国内制造厂商的几种途径 （2）熟悉寻求国内制造厂商的实际应用	（1）交易信函 （2）交易磋商
订货	（1）熟悉准备货物的程序 （2）熟悉购销合同的内容和法律意义 （3）熟悉订货的实际应用案例分析 （4）掌握订货的模拟操作	（1）国内购销合同 （2）国际购销合同 （3）联系单
验货	（1）熟悉验货的程序、时间、地点 （2）熟悉验货的主要内容	（1）商品的品名 （2）商品的品质 （3）商品的数量 （4）商品的包装

主要概念

订货　交易信函　国内购销合同　国际购销合同　联系单　验货

出口商接到信用证，审核无误后，即应开始准备货物，并依约定日期（信用证规定的最后装船期限之前）将货品装船出运。货物的生产过程往往需要花费一段时间，因此出口商应配合装运期限，事先做好妥善的安排（见图 8-1）。

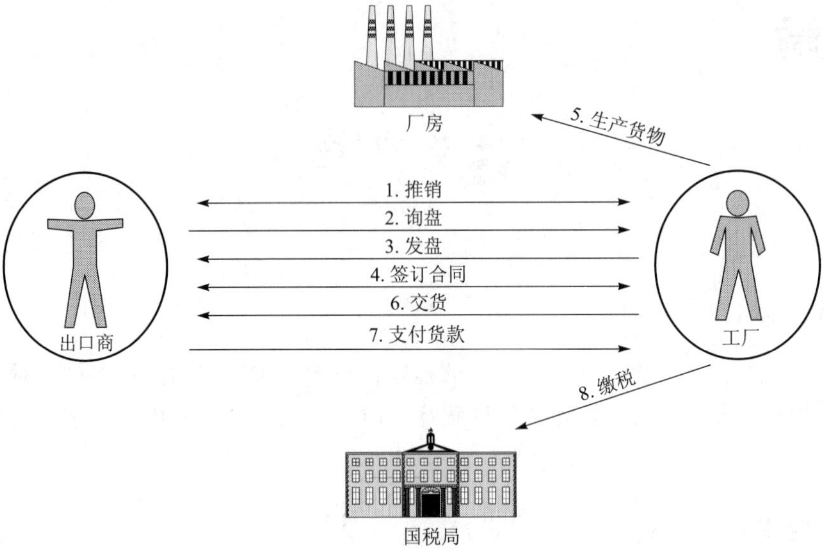

图 8-1　国内采购流程图

第一节　寻找国内厂商

出口商在与进口商进行贸易往来时，如果本身不是生产型企业，就要寻求相关产品的国内制造厂商，主要可通过以下几种途径。

（1）利用商会或同业公会名簿或黄页电话簿。

（2）利用报纸、杂志等新闻媒体的广告。

（3）商会或厂商团体介绍。

（4）老顾客或往来银行介绍。

（5）利用本身的宣传广告来获取。

因为货物质量的好坏、能否如期交货、价格是否合理、是否能配合提供样品等都会影响出口商的信誉，因此出口商应选择信用可靠的制造厂商购买货物，可以把质量优良、交货准时、价格合理、信用可靠、配合度高等几项因素作为标准来选择国内厂商。

寻找到合适的厂商后，可向其寄送建立业务关系的信函。与进口商的交易磋商类似，出口商同工厂之间也要经过询盘、发盘、还盘、接受的过程，双方就各项交易条件达成一致后，才能签订合同完成备货。

应用案例分析 8-1

宏昌国际股份有限公司在与进口商卡特贸易公司（Carters Trading Company，LLC）签订贸易合同后，开始准备货物。公司通过网络找到了国内的专业罐头生产企业“冠驰股份有限公司”，向其询购甜玉米罐头，函电内容见表 8-1。

表 8-1　　宏昌国际股份有限公司询购函

敬启者： 您好！我们是一家成立于 1988 年的外贸公司——宏昌国际股份有限公司。我们在 www. simtrade. net 里找到了贵公司的资料，得知贵公司专门生产罐头食品。我们对贵公司的产品很感兴趣，想与你们建立长期的合作关系。贵公司能否提供一些产品目录给我们，并请报价甜玉米罐头，报价单中敬请注明交货地点、要求的付款方式及起订量。 因出口货物通常数量较大，请报最优惠价。 盼早日收到贵方回音。 宏昌国际股份有限公司　敬上

冠驰股份有限公司收到函电后，通过对成本进行核算，于数日后回复报价函电（见表 8-2）。

表 8-2　　冠驰股份有限公司回复报价函

您好！来函已收到，非常感谢您对我公司产品的关注与信赖，现报价如下： 产品名称：甜玉米罐头（CANNED SWEET CORN） 货品编号：01005 海关编码：200780002 规格描述：每箱 6 罐，每罐 3 060 克 销售单位：CARTON 包装单位：CARTON 交货地点：工厂交货 付款方式：需方凭供方提供的增值税发票及相应的税收（出口货物专用）缴款书在供方工厂交货后七个工作日内付款。如果供方未将有关票证备齐，需方将扣除 17% 税款支付给供方，等有关票证齐全后再结清余款。 最小订货量：800CARTONS 单价：RMB ¥ 65/CARTON 以上资料供您参考并确认，盼复！ 冠驰股份有限公司　敬上

宏昌国际股份有限公司经过考虑，认为此报价可以接受，回复接受报价的函电（见表 8-3）。

表 8-3　　宏昌国际股份有限公司接受报价函

您好，感谢您的回复！

经过考虑，我们认为您的报价可以接受，我们将订购 800CARTONS 甜玉米罐头，现确认各项条件如下：

产品名称：甜玉米罐头（CANNED SWEET CORN）

货品编号：01005

海关编码：200780002

规格描述：每箱 6 罐，每罐 3 060 克

销售单位：CARTON

包装单位：CARTON

交货地点：工厂交货

付款方式：需方凭供方提供的增值税发票及相应的税收（出口货物专用）缴款书在供方工厂交货后七个工作日内付款。如果供方未将有关票证备齐，需方扣除 17% 税款支付给供方，等有关票证齐全后结清余款。

订货量：800CARTONS

单价：RMB ¥ 65/CARTON

合同即将寄出，希望今后合作愉快。

宏昌国际股份有限公司　敬上

第二节　订　　货

出口商本身若为制造企业，通常由出口部向生产加工及仓储部门下达联系单，要求该部门按联系单的要求准备货物；而无生产实体的出口公司则与国内的工厂签订国内的购销合同。无论是哪一种类，有关部门都要以联系单或国内的购销合同为依据，对应交的货物进行清点、加工整理、刷制运输标志（刷唛），以及办理申请报验和领证等项工作。所以该单据同时也是国内进出口公司内部之间或与内地工厂进行制单结汇的依据。此类单据在缮制时要与原国际合同相符，并且清楚、完整，应列明货物的品质、规格、数量、包装、唛头及其备货时间。

国内购销合同与国际销售合同内容大致相同，比较简单，用中文填写，它是表明出口公司与国内厂家相互之间权利和义务的法律文件。

模拟操作提示 8-1

在 SimTrade 实习平台中，与工厂购销合同的签订在“业务中心”页面中完成。买卖双方均可起草合同，分别单击标志为交易对象的建筑物，选择“起草合同”，输入合同编号与交易对象编号，仔细填写合同，检查无误后寄送给对方签字确认，即可生效。

应用案例分析 8-2

出口商宏昌国际股份有限公司（负责人刘铭华）收到国外开来的信用证并审核无误后，与国内厂商冠驰股份有限公司（负责人张弛）经过协商，就各项条件取得一致意见，即起草国内买卖合同，双方签字确认（见表 8-4）。

表 8-4 国内买卖合同

买 卖 合 同

卖方：冠驰股份有限公司

买方：宏昌国际股份有限公司

合同编号：Order001

签订时间：2019-08-19

签订地点：南京

一、产品名称、品种规格、数量、金额、供货时间：

选择	产品编号	品名规格	计量单位	数量	单价(元)	总金额(元)	交(提)货时间及数量
○	02009	WOMEN'S T-SHIRT 20PCS PER CARTON, COLOR: BLACK, FABRIC CONTENT: 100% COTTON	pc	15000	80	1200000	2019年12月31日前工厂交货
合计：			PC	15000		1200000	
[添 加][修 改][删 除]							
合计人民币(大写)	壹佰贰拾万元整						
备注：							

二、质量要求技术标准、卖方对质量负责的条件和期限：

质量符合国标出口优级品，如因品质问题引起的一切损失及索赔由供方承担，质量异议以本合同产品保质期为限。（产品保质期以商标效期为准

三、交(提)货地点、方式：

买方指定地点，集装箱门到门交货。

四、交 (提) 货地点及运输方式及费用负担：

买方指定地点，集装箱门到门交货，费用由需方承担。

五、包装标准、包装物的供应与回收和费用负担：

纸箱包装符合出口标准，商标由需方无偿提供。

六、验收标准、方法及提出异议期限：

需方代表按出口优级品检验内在品质及外包装，同时供方提供商检放行单或商检换证凭单。

七、结算方式及期限：

需方凭供方提供的增值税发票及相应的税收（出口货物专用）缴款书在供方工厂交货后七个工作日内付款。如果供方未将有关票证备齐，需方扣除17%税款支付给供方，等有关票证齐全后结清余款。

八、违约责任：

违约方支付合同金额15%的违约金。

九、解决合同纠纷的方式：

按《中华人民共和国经济合同法》。

十、本合同一式两份，双方各执一份，效力相同。未尽事宜由双方另行友好协商。

卖 方	买 方
单位名称：	单位名称： 宏昌国际股份有限公司
单位地址：	单位地址： 南京市北京西路嘉发大厦2501室
法人代表或委托人：	法人代表或委托人： 刘铭华
电话：	电话： 86-25-23501213
统一社会信用代码：	统一社会信用代码： 913320100000001350
开户银行：	开户银行： 南京商业银行
账号：	账号： SIM-dst011
邮政编码：	邮政编码： 210005

[打印预览][保存][退出]

主要栏目填写说明如下：

1. 卖方

此处填写工厂中文名称。

2. 买方

此处填写出口商公司中文名称。

3. 合同编号

买卖合同编号，由卖方或买方自行编设，以便存储归档管理之用。

在 SimTrade 中，该编号已由卖方或买方在起草合同时填入，单据中不能再更改。

4. 签订时间、地点

此处填写买卖合同签订日期、地点。

如：2019 年 2 月 18 日，可以有以下几种日期格式填法：

（1）2019-02-18 或 02-18-2019

（2）2019/02/18 或 02/18/2019

（3）190218

（4）February 18，2019 或 Feb. 18，2019

5. 增加商品明细

在商品明细栏中点“添加”，逐项填写商品资料见表 8-5。

表 8-5　　　　商品明细表

产品编号：	01005		
品名规格：	甜玉米罐头 每箱6罐，每罐3060克		
数　量：	800	计量单位：	CARTON
货币单位：	RMB	单价(元)：	65
		总金额(元)：	52 000

6. 产品编号

合同上应记明各种产品编号，以求联系沟通方便。

在 SimTrade 中，产品编号必须选择“淘金网”的“产品展示”里已有的商品编号。

7. 品名规格

此栏应详细填明各项商品的中文名称及规格，这是买卖双方进行交易的基础和前提。对商品的具体描述说明是合同的主要条款之一，如果卖方交付的货物不符合合同规定的品名或说明，买方有权拒收货物、撤销合同并提出损害赔偿。

在 SimTrade 中，商品的详细资料请在“产品展示”里查找，可参考中文名称与描述部分。

如：甜玉米罐头

每箱 6 罐，每罐 3 060 克

8. 数量条款

本栏用于填写交易的货物数量，这是买卖双方交接货物及处理数量争议的依据。

9. 计量单位

货物数量的计量单位，应以适合该货物计量的单位为准。

在 SimTrade 中，货物的计量单位在商品详细资料里已经注明，需要注意的是，此栏应填写销售单位而非包装单位。不同类别的产品，销售单位和包装单位不同。

10. 单价

单价即价格条款。这是买卖合同中必不可缺的重要组成部分，不仅直接关系到买卖双方的利益，而且与合同中的其他条款也有密切联系。通常由工厂根据成本通过往来函电报价给出口商，双方经过协商后确定此交易价格。

11. 总金额

此处列明币种及各项商品总金额（总金额=单价×数量）。

注意：此栏应与每一项商品相对应。

12. 交（提）货时间及数量

此处是交货时间及数量的规定。

13. 合计

货物总计，分别填入所有货物累计的总数量（包括相应的计量单位）和总金额。

14. 合计人民币（大写）

以文字（大写）写出该笔交易的总金额，必须与货物总价数字表示的金额一致。

如：伍万贰仟元整。

15. 备注

公司多使用格式化的合同，难免有需要改动和补充之处，有特殊规定或其他条款可在此栏说明。

如：（1）需方凭供方提供的增值税发票及相应的税收（出口货物专用）缴款书在供方工厂交货后七个工作日内付款。如果供方未将有关票证备齐，需方将扣除17%税款支付给供方，等有关票证齐全后再结清余款。

（2）所有生产的罐码采用暗码打字方式，不得在罐盖上显示生产日期。

（3）本合同经双方传真签字盖章后即刻生效。

16. 质量

此处是技术标准、卖方对质量负责的条件和期限等相关要求。

17. 交（提）货地点、方式

此栏按相关要求填写即可。

18. 交（提）货地点、运输方式及费用负担

此栏按相关要求填写即可。

19. 包装标准、包装物的供应与回收和费用负担

此栏按相关要求填写即可。

20. 验收标准、方法及提出异议期限

此栏按相关要求填写即可。

21. 结算方式及期限

此栏内容可依双方事先约定而填写。

22. 违约责任

此栏是关于违约责任的规定。

23. 解决合同纠纷的方式

此栏规定合同中一些相关问题处理的依据。

24. 买方

出口商公司相关信息及负责人签名，应与公司基本资料中的信息一一对应，包括税务登记号、账号等，在公司资料中可以找到。

25. 卖方

工厂相关信息及负责人签名，应与公司基本资料中的信息一一对应，包括税务登记号、账号等，在公司资料中都可以找到。

第三节　验　　货

使国外客户对收到的货物感到满意，不但是出口商应尽的责任，也是争取国外客户信任及后续订单所必须做到的。由于工厂并非实际出口者，并不完全了解进口商的要求，因此，在货物制造过程中，出口商有必要派人到工厂监督，在货物生产过程中及生产完毕后，对货物进行严格的检验。验货的重点如下：

（1）货样对不对，如是否做错了产品、用错了材料、颜色与原设计不相符等。

（2）品质佳不佳，如材料质量好不好、代用品是否适当等。

（3）数量够不够，如是否偷工减料、数量短少或以杂物混充等。

（4）交货期是否紧迫，按照信用证的规定，是否有充裕的时间如期交货。

（5）包装与唛头是否与订单相符等。

第九章

租船订舱

学习目标

通过对本章的学习，学生应熟悉国际货物运输的主要方式及其特点，了解班轮运输、租船运输、集装箱运输的概念和种类，熟悉订舱的步骤及应用案例分析，了解运费的构成、运费计算的步骤及应用案例分析，掌握订舱、运费计算的实务模拟操作过程。

学习要求

知识要点	能力要求	相关知识
班轮运输	(1) 了解班轮运输的概念及应用案例分析 (2) 熟悉订舱的步骤及应用案例分析 (3) 掌握订舱的实务模拟操作过程	(1) “四固定”特点 (2) 货物出运委托书 (3) 配舱通知 (4) 装货单
租船运输	(1) 了解租船运输的概念 (2) 熟悉租船运输的种类	(1) 定程租船 (2) 定期租船 (3) 光船租船
集装箱运输	(1) 了解集装箱运输的种类 (2) 熟悉集装箱运输的规格及应用案例分析 (3) 熟悉集装箱的装箱方式及交接方式 (4) 熟悉集装箱运费的构成 (5) 了解集装箱海运代理出口业务实务操作基本流程	(1) 普通集装箱 (2) 特殊集装箱
运费计算	(1) 了解运费计算的基础 (2) 熟悉运费的构成 (3) 掌握运费计算的实务模拟操作过程 (4) 熟悉运费计算的步骤及实际应用案例分析	(1) 整箱货单位 (2) 集装箱堆场 (3) 拼箱货 (4) 集装箱货运站 (5) 基本运费 (6) 附加费
国际货物运输方式	熟悉国际货物的各种运输方式及特点	(1) 铁路运输 (2) 航空运输 (3) 集装箱运输 (4) 国际多式联运 (5) 其他运输方式

主要概念

海洋运输　铁路运输　航空运输　邮政运输　集装箱运输　国际多式联运　大陆桥运输　运输单据　铁路运输单据　航空运单　邮包收据　多式联运单据　分批装运　转运　滞期和速遣条款　班轮运输　租船运输　班轮运费　海运提单　电子提单　国际物流　美国 OCP 运输　定程租船　定期租船　光船租船

国际货物的交换必须通过运输来实现，因此必须按照“安全、迅速、准确、节省、方便”的原则选择适当的运输方式，组织合理的运输。

目前，国际贸易运输方式主要有海洋运输、铁路运输、航空运输、邮包运输、集装箱运输、管道运输、国际多式联运等。在实际业务中，应根据进出口货物的性质、市场需求缓急、货运量大小、距离远近、运费高低、气候和自然条件、装卸港口的具体情况、国际社会的政治状况等因素的变化，选择合理的运输方式。我国对外贸易使用较多的方式是海洋运输和集装箱联运。

海洋运输的经营方式有**班轮运输（Liner Transport）**和**租船运输（Charter Transport）**两种。

第一节　班轮运输

一、班轮运输

班轮（Liner）又称定期船，是指在固定的国际航线上，依照预订的船期表（Shipping Schedule），做有规则往复航行的船只，并按事先公布的费率收取运费。我国绝大部分进出口货物都是通过班轮运输，约占海运量的 70% 以上。班轮运输有以下四个特点。

（1）船舶按照固定的船期表，沿着固定的航线和港口来往运输，并按相对固定的运费率收取运费，因此，具有“四固定”的基本特点。

（2）运价内已包括装卸费用，货物由承运人负责配载装卸。

（3）船货双方的权利、义务、责任、豁免，以船方签发的提单条款为依据。

（4）班轮承运的货物品种、数量比较灵活，货运质量较有保证，且一般在码头仓库交接货物，从而为货主提供了较便利的条件。

为保证船期，提高竞争力，班轮一般设备较全，质量较高，其停靠港口均有自己的专用码头、仓库和装卸设备，并有一套专门的管理制度。此外，班轮特别适合杂货和小额贸易货物的运输，批量小、批次多，分属不同货主的货物只要有班轮和舱位，船公司一般都愿意接受承运。而且，船公司从装载、运输、保管、照料直到卸载，都对货物的安全管理负责。因此，当货物数量不大，不需要整船装运时，可以安排订班轮的部分舱位运输。

应用案例分析 9-1

现有农机 10 件，每件毛重 250 千克，每件体积为 0.40 立方米，准备从中国口岸通过班轮运输至东非主要口岸。某班轮公司的货物分级情况见表 9-1。

表 9-1　某班轮公司的货物分级情况

货名	农机	鹿茸	未列名豆	钟及零件	人参	玩具	棉布
计算标准	W/M	A. V.	W	M	A. V. OR M	M	M
货物等级	9	20	3	10	20	11	10

上述轮船公司规定由中国口岸至东非主要口岸的航线费率情况（部分）见表 9-2。

表 9-2　由中国口岸至东非主要口岸的航线费率

货物等级	……	9	10	11	12	13	20	……	A. V.
运费费率（港元/运费吨）	……	500	278	302	310	321	646	……	2%（FOB）

另查知该批货物需增加 10% 的转船附加费、20% 的货币贬值附加费，港口附加费为每运费吨 25 港元。

查表可知：该批农机的计费标准为 W/M，即选（0.25，0.40）中的大者，为 0.40；货物为九级，九级货物的单位运费为 500 港元/吨。

每件农机的基本运费为：0.40×500＝200（港元）。

转船附加费为：200×10%＝20（港元）。

港口附加费为：0.40×25＝10（港元）。

货币贬值附加费为：(200+20+10)×20%＝46（港元）。

所以每件农机的运费为：200+20+10+46＝276（港元）。

该批货物的总运费为：276×10＝2 760（港元）。

二、订舱步骤

向班轮公司订舱，首先要了解船期情况，再洽订舱位，流程见图 9-1。

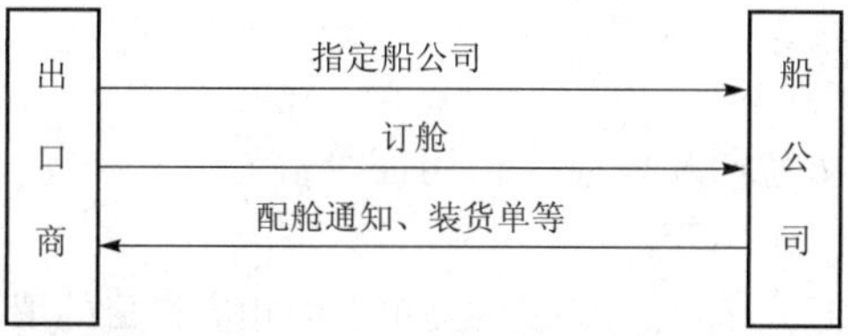

图 9-1　订舱

（1）出口商通过各种媒体与渠道，了解各船公司的船舶、船期、挂靠港及船舶箱位数等具体情况，根据目的港确定船期与航线合适的船公司。如果是在 FOB 术语下，此步骤就由进口商负责。

（2）填制**货物出运委托书**，连同必要的单证向船公司办理订舱。

（3）船公司根据具体情况如接受订舱，返还配舱通知、装货单（**Shipping Order；S/O**）等，将船名、航次等资料告知出口商。

三、注意事项

（1）船期必须配合工厂交货日期与买卖合同或信用证规定的装运有效期限。

（2）运输须遵守买卖合同及信用证上的相关规定，例如：

① 限定特定船公司的船只。

② 限定集装箱规格或装运方式。

③ 限制船龄。

④ 限定船舶的注册地。

模拟操作提示 9-1

在 SimTrade 实习平台中，租船订舱在“业务中心”页面中完成，具体步骤为：

（1）单击标志为“进口商”的建筑物，再单击“添加单据”，添加“货物出运委托书”，并到单据列表中进行填写；

（2）填写完成后，回到业务中心，单击标志为“船公司”的建筑物，单击“指定船公司”，选择“世格国际货运代理有限公司”，单击“确定”，成功指定船公司；

（3）再单击“洽订舱位”，选择合适的集装箱类型并填入装船日期，再单击“确定”按钮，即可完成订舱手续，系统提示返回“配舱通知”；

（4）单击标志为“进口商”的建筑物，再单击“查看单据列表”，在下方出现的单据列表中查看“配舱通知”的具体内容。

应用案例分析 9-2

出口商宏昌国际股份有限公司（Grand Western Foods Corp.）填写货物出运委托书（见表 9-3），委托世格国际货运代理有限公司（Desun International Transport Co.，Ltd）向船公司洽订舱位。

主要栏目填写说明如下：

1. 日期

此栏为委托出运日期。

2. 托运人

此栏填写出口公司中文名称及地址（信用证受益人）。

3. 抬头人

抬头人即提单上的抬头人，船公司签发的提单上的相应栏目的填写可参照委托书的写法。

如：信用证方式下：

（1）来证要求：“Full set of B/L made out to order”，提单收货人一栏则应填“To order”。

（2）来证要求：“B/L issued to order of Applicant”，此 Applicant 为信用证的申请开证人 Big A. Co.，则提单收货人一栏填写“To order of Big A. Co.”。

（3）来证要求：“Full set of B/L made out our order”，开证行名称为 Small B Bank，则应在收货人处填“To small B Bank's order”。

表 9-3 货物出运委托书

货物出运委托书

(出口货物明细单) 日期: 2019-04-06

根据《中华人民共和国合同法》与《中华人民共和国海商法》的规定，就出口货物委托运输事宜订立本合同。

		合同号	Contract001	运输编号	
		银行编号	dst01	信用证号	STLCN000002
		开证银行	THE CHARTERED BANK		
托运人	宏昌国际股份有限公司 南京市北京西路嘉发大厦2501室	付款方式	L/C		
		贸易性质	一般贸易	贸易国别	Canada
抬头人	to order of Carters Trading Company, LLC	运输方式	海运	消费国别	Canada
		装运期限	2019-05-31	出口口岸	Nanjing
通知人	Carters Trading Company, LLC P.O.Box8935,New Terminal, Lata. Vista, Ottawa, Canada	有效期限	2019-05-31	目的港	Toronto
		可否转运	NO	可否分批	NO
		运费预付	NO	运费到付	YES

选择	标志唛头	货名规格	件数	数量	毛重	净重	单价	总价
○	CARTERSCO CONTRACT001 CANADA 1/750	WOMEN'S T-SHIRT 20PCS PER CARTON, COLOR: BLACK, FABRIC CONTENT: 100% COTTON	750CARTON	15000pc	9750KGS	8250KGS	USD30	USD450000
		TOTAL:	[750] [CARTON]	[15000] [PACKAGE]	[9750] [KGS]	[8250] [KGS]		[USD] [450000]

[添 加] [修 改] [删 除]

注意事项	FOB价		[ ] [ ]
	总体积		[107.31] [CBM]
	保险单	险别	
		保额	[ ] [ ]
		赔偿地点	
	统一社会信用代码		9133201000000013€
	制单员		

受托人(即承运人)		委托人(即托运人)	
名称:		名称:	宏昌国际股份有限公司
电话:		电话:	86-25-23501213
传真:		传真:	86-25-23500638
委托代理人:		委托代理人:	刘铭华

[打印预览] [保存] [退出]

4. 通知人

此栏填写信用证规定的提单通知人名称及地址，通常为进口商。

5. 合同号

此栏填写相关交易的合同号码。

6. 运输编号

出口商自行编制用于外运的编号，多数出口商直接以发票号作为运输编号，在 SimTrade 中可不填。

7. 银行编号

开证行的银行编号，在与开证行的业务联系中必须引用该编号，在 SimTrade 中可不填。

8. 信用证号

此栏填写相关交易的信用证号码，如非信用证方式则不填。

9. 开证银行

根据信用证填写开证银行，如非信用证方式则不填。

10. 付款方式

此栏按出口合同所列的付款方式填写，如 L/C。

11. 贸易性质

贸易性质即贸易方式，共分为 9 种，一般贸易即正常贸易，分为寄售、经销、代理、招标与投标、拍卖、期货交易与套期保值、对销贸易、加工贸易、电子商务与无纸贸易。

在 SimTrade 中货物都为“一般贸易”方式。

12. 贸易国别

此栏填写贸易成交国别（地区），即出口国。如果通过我国驻港机构与他国成交，应填中国香港。

13. 运输方式

此栏按实际填写，如海运、陆运、空运等方式。

14. 消费国别

此栏填写出口货物实际消费的国家（地区），通常为进口国。如无法确定实际消费国，可填最后运往国。

15. 装运期限

此栏按出口合同或信用证所列填写。

16. 出口口岸

此栏填写货物出境时我国港口或国境口岸的名称，一定要按合同或信用证所列填写。若出口货物在设有海关的发运地办理报关手续，出口口岸仍应填写出境口岸的名称。

17. 有效期限

此栏按信用证所列填写。信用证的有效期限是受益人向银行提交单据的最后日期。受益人应在有效期限之前或当天向银行提交信用证单据。

18. 目的港

此栏填写出口货物运往境外的最终目的港，按合同或信用证所列填写。最终目的港无法确定的，可按尽可能预知的目的港填报。

19. 可否转运、可否分批

此栏按出口合同或信用证所列填写。如果允许分批或转运，则填“是”或“YES”或“Y”，反之，则填“否”或“NO”或“N”。

20. 运费预付、到付

如 CIF 或 CFR 出口，一般在运费预付栏填“是”或“YES”或“Y”字样，并在到付栏填“否”或“NO”或“N”，千万不可漏填，否则收货人会因运费问题提不到货，虽可查清情况，但拖延提货时间也会产生损失。如系 FOB 出口，则反之，除非收货人委托发货人垫付运费。

21. 增加商品明细

在商品明细栏中单击“添加”，逐项填写商品资料（见表 9-4）。

表 9-4　　　　　　　　　　商品明细表

产品编号	01005		
货名规格	CANNED SWEET CORN 3060Gx6TINS/CTN		
标志唛头	01005CANNED SWEET CORN CANADA C/NO.1-800		
数量	800	单位	CARTON
件数	800		CARTON
毛重	16156.8		KGS
净重	14688		KGS
单位	USD	单价	14
		总价	11200

22. 产品编号

此栏需与合同上的产品编号一致。

在 SimTrade 中，产品编号必须填写，否则无法保存商品明细。

23. 货名规格

此栏填写货物描述。

24. 标志唛头

按照合同规定填写。唛头即运输标志，既要与实际货物一致，又要与提单一致，并符合信用证规定。如信用证没有规定，可按买卖双方和厂商订的方案来或由受益人定。无唛头时，应注“N/M”或“No Mark”。如为裸装货，则注明“NAKED”或散装“In Bulk”。如来证规定唛头文字过长，用“/”将独立意思的文字彼此隔开，可以向下错行。即使无线相隔，也可酌情错开。

25. 数量、件数

此栏分别填写货物的销售数量与外包装数量，比如“7400 PCS、370 CARTONS”。

26. 毛重、净重、价格币制单位、单价、总价

此栏按货物的实际情况填写。

在 SimTrade 中，有关商品毛净重的计算请参考在线帮助中“了解产品的基本特点”。

27. TOTAL

此栏填写出口货物的总计件数、数量、毛重、净重及价格。

28. FOB 价

此栏填写出口货物离开我国国境的 FOB 价格，如按 CIF、CFR 价格成交的，应扣除其中的保险费、运费以及其他佣金、折扣等。以成交币种折算成人民币和美元时，均应按当天中国人民银行公布的汇率折算。

在 SimTrade 中，各项费用计算方法请参照在线帮助里的“预算表的填写”部分。

29. 总体积

此栏按货物的实际情况填写，除信用证另有规定外，一般以立方米（CBM）为单位列出。计算方法请参考在线帮助中“了解产品的基本特点”。

30. 受托人注意事项

此栏填写承运人或货运代理人需注意的事项。

31. 保险险别、保额、赔款地点

此栏根据出口合同或信用证填写，也可不填。

凡按 CIF、CIP 条件成交的出口货物，由出口商向当地保险公司逐笔办理投保手续。业务量较大的外贸公司为简化手续，节省时间，投保时可以此单代替投保单。

32. 海关编号

此栏填写出口商公司的海关代码。

在 SimTrade 中，海关代码请在出口商的基本资料里查找，由系统自动编排。

33. 制单员

此栏填写制单员姓名。

34. 受托人名称、电话、传真、委托代理人

此栏填写受托人的相关信息，出口商不填。

35. 委托人名称、电话、传真、委托代理人

此栏填写委托人的相关信息。

订舱成功后，公司收到配舱通知（见表 9-5）。

表 9-5 **配舱通知**

世 格 国 际 货 运 代 理 有 限 公 司 DESUN INTERNATIONAL TRANSPORT CO.，LTD
To：GRAND WESTERN FOODS CORP. Date：09/10/2019 Port of Discharge（目的港）：Toronto Country of Discharge（目的国）：Canada Container（集装箱种类）：20′×1 Ocean Vessel（船名）：Volendam Voy. No.（航次）：DY100-07 Place of Delivery（货物存放地）：Nanjing CY Freight（运费）：USD 3 582.00

背景知识

危险货物图解运输标志见表 9-6。

表 9-6　　危险货物图解运输标志

爆炸品		放射性物品	
不燃气体		不产生重大危害的爆炸品	
易燃气体（第 2 类）或者易燃液体（第 3 类）		易燃气体	
遇水释放出易燃气体的物品		易燃固体（第 4 类）	
放射性物品（第 I 级）		氧化剂和有机过氧化物	

第二节　租 船 运 输

租船运输（Charter Transport），又称不定期船（Tramp）运输。它与班轮运输不同，没有预订的船期表，航线和停靠港口也不固定，需依据船舶所有人和承租人双方签订的租船合同（Charter Party，简称租约）安排船舶的航线。

在租船运输方式下，船舶的航线、运输货物的种类、航行时间等都按承租人的要求，由船舶所有人确认而定，运费或租金也由双方根据租船市场的行情在租船合同中加以约定。租船运输通常适用于大宗货物的运输。

租船运输的方式有以下几种。

一、定程租船（Voyage Charter）

定程租船又称程租船或航次租船。它是指按航程租船，即所租船舶在指定港口之间进行一个或数个航次。根据租赁方式的不同，定程租船可分为四种：单程（或单航次）租船、来回航次租船、连续航次租船和包运合同。

二、定期租船（Time Charter）

定期租船是承租人在一定时期内租用船舶的租船运输方式，承租人也可将此租船作为班轮或程租船使用。船舶在租期内的一切运营费用及日常维修等开支，均由租方承担。

三、光船租船（Bare Boat Charter）

光船租船亦称“干租”或“净船期租船”，属于定期租船的一种。船舶所有人只提供一艘空船，一切人员配备及运营维修的费用均由承租人承担，实际属于单纯的财产租赁。由于这种租船方式比较复杂，当前国际贸易中很少采用。

三种租船运输方式的主要差异见表 9-7。

表 9-7　　程租、期租、干租运输方式差异表

比较项目	程租	期租	干租
租船基础	航程	航期	航期
船舶承租人的权利	小	大	更大
航次成本的负担	船舶所有人	承租人	承租人
固定开支的负担	船舶所有人	船舶所有人	承租人
费用计算	运费，计算滞期费和速遣费	租金，不计滞期费和速遣费	租金，不计滞期费和速遣费
租约（租船合同）性质	劳务合同	半劳务半租赁合同	租赁合同
适用情况	多见	多见	少见

注：① 航次成本包括船舶燃料费、港口费、装卸费、垫舱物料费等。
② 固定开支包括船员的工资、伙食给养、船舶维修保养、船舶保险等。

第三节　集装箱运输

集装箱运输（Container Transport），是以集装箱作为运输单位进行货物运输的一种现代化运输方式，它适用于海洋运输、铁路运输及国际多式联运。与其他运输方式相比，集装箱运输提高了装卸效率及运输质量，简化了货运手续，降低了货运成本，因此越来越成为一种被普遍采用的重要运输方式。集装箱运输使传统海运中的“港至港”原则转化为“门至门”原则，为国际多式联运及大陆桥运输提供了物质基础。

一、集装箱的定义

集装箱（Container），又称货柜或货箱，是指具备下列条件的包装容器。

（1）具有 $1m^3$（即 35.32 立方英尺）或以上的容积。

（2）具备耐久的性质与足够的强度，适于长期反复使用。

（3）须经特殊设计，适合多种运输工具，中途无须将货物重新装载。

（4）配有特殊柜角装置以利搬运，尤其要满足由一种运输方式转移到另一种运输方式时的搬运所需。

（5）便于货物的装填与卸空。

选择适宜的装运方式及集装箱类型，不仅可以节省运费、减少货物成本，还可将货物迅速而有效地送达承运人手中。集装箱的尺码、重量，以及货物在集装箱内的配装、排放以及堆栈都有一定的讲究，需在实践中摸索。

二、集装箱的种类

国际贸易中进出口货物的种类繁多，重量体积大小各异，为了能装运各类货物，集装箱也有多种，分述如下。

（一）普通集装箱

（1）干货集装箱（Dry Cargo Container）：装载一般杂货，使用最为普遍。

（2）开盖集装箱（Open Top Container）：装载大型机件。

（3）通风集装箱（Ventilated Container）：设有通风设备，装载需通风的货物。

（4）平台集装箱（Flat Bed Container）：具有底盘与前后端挡物板，装载武器、车辆、木材或电缆。

（二）特殊集装箱

除了上述普通集装箱外，还有折叠集装箱（Collapsible Container）、牲畜集装箱（Live Stock Container）、液体集装箱（Tank Container）、冷冻集装箱（Refrigerated Container）等，它们称为特殊集装箱。

三、集装箱的规格

国际上是以**“20 英尺[①]集装箱单位”（Twenty foot Equivalent Unit，TEU）**或**“40 英尺集装箱单位”（Forty foot Equivalent Unit，FEU）**为计算集装箱数量的标准单位。常用集装箱的规格见表 9-8。

表 9-8　　常用集装箱规格

	干货箱						
	长	宽	高	箱门开度尺寸		容积	最大有效承载
				宽	高		
20′	5 897	2 348	2 385	2 337	2 272	33	28 000
40′	12 301	2 348	2 385	2 337	2 272	67	26 000
40′HQ	12 031	2 348	2 690	2 337	2 577	76	26 000
20′	5 898	2 346	2 354	2 338	2 244	32	21 500
40′	12 022	2 346	2 381	2 337	2 244	66	26 400
20′	5 958	2 018	2 077	25	27 000		
40′	11 986	2 236	1 968	52	39 000		

① 1 英尺 = 0.304 8 米

续表

	冷藏箱						
	长	宽	高	箱门开度尺寸		容积	最大有效承载
				宽	高		
20′	5 444	2 290	2 262	2 290	2 227	26	21 000
40′	11 556	2 290	2 238	2 290	2 204	55	27 900
40′HQ	11 583	2 290	2 538	2 290	2 508	63	27 000

注：① 单位：长度：毫米，容积：立方米，承载：千克；

② 上述数据仅供参考；

③ 集装箱内可承载重量以船公司根据实际情况确定。

因此，每一集装箱的装载数量，首先要受到重量的限制，如果是重量重、体积小的货物，或许只装了半个集装箱就已经达到限重了，多出的半个集装箱空间亦不能再装；如果是体积大、重量轻的货物，即使装满一整个集装箱仍未达到限重，自然就以装满一个集装箱为准。所以选择集装箱装运时，不仅要考虑集装箱的容量，还要考虑集装箱的重量。

应用案例分析 9-3

宏昌国际股份有限公司（Grand Western Foods Corp.）出口 800 箱甜玉米罐头到加拿大的多伦多港，每箱体积为 0.025 736m^3，每箱毛重为 20.196kg，计算本批货物的总体积与总毛重。

总体积 = 800×0.025 736 = 20.588 8(m^3)

总毛重 = 800×20.196 = 16 156.8(kg) = 16.156 8(t)

由于总体积与总毛重均未超过且接近一个 20 英尺集装箱的容量及限重，因此本例中货物装运选择一个 20 英尺集装箱即可。

四、集装箱的装箱方式及交接方式

（一）集装箱的装箱方式

集装箱的装箱方式包括整箱（Full Container Load，FCL）和拼箱（Less Than Container Load，LCL）。整箱货物一般是在海关监管下，由货主或其代理装箱、加锁或铅封后，在集装箱码头或货场（Container Yard）交给承运人，取得场站收据（Cargo Receipt，D/R），再凭场站收据换得提单。拼箱货物一般是由货主送交承运人，承运人在集装箱货运站（Container Freight Station，CFS）或内陆集装箱转运站进行货物分类、整理、装箱、拆箱、交接等工作。

（二）集装箱的交接方式

按照装箱方式，集装箱的交接方式分为四种：整箱交、整箱接（FCL/FCL），拼箱交、拆箱接（LCL/LCL），整箱交、拆箱接（FCL/LCL），拼箱交、整箱接（LCL/FCL）。

按交接地点，集装箱的交接方式分为 9 种：门到门、门到场、门到站、场到门、场到场、场到站、站到门、站到场、站到站。

在集装箱运输中，卖方在门（Door，即发货人的工厂或仓库）、集装箱货场（CY）或货站（CFS）将货物交给承运人，即算完成交货，风险自货交承运人起由卖方转移到买方。这些货场或货站可以在出口国港口，也可以在接近出口国的内地城市。在集装箱运输中，传统的贸易术语 FOB、CFR 和 CIF 越来越多地被 FCA、CPT 和 CIP 所代替。出口人的交货地点不止限于装运港，还可提前完成交货义务，提前转移风险，提前获取单据进行货款结算。提单的出具者也扩展至国际多式联运经营公司，即“无船承运人”，提单也采用多式联运提单，承运人对从内陆交货地到内陆收货地的全程负责并收取运费。提单上还要增加与集装箱有关的内容，如 TYPE OF MOVE 一栏中填写 CY 或 CFS，而最终目的地 FINAL DESTINATION（of the goods-not the ship）中只填写内陆的收货地点等内容。

五、集装箱运费

集装箱运输费用由船舶运费和有关杂费组成，可按杂货基本费率和附加费计费。在拼箱货（LCL）的情况下，如果箱内所装货物没有达到规定的最低计费标准时，由货主负担亏舱损失。各船运公司都分别以重量吨和尺码吨规定不同类型集装箱的最低装箱吨数，并以二者中高者作为集装箱最低计费标准。此外，为了鼓励托运人采用集装箱并最大限度地利用箱容，集装箱运输规定最高运费，这是集装箱特有的做法。所以，合理利用集装箱运输，可以节省大量运输费用。

六、海运代理出口（集装箱）业务实务操作基本流程

集装箱海运代理出口业务实务操作基本流程为：接受货主委托→订舱→装箱→报关→打提单→寄单→核销退税。

（1）接到货主委托后，应先从以下几方面确认，包括该单位在出口地海关备案（年审）情况；报关单据是否齐备（全套报关单据有委托报关协议、出口货物报关单、装箱单、发票、合同、出口收汇核销单及海关监管条件涉及的各种证件）；海关监管条件中所要求的各种证件是否齐备；该票货物配哪种集装箱。

（2）与船公司落实舱位（取得船名、航次、提单号）、装箱点、集港时间、地点。装箱时有两种不同的方式可供选择。

① 产地装箱。船公司为了给货主提供方便，对于较大宗货，或有特殊要求的货主，可以提供产地装箱服务，通俗地说就是船公司将空箱运至托运人的仓库或工厂将货物装箱后，直接将集装箱运至堆场。

② 工厂送装。工厂或托运人将货物发运到船公司指定的集装箱中转站，由中转站负责将货物依次装入集装箱。这时，托运人要到现场检查装货情况，防止短装或装错，即“监装”。

第四节 运费计算

由于租船运输时的运费是由租船人与船东协商确定的，没有一定的标准，因此本节涉及的运费计算仅为班轮运输情况下的费用计算方法。

一、运费计算的基础

运费单位（Freight Unit），是指船公司用以计算运费的基本单位。由于货物种类繁多，打包情况不同，装运方式有别，所以计算运费的标准也不一样。

（一）整箱货（Full Container Load，FCL）

整箱货以整集装箱为运费单位。当运载货物的体积吨达到集装箱内部容积的85%，或重量吨达到集装箱最大载重量的95%时，就可以申请用整箱装载，装箱后直接送往**集装箱堆场（Container Yard，CY）**。

（二）拼箱货（Less than Container Load，LCL）

当货物的体积吨或重量吨不足装一个集装箱时，必须将货物送船公司指定的**集装箱货运站（Container Freight Station，CFS）**，与他人的货物合并成整箱装运。拼箱货物由船方以能收取较高的运价为准，运价表上常注记M/W或R/T，表示船公司将按货品的体积吨或重量吨二者中收费较高者计算。

拼箱装时计算运费的单位为以下两种。

（1）**体积吨（Measurement Ton）**：运价表中用“M”表示。按货物总体积计算，以一立方英尺（1 Cubic Meter，简称1MTQ或$1m^3$或1CUM，即一立方米）为一个运费吨。

（2）**重量吨（Weight Ton）**：运价表内用“W”表示。按货物总毛重计算，以一吨（t）（1t=1 000kg）为一个运费吨。

二、运费的构成

班轮运费包括基本运费和附加费两部分。

（一）基本运费（Basic Freight）

船公司对于海运基本运费的订立，通常是根据航程、港口设施、港务费用、同业竞争情况、回程承载情形及运费开支等，依货物性质不同，订立各种不同的海运费，称为“基本运费”或“基本费率”。在远洋航线中为了简化计算方式，大多以地区划分，在同一地区者使用同一费率表；在近海航线中，则依距离长短决定。

（二）附加费（Surcharge）

附加费是对一些需要特殊处理的货物，或由于突发事件的发生或客观情况变化等原因而另外加收的费用。在基本运费的基础上，加收一定百分比；或者按每运费吨加收一个绝对值计算。附加费种类繁多，一般常见的有以下几种。

（1）**燃油附加费（Bunker Adjustment Factor，BAF）**：因船用燃料价格上涨而增收的附加费用。

（2）**港口附加费（Port Surcharge）**：因装/卸港口的装卸效率低、港口费用高而向货主增收的附加费。

（3）**港口拥挤附加费（Port Congestion Surcharge）**：由于港口繁忙拥挤，船舶到港后须长期停泊，造成成本增加而加收的费用。

（4）**币值附加费（Currency Adjustment Factor，CAF）**：因货币升值或贬值，影响承运人收入而增收的附加费用。币值附加费可按固定值收取，也可按基本运费的百分比收取。

（5）**超重/超长附加费（Heavy Lift or Long Length Additional）**：当某件货物的毛重达

到或超过规定重量（各船公司规定不一致）时视为超重货物；当某件货物的长度达到或超过规定的长度（通常为 9 米）则视为超长货物。对这类货物船公司在装卸、配载时需采取特殊的措施，为此要加收超重/超长附加费，且如需转船，则每转船一次，加收一次。

（6）**直航附加费（Direct Additional）**：运往非基本港或因货物运量大需安排直航而增收的费用。

（7）**转船附加费（Transhipment Surcharge）**：对运往非基本港的货物，船公司须在转运港口办理换装及转船手续，为此而增加的费用即转船附加费。

（8）**绕航附加费（Deviation Surcharge）**：由于船舶不能按正常航线航行而必须绕道行驶而加收的费用，航道一旦恢复正常，该费用即取消。

除上述各种附加费外，还有选港附加费（Additional for Optional Destination）、变更卸货港附加费（Alternation of Destination Surcharge）、洗舱费（Cleaning Charge）、熏蒸费（Fumigation Charge）等各项附加费。

模拟操作提示 9-2

由于海运附加费种类繁多，情况不一，因此在 SimTrade 实习平台中，只包括了燃油附加费与港口附加费两种常见费用。运费率请在“淘金网”的“运费查询”页，输入目的港名称进行查询，具体的计算方法请参照在线帮助中“预算表的填写”里的海运费计算部分；换算汇率则请查看“淘金网”的“银行”页。

应用案例分析 9-4

宏昌国际股份有限公司（Grand Western Foods Corp.）出口 800 箱甜玉米罐头到加拿大的多伦多港，通过计算得知货物装一个 20 英尺集装箱即可。经查询，到多伦多港的相关运费为：

基本运费：USD 3 290 每 20 英尺集装箱

港口附加费：USD 132 每 20 英尺集装箱

燃油附加费：USD 160 每 20 英尺集装箱

根据上述资料，出口商计算海运费如下（假设美元与人民币的汇率为 6.8）：

总运费 = 1×(3 290+132+160)×6.8
= 3 582×6.8
= 24 357.6(人民币元)

应用案例分析 9-5

1 000 辆儿童踏板车要出口到加拿大，目的港是蒙特利尔港口。纸箱包装，每箱装 6 辆，每箱体积为 0.057 6m^3，毛重为 21kg。

1. 计算应选集装箱种类

总箱数 = 1 000÷6 = 166.6，取整 167 箱

总体积 = 167×0.057 6 = 9.6（m^3）

总毛重 = 1 000÷6×21 = 3 500（kg）= 3.5（t）

与第三节中集装箱规格比较后可知，由于本例与一个 20 英尺集装箱的容积与限重差别较大，因此本例中的货物宜采用拼箱方式装运。

2. 查询到蒙特利尔港的拼箱运费

基本运费：每体积吨（MTQ）USD 151.00，每重量吨（TNE）USD 216.00

3. 根据上述资料，计算出口商海运费（假设美元与人民币的汇率为 6.8）

按体积计算运费 = 9.6×151 = 1 449.6（美元）

按重量计算运费 = 3.5×216 = 756（美元）

两者比较，体积运费较大，船公司收取较大者，则运费为 USD 1 449.6。

总运费 = 1 449.6×6.8 = 9 857.28（人民币元）

第五节　铁路运输

铁路运输（Rail Transport），是指利用铁路进行国际贸易运输的一种方式。它负担着进出口货物的集散和运进、运出的繁重任务，是一种仅次于海洋运输的运输方式。

一、铁路运输的特点

铁路运输不受气候条件影响，可以保证常年的正常运输，而且速度较快，运量较大，又有连续性高、风险小、手续简单等优势。

二、铁路运输的种类

按营运方式不同，铁路运输分为国际铁路联运和国内铁路运输两种。我国进出口货物运输则包括国际铁路联运、国内铁路运输、至中国香港的铁路运输三部分。

（一）国际铁路联运

国际铁路货物联运是指使用统一的国际联运票据，由铁路负责两国或两国以上的铁路全程运输，并由一国铁路向另一国铁路移交货物。铁路联运过程中的货物移交不需要收货人和发货人参与。

采用国际铁路货物联运，有关当事人先应有书面约定。1954 年我国加入了《国际铁路货物联运协定》（以下简称《国际货协》）。至今，参加国已有欧亚大陆的 12 个国家，包括朝鲜、蒙古国、越南、俄罗斯等。根据这一协定，缔约国的进出口货物，从始发站到目的地，不论经过几个国家，只需办理一次托运手续，有关国家的铁路管理部门根据一张运单负责将货物送到终点站交给收货人。同时，该协定也规定了从参加《国际货协》的国家向未参加国或相反方向运送货物，也可办理联运。

此外，在欧洲由德国、奥地利、比利时、意大利、瑞典等二十几个国家签订了《国际铁路货物运送公约》（以下简称《国际货约》）。已加入《国际货协》的匈牙利、保加利亚、罗马尼亚等国也参加了《国际货约》，从而使参加《国际货协》国家的进出口货物，可以通过铁路运输转送到《国际货约》的参加国。

为了适应东欧、北欧一些国家的需要，1980 年我国通过西伯利亚大陆桥实现了集装箱国际铁路联运，货运里程比海运缩短了近 1/3。1992 年，东起我国连云港，途经陇海、兰新、北疆铁路进入独联体，直达鹿特丹的第二条欧亚大陆桥运输线正式营业，进一步加快了货运速度，促进了我国外贸业的发展。

（二）国内铁路运输

国内铁路运输是指仅在本国范围内，并按国内铁路货物运输的规定办理的货物运输。我国出口货物经铁路运至港口及进口货物卸船后经铁路运往各地，均属国内铁路运输的范畴。

（三）至中国香港的铁路运输

供应我国港澳地区的物资经铁路运往香港九龙，也属于国内铁路运输的范围。对港铁路运输由国内段运输和港段铁路运输两部分构成。它是一种特殊的租车方式的两票运输，具体做法是：从发货地至深圳北站的国内段运输，由发货人或发货地外运机构依照对港铁路运输计划的安排，填写国内铁路运单，先行运往深圳站，收货人为中国对外贸易运输公司深圳分公司。深圳分公司作为各外贸企业的代理，负责在深圳办理货物运输单据的交换，并向深圳铁路局租车，后申报出口，经检验放行后，将货物运输至九龙港。货车过轨后，由深圳外运分公司在香港的代理人——香港中国旅行社向香港九广铁路公司办理港段铁路运输的托运、报关等工作，货车到达九龙目的站后，由香港中国旅行社将货物卸交给香港收货人。

第六节　航空运输

一、航空运输的特点

航空运输（Air Transport）与海运、铁路运输相比，运输速度快，故适用于运送易腐商品、鲜活商品和各种急需物资。目前，我国空运日益发展，采用空运的进口商品主要有电脑、成套设备中的精密部件、电子产品等；出口商品主要有丝绸、纺织品、海产品、水果、蔬菜等。

空运方式下，航空公司一般只负责空中运输，货物在始发机场交给航空公司之前的接货、送货等业务均由航空货运公司办理，并负担其间的一切风险和费用。航空货运公司可以是货主或航空公司的代理，也可以是双重代理。在我国，这样的机构一般是中国对外贸易运输总公司。

尽管航空运输较高，但由于空运比海运计费的起点（起码运费）低，同时又能节省包装、保险费用，又便于抢行应市，所以有些货物用空运反而有利。

二、航空运输的种类

根据运输货物的不同需要，航空运输主要包括班机运输、包机运输、集中托运、急件传递等几种方式。

（一）班机运输（Scheduled Airline）

所谓班机运输是指在固定航线、固定航期、固定始发站、到达站和经停站上航行的航班。按照业务的对象不同班机运输可分为客运航班和货运航班。货运航班承揽货物运输，大多使用全货机，一般航空公司通常采用客货混合型飞机，在搭乘旅客的同时也承揽小批量货物的运输。

由于班机运输有固定的航线、挂靠港、固定的航期，并在一定时间内有相对固定的收费标准，对进出口商来说可以在贸易合同签署之前预计货物的起运和到达时间，核算运费成本，合同的履行也较有保障，因此，班机运输成为多数贸易商首选的航空货运形式，用于运送鲜活、易腐货物、贵重货物、急需货物。目前，班机运输正成为跨国公司分拨产品、半成品的得力助手。

（二）包机运输（Chartered Carrier）

包机运输是指包租整架飞机或由发货人（或航空货运代理公司）联合包租一架包机来运送货物，通常可分为整机包机和部分包机两种形式。整机包机适用于运送数量比较大的商品，部分包机适用于运送多个发货人的商品。包机运输的运费较班机运输费用低，承租飞机的双方可以议定航程的起止点和中途停靠的空港。

（三）集中托运（Consolidation）

集中托运指集中托运人（Consolidator）将若干批单独发运的货物组成一整批，向航空公司办理托运，采用一份航空总运单集中发运到同一目的地，由集中托运人在目的地指定的代理人收货，再根据集中托运人签发的航空分运单分拨给各实际收货人的运输方式。其运价比国际空运协会公布的班机运价低7%~10%。

（四）航空急件传递（Air Express Service）

航空急件传递是目前国际航空运输中最快捷的运输方式。它不同于航空邮寄和航空货运，而是一个专门经营此项业务的机构，与航空公司密切合作，设专人用最快的速度在货主、机场、收件人之间传送急件，特别适用于急需的药品、医疗器械、贵重物品、图纸资料、货样及单证的传送，被称为“桌到桌运输”（Desk to Desk Service）。

三、国际航空货物运输的业务流程

（一）国际货物运输的出口业务流程

国际货物运输的出口业务流程是指对从托运人委托运输货物到航空承运人将货物装上飞机的货物流、信息流的运输组织与控制管理的全过程。

一般地，托运人采用委托航空运输代理人运输或直接委托航空公司运输两种方式。因此，国际货物运输的出口业务流程包括航空货物出口运输代理业务程序和航空公司出港货物业务操作程序两个环节。

1. 航空货物出口运输代理业务程序

航空货物出口运输代理业务程序由以下若干环节构成：接受托运人委托运输；审核单证；接收货物；填制货运单；拴挂标签；预配、预订舱位；出口报关；出仓单提箱、装板；签单、交接发运；航班跟踪信息服务；费用结算。

航空公司根据实际情况安排航班和舱位。航空公司舱位销售的原则是：

（1）保证有固定舱位配额的货物；

（2）保证邮件、快件舱位；

（3）优先预定运价较高的货物舱位；

（4）保留一定的零散货物舱位；

（5）未订舱的货物按交运时间的先后顺序安排舱位。

订舱后，航空公司签发舱位确认书（舱单），同时给予装货集装器领取凭证，以表示舱位订妥。

2. 航空公司出港货物业务操作程序

航空公司出港货物的操作程序是指自代理人将货物交给航空公司，直到货物装上飞机的整个业务操作流程。航空公司出港货物的操作程序分为以下几个环节。

（1）预审国际货物订舱单（Cargo Booking Advance，CBA）。

（2）整理货物单据，主要包括已入库的大宗货物单据、现场收运的货物单据和中转的散货单据。

（3）货物过磅、入库。

（4）货物出港，重点处理好制作舱单及转运舱单的业务。

① 货运舱单（Cargo Manifest）：货运舱单是每一架飞机所装载货物、邮件的运输凭证清单；是每一航班总申报单的附件；是向出境国、入境国海关申报飞机所载货邮情况的证明文件；也是承运人之间结算航空运费的重要凭证之一。

② 货物转港舱单（Cargo Transfer Manifest，CTM）：货物转港舱单由交运承运人填写，是货物交运承运人和货物接运承运人之间交接货物的重要运输凭证；也是承运人之间结算航空运费的重要凭证之一。

（二）国际货物运输的进口业务流程

国际货物运输的进口业务流程主要包含两大部分：航空公司进港货物的操作程序和航空货物进口运输代理业务程序。

1. 航空公司进港货物的操作程序

航空公司进港货物的操作程序是指从飞机到达目的地机场，承运人把货物卸下飞机直到交给代理人的整个操作流程。该流程包括：

（1）进港航班预报；

（2）办理货物海关监管；

（3）分单业务，其中联程货运单交货物中转部门；

（4）核对货运单和运输舱单；

（5）制作国际进口货物航班交接单；

（6）货物交接。

2. 航空货物进口运输代理业务程序

航空货物进口运输代理业务程序包括：代理预报；承接运单与货物；货物仓储；整理运单；发出到货通知；进口报关；收费与发货；送货上门及货物转运等业务内容。其中，对于交接运单与货物、收取收费与发放发货等业务，航空公司有关部门业务人员应重点做好下列工作。

（1）交接运单与货物。航空公司的地面代理公司向货物代理公司交接的有：国际货物交接清单，主货运单、随机文件，货物。

（2）收取费用。货物运输代理公司在发放货物前，应先将有关费用收齐，收费内容包括：

① 到付运费及垫付款；

② 单证、报关费；

③ 海关、动植物检验检疫等代收代付费用；

④ 仓储费等。

（3）发放货物。

① 对于分批到达货物：待货物全部到齐后方可通知货主提货。如果部分货物到达，货主要求提货，有关货运部门则收回原提货单，出具分批到达提货单，待后续货物到达后，再通知货主再次提取。

② 属于航空公司责任的破损、短缺，应由航空公司签发商务记录。

③ 属于货物运输代理公司责任的破损、短缺，应由该代理公司签发商务记录。

④ 对于属于货物运输代理公司责任的货物破损事项，应尽可能协同货主、商检单位立即在仓库做商品检验，确定货损程度，避免后续运输中加剧货物损坏程度。

应用案例分析 9-6

【案情简介】

某中国香港时装公司主要面向欧美出口服装，过去一直通过海运进行国际贸易，近年来，该公司经过仔细核算，发现选择海运并没有太大优势，而选择空运有很多有利之处。

（1）海运集装箱起码运费较高，每次出运货量太小不合算，出运货量太大又占压资金，而且不能适应时装市场变化大、小批量、多批次成交的需要。空运则可以弥补此缺憾。

（2）海运到货周期较长，容易因缺货、市价跌落等造成损失。例如，如果利用纽约和香港的时差，纽约时装店打烊时，可以将补货订单传真给香港，这时中国香港是早上，可以迅速打样、裁制、熨烫、包装，选择空运，3~7 天即可以在纽约时装店上架销售，便于抢行就市，避免缺货、市价跌落等造成的损失。

【应用案例分析-点评】

固守海运便宜的观点不可取，应充分分析各种运输方式的利弊，合理选择恰当的运输方式。

第七节　国际多式联运

一、国际多式联运的含义

国际多式联运（International Multimodal Transport）是在集装箱运输的基础上产生和发展起来的一种综合性的连贯运输方式，它一般以集装箱为媒介，把海、陆、空各种传统的单一运输方式有机地结合起来，组成一种连贯的国际运输方式。

二、国际多式联运的要件

国际多式联运必须具备下列几个条件。

（1）必须是国际货物运输，并且必须由一个联运经营人对全程运输负责。

（2）必须有一个多式联运合同，合同中明确规定多式联运经营人与托运人之间的权利与义务。

（3）必须至少是两种不同运输方式的连贯运输，包括陆空联运、海空联运、陆海联运、大陆桥运输等方式。其中，大陆桥运输是指以横贯大陆的铁路为中间桥梁，把大陆两端的海洋运输连接起来组成海—陆—海的连贯运输。国际多式联运始于美国。目前，国际贸易中采用的大陆桥运输主要有西伯利亚大陆桥、美国和加拿大大陆桥、欧亚大陆桥等。这种运输方式具有简化货运手续、加快货运速度、降低运输成本等特点。

（4）使用一份包括全程的多式联运单据（Multimodal Transport Documents）。表 9-9 为国际多式联运单据，这是指证明多式联运合同以及证明多式联运经营人接管货物并负责按合同条款交付货物的单据。它由多式联运人签发，根据发货人的选择，这种单据可以是可转让的也可以是不可转让的。

（5）必须是全程单一的运费费率。

表 9-9　　国际多式联运提单

SINOTRANS

B/L No. C0073

中国对外贸易运输总公司
CHINA NATIONAL FOREIGN TRADE TRANSPORTATION CORP.

GA

联运提单
COMBINED TRANSPORT
BILL OF LADING

RECEIVED the goods in apparent good order and condition as specified below unless otherwise stated herein.
The Carrier, in accordance with the provisions contained in this document,
1)undertakes to perform or to procure the performance of the entire transport from the place at which the goods are taken in charge to the place designated for delivery in this document, and
2)assumes liability as prescribed in this document for such transport.
One of the Bills of Lading must be surrendered duly indorsed in exchange for the goods or delivery order.

托运人 Shipper
SHANGHAI MACHINERY IMPORT & EXPORT CORP.

收货人或指示 Consignee or order
TO ORDER

通知地址 Notify address
OVERSEAS COMPANY 100 JULAN SULTA #01-20 SULTAN PLAZA SINGAPORE 0719

前段运输 Pre-carriage by	收货地点 Place of receipt
海运船只 Ocean vessel Tong He V.144	装货港 Port of loading SHANGHAI
卸货港 Port of discharge SINGAPORE	交货地点 Place of delivery
运费支付地 Freight payable at SHANGHAI	正本提单份数 Number of original Bs/L 3

标志和号码 Marks and Nos.	件数和包装种类 Number and kind of packages	货名 Description of goods	毛重（公斤） Gross weight (kgs.)	尺码（立方米） Measurement (m³)
OVS SINGAPORE NO.1-4860	4,860 SETS	CARTONS OF COLOUR TELECISION SET	12,150.00 KGS	54.57 M3

FREIGHT PREPAID

TOTAL:SAY FOUR THOUSAND EIGHT HUNDRED AND SIXTY CARTONS ONLY

以上细目由托运人提供
ABOVE PARTICULARS FURNISHED BY SHIPPER

运费和费用 Freight and charges

IN WITNESS whereof the number of original Bills of Lading stated above have been signed, one of which being accomplished, the other(s) to be void.

签单地点和日期 Place and date of issue

代表承运人签字 Signed for or on behalf of the Carrier

代理 as Agents

SUBJECT TO THE TERMS AND CONDITIONS ON BACK

第八节　其他运输方式

一、公路运输

公路运输（Road Transport）机动灵活、速度快、方便，同时还是车站、港口、机场集散进出口货物的重要手段。但是公路运输载量有限，运输成本高，容易造成货损事故。

二、内河运输

内河运输（Inland Water Transport）是水上运输的重要组成部分，是连接内陆腹地与沿海地区的纽带，在运输和集散进出口货物中发挥着重要作用。

三、邮包运输

邮包运输（Parcel Post Transport）是指通过邮局寄送进出口商品的一种较简便的运输方式。根据各国邮政部门之间的协议，已形成国际邮包运输网。国际邮包运输具有国际多式联运和“门到门”运输的性质，而且手续简便，费用也不高。

邮包运输包括普通邮包和航空邮包两种方式。由于国际邮包运输对每个邮包的重量和体积都有一定的限制，如每个包裹重量不得超过 20 千克，长度不得超过 1 米，所以邮包运输只适用于重量轻、体积小的商品的运输。

近年来，国际快递业务迅速发展，目前主要有以下两种。

（1）国际特快专递。国际特快专递（International Express Mail Service），由世界各国邮政联合创办，具有高速度、高质量、高效率传递国际邮件的特点。目前我国已与 80 多个国家和地区的邮政部门建立了业务联系，并与 TNT 快递公司合作办理国际快件业务，使我国的国际特快专递可通达 200 多个国家和地区。国际特快专递邮件根据内件性质，分为信函、文件资料和物品三大类。

（2）DHL 信使转递。DHL 信使转递（DHL Courier Service）是全球快递、洲际运输和航空货运的领导者，也是全球第一的海运和合同物流提供商。

四、管道运输

管道运输（Pipeline Transport）的通道和运载工具合二为一，是货物在管道内借助高压气泵的压力输往目的地的一种运输方式，主要适用于运输液体、气体、小颗粒或粉末状的货物，具有单向、固定投资大、建成后运输成本低的特点。

第十章

出口许可与申请产地证

学习目标

通过对本章的学习，学生应熟悉应申领许可证的出口商品范围，了解许可证签发机构，熟悉申领出口许可证的手续，了解出口许可证的修改、延期与补发；熟悉产地证的种类、作用和申请程序；熟悉申请产地证的应用案例分析，掌握申请产地证的模拟操作步骤。

学习要求

知识要点	能力要求	相关知识
申领出口许可证	（1）熟悉应申领许可证的出口商品范围 （2）了解许可证签发机构 （3）熟悉申领出口许可证的手续 （4）了解出口许可证的修改、延期与补发	（1）《货物出口许可证管理办法》 （2）《出口许可证管理货物目录》 （3）《出口许可证管理商品分级发证目录》
申请产地证	（1）熟悉产地证的种类和作用 （2）熟悉产地证的申请程序 （3）熟悉申请产地证的应用案例分析 （4）掌握申请产地证的模拟操作步骤	（1）普通产地证 （2）普惠制产地证 （3）纺织品产地证

主要概念

出口许可证　普通产地证　普惠制产地证　纺织品产地证

出口许可证（Export License）是国家对实行出口许可证管理的商品批准其出口的法律文件，是海关监管验放出口货物的依据。凡实行出口许可证管理的商品（规定免领的除外），各类出口企业应在商品出口前按规定在指定的发证机关申领出口许可证，海关凭出口许可证接受申报。所谓配额许可证管理即实行配额与许可证配合使用，出口企业在取得配额后再申请出口许可证。根据《中华人民共和国对外贸易法》的规定，我国出口许可证管理实行非自动出口许可证与自动出口许可证分类管理办法。

第一节　申领出口许可证

申领出口许可证，是指出口厂商在出口货物前依政府规定向指定机构申请签发**出口许可证（Export Permit or Export License）**（见图 10-1）。

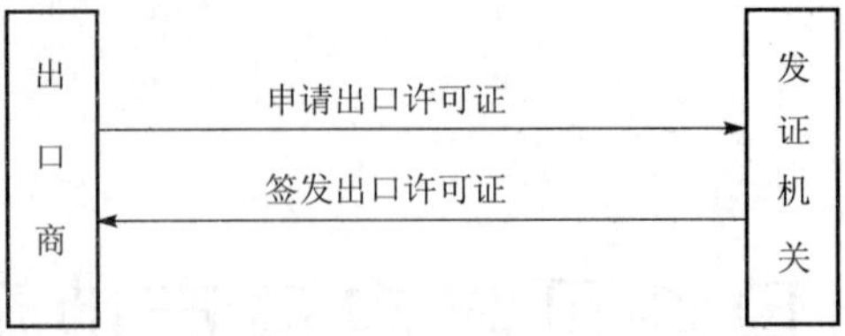

图 10-1　申请出口许可证

一、应申领许可证的出口商品范围

我国实行统一的货物出口许可证制度，国家对限制出口的货物实行出口许可证管理。按照从 2007 年 1 月 1 日起实行的《货物出口许可证管理办法》规定，各发证机构应按照商务部制定的《出口许可证管理货物目录》和《出口许可证管理商品分级发证目录》的范围，依照相关规定签发出口许可证。在目前的制度下，大部分货物的出口均可免申请许可证，需要办理申请的商品范围主要包括以下方面。

（一）必须申领出口许可证的物品

（1）未经批准经营出口业务的企业、国家机关、团体、学校或个人运往国外的货物；

（2）各有关部门、企业、团体组织的出国展览的展销品和出卖品；

（3）各企业、厂矿与国外签订补偿贸易、来料加工合同，不通过外贸公司，要求直接出口的商品；

（4）各外国使团、企业代表、外国公民和旅游者运出的货物；

（5）外国公民和旅游者带出超过合理自用数量的货物。

（二）有权经营出口业务的公司需申请出口许可证的情况

经批准经营出口的公司，在批准的经营范围内的出口商品，一般即视为取得出口许可，不必另行申领出口许可证，而有下列情况之一者，需另行申请出口许可证。

（1）输往国家、地区有单笔贸易配额限制的商品；

（2）为了防止各地、各部门的出口总量超过输往国家、地区市场的容纳量，商务部认为有必要实行出口许可制度，规定各地、各部门出口数量的商品；

（3）为了防止出口价格过低，商务部认为有必要实行出口许可制度，规定最低出口价格的商品；

（4）国务院有关主管部门已明确规定控制出口的商品；

（5）由于国际市场的变化或者国别政策需要，商务部认为需要在一定时期内适当控制出口的商品。

二、许可证签发机构

目前我国办理许可证签发的各级机构从上到下依次为：

（1）商务部：全国出口许可证的最高管理部门，负责制定出口许可证管理办法及规章制度，监督、检查出口许可证管理办法的执行情况，处罚违规行为。

（2）商务部许可证事务局：由商务部授权，统一管理、指导全国各发证机构的出口许可证签发工作，许可证事务局对商务部负责。

（3）商务部许可证事务局及商务部驻各地特派员办事处和各省、自治区、直辖市、计划单列市以及商务部授权的其他省会城市商务厅（局）、外经贸委（厅、局）：为出口许可证发证机构，在许可证事务局统一管理下，负责授权范围内的发证工作。

三、申领出口许可证的手续

经营者出口《出口许可证管理货物目录》中的货物，应当到《出口许可证管理商品分级发证目录》指定的发证机构申领出口许可证。申请时，应提交以下文件向发证机构申请办理。

（1）出口许可证申请表（正本）1份，并加盖印章。实行网上申领的，应当认真如实地在线填写电子申请表并传送给相应的发证机构。

（2）加盖对外贸易经营者备案登记专用章的“对外贸易经营者备案登记表”或者“中华人民共和国进出口企业资格证书”或者外商投资企业批准证书（复印件）。

（3）有关出口货物配额或者其他有关批准文件。

各发证机构经审核同意后，将在自收到符合规定的申请之日起3个工作日内签发相关出口货物的出口许可证，一式三份：一份由申报人留存；一份由海关留存；一份由海关签印后送当地中国银行凭以检查结收外汇。

出口许可证的有效期不得超过6个月，需要跨年度使用时，有效期的截止日期不得超过次年2月底，逾期自动失效，海关不予放行。

四、出口许可证的修改、延期与补发

（一）申请修改

出口许可证签发后，任何单位和个人不得擅自更改证面内容。如需更改，经营者应当在出口许可证的有效期内将出口许可证退回原发证机构，重新申领出口许可证。

（二）申请延期

（1）出口许可证因故在有效期内未使用，经营者应当在出口许可证有效期内向原发证机构提出延期申请，发证机构收回原证，在发证计算机管理系统中注销原证后，重新签发出口许可证，并在备注栏中注明延期使用和原证证号。

（2）出口许可证因故在有效期内未使用完的，经营者应当在出口许可证有效期内向原发证机构提出未使用部分的延期申请，发证机构收回原证，在发证系统中对原证进行核销，并扣除已使用的数量后，重新签发出口许可证，并在备注栏中注明延期使用和原证证号。

（3）当年出口配额领取的出口许可证若办理延期，其延期最长不得超过次年2月底，有效期已为次年2月底的不得延期。

（三）申请补发

已领取的出口许可证如遗失，经营者应当立即向许可证证面注明的出口口岸地海关及相关发证机构提交书面报告，并在全国性经济类报刊中登载“遗失声明”，发证机构凭遗失声明，并经核实该证确未通关后，可注销该证，并核发新证。

第二节　申请产地证

产地证明书（Certificate of Origin）是出口国的特定机构出具的证明其出口货物为该国家（或地区）原产的一种证明文件，也是进口国海关征收关税的依据。通常不使用海关发票或领事发票的国家，要求提供产地证明书，作用在于提供给进口国海关凭以确定货物的生产国别从而核定进口货物应征收的税率。有的国家为了限制从某个国家或地区进口的货物，也会要求用产地证来证明货物来源，从而控制进口额度。

一般产地证的出证机构视信用证的具体规定而定，通常都由出口地的公证行或工商团体签发。在我国，产地证由中国国际贸易促进委员会签发。

一、产地证的种类

（一）普通产地证（Certificate of Origin）

普通产地证又称一般产地证，是原产地证的一种，是用以证明有关出口货物和制造地的一种证明文件，是货物在国际贸易中的“原籍”证书，即证明有关出口货物是该国天然产品或是在该国经过了主要的和最后的制造加工工序的产品，且该制造加工工序所使用的主要原料的外形、性质、形态或用途产生了实质性的改变。在实际签发时，由谁出具或出具何种产地证，应根据买卖合同或信用证的具体规定而定。在我国一般原产地证书（商会产地证）由中国国际贸易促进委员会（China Council for the Promotion of International Trade，CCPIT，简称贸促会）签发。条款示例：“Certificate of Origin Issued by China Council for Promotion of International Trade”。

（二）普惠制产地证（Generalised System of Preference Certificate of Origin Form A）

普惠制（GSP）是发达国家给予发展中国家出口制成品、半制成品的一种优惠的关税制度，它是在最惠国关税的基础上进一步减免的，因而是国际贸易中最低的关税。至今已有近40个国家给予我国普惠制关税待遇，涉及玩具、机电产品、纺织服装、轻工产品、食品等领域。在我国，普惠制产地证由出口商填制后连同普惠制产地证申请书和商业发票一起，送交出入境检验检疫局签发。条款示例：“G. S. P. Certificate of Origin Form A showing importing country”。

（三）纺织品产地证（Certificate of Origin Textile Products）

对欧盟国家出口纺织品时，信用证一般都规定需要提供特定的产地证，即输欧盟纺织品产地证，这种产地证在我国是由出口地的商务部授权的纺织品出口证书发证机构签发的。

（四）中国—东盟自由贸易区优惠原产地证明书（简称东盟产地证，Form E）

2005年7月，中国与东盟的货物贸易减税计划正式启动，中国和文莱、柬埔寨、印度尼西亚、老挝、马来西亚、缅甸、菲律宾、新加坡、泰国、越南10个国家相互实施自由贸易区协定税率。我国货物出口到上述国家，凡符合中国—东盟自由贸易区优惠关税的有关规定，只要签发了Form E证书，该批货物就能够享受更优惠的进口国关税待遇，平均减税幅度可达5%。

（五）智利产地证（Form F）

这是出口智利的“金质证书”。中国与拉美国家签署的第一个自由贸易协定是《中国—

智利自由贸易协定》（以下简称《协定》），该协定正式实施后中国近 6 000 种输往智利的产品可凭检验检疫机构签发的 Form F 证书享受零关税优惠。检验检疫机构是签发 Form F 证书的唯一机构，企业可向当地出入境检验检疫局申请注册备案后，申办该证书；已注册的企业，向当地检验检疫机构申请开通该项业务即可。

（六）Form C 为非多种纤维纺织品声明书

Form C 适用于主要价值或主要重量是属于麻或丝的原料，或其中所含羊毛重量不超过 17% 的纺织品为多国家产地声明书（Multiple Country Declaration），声明商品的原材料由几个国家产生。

（七）Form D 是东盟自贸区的原产地证书

（八）《〈曼谷协定〉优惠原产地证明书》

可以签发《曼谷协议》优惠原产地证书的国家有韩国、斯里兰卡、印度 3 个国家，给予关税优惠的商品其关税优惠幅度从 0 到 30% 不等。

（九）《〈中国与巴基斯坦自由贸易区〉优惠原产地证明书》

对巴基斯坦可以签发《〈中国与巴基斯坦自由贸易区〉优惠原产地证明书》，2006 年 1 月 1 日起双方先期对 3 000 多个税目产品分别实施零关税和优惠关税。

二、产地证的申请程序

（1）申请单位应持营业执照、主管部门批准的对外贸易经营权证明文件及证明货物符合出口货物原产地的有关材料，向所在地签证机构办理注册登记手续。经签证机构审核合格后，享有申办产地证资格。

（2）企业经注册登记后，其授权及委派的手签人员和申领员应接受签证机构的业务培训，并最迟于货物报关出运前三天由申领员向签证机构申请办理产地证，并严格按签证机构要求，真实、完整、正确地填写以下材料。

① 规定格式的申请书一份；

② 出口企业自行按标准填制的产地证一套；

③ 出口货物商业发票一份；

④ 签证机构认为必要的其他文件。

（3）签证机构在受理企业的申请后，应认真审核申请单位提交的有关单证，确认无误后，及时盖章签发产地证，一般为一正本三副本。其中一正二副交申请企业，另一副本和申请书、商业发票等有关文件由签证机构存档。

三、产地证的填制要点（一般原产地证填制要点）

（1）出口商：受益人（要有详细的名称、地址）。

（2）收货人：开证申请人（要有详细的名称、地址）。

（3）运输方式和路线：注明装货港、到货港及运输方式（如有转运，也要注明）。

（4）目的港：标明货物的最终目的港。

（5）签证机关专用栏：一般情况下，此栏空白，由签证当局视情况填写相应的内容。但信用证要求产地证由商会（Chamber of Commerce）出具时，则由贸促会在本栏中加盖“商会章”，证明“China Council for the Promotion of International is China Chamber of

International Commerce”。

（6）唛头和包装号码：此栏填写商品包装上的装运标志，应完整、规范并与其他单据上的装运标志一致，不能简单填写“As per Invoice No. xxx”或类似表示。

（7）货物描述及包装件数和包装种类：本栏填写商品的名称以及商品外包装的数量及种类。注意在货物描述结束时应有终止符“＊”。

（8）H.S. 编码：本栏应按照商品在《商品名称和编码协调制度》（Harmonized Commodity Description & Coding System）中的编码填写，注意本栏中的编码要与报关中的商品编码一致。

（9）数量或重量：应按照提单或其他运输单据中的数量填写，若填重量的话则应填入毛重。

（10）发票号码和日期：填入本次交易的发票号码和发票日期。注意：此栏不得留空。

（11）出口商声明：本栏必须由出口商手签、加盖公章并加注签署地点、日期。注意：该日期不能早于发票日期（一般与发票日期相同），同时，不能迟于装船日期和第 12 栏签证机关的日期。

（12）签证机关栏：本栏供签证机关证明用。必须由签证机关手签、加盖公章并加注签署地点、日期。

模拟操作提示 10-1

在 SimTrade 实习平台中，产地证的申请在“业务中心”页面中完成，具体步骤如下：

（1）以普惠制产地证明书为例，单击标志为“进口商”的建筑物，再单击“添加单据”，添加“普惠制产地证明书”，并到单据列表中进行填写；

（2）填写完成后，回到“业务中心”，单击“检验机构”，再单击“申请产地证”，选择产地证类型为“普惠制产地证明书”，单击“确定”，完成产地证的申请。

应用案例分析 10-1

出口商宏昌国际股份有限公司（Grand Western Foods Corp.）填写普惠制产地证明书，向检验机构申请普惠制产地证明书（见表 10-1）。

主要栏目填写说明如下：

1. 证书号码（Reference No.）

此栏填写签证当局编号的证书号码。

在 SimTrade 中，该号码由系统自动产生。

2. 发货人（出口商名称、地址、国家）（Goods Consigned from...）

此栏按实际情况详细填写。若属信用证项下，应与规定的受益人名址、国别一致。需注意的是，本栏目的最后一个单词必须是国家名，如为第三方发货，须与提单发货人一致。

此栏必须填写在中国境内的出口商详址，包括街道、门牌号码和城市名称，以及国家名。

3. 收货人（收货人名称、地址、国别）（Goods Consigned to...）

表 10-1　　普惠制产地证明书

ORIGINAL

1.Goods consigned from (Exporter's business name, address, country)

GRAND WESTERN TRADING CORP.
Room2501,Jiafa Mansion, Beijing West road, Nanjing 210005, P.R.China
China

Reference No. STGSP000002

GENERALIZED SYSTEM OF PREFERENCES CERTIFICATE OF ORIGIN
(Combined declaration and certificate)

FORM A

Issued in **THE PEOPLE'S REPUBLIC OF CHINA**
(country)

2.Goods consigned to (Consignee's name, address, country)

Carters Trading Company, LLC
P.O.Box8935,New Terminal, Lata. Vista, Ottawa, Canada
Canada

3.Means of transport and route (as far as known)

From Nanjing to Toronto On May 15, 2019 By Vessel.

4.For official use

Choice	Item number	6.Marks and numbers of packages	7.Number and kind of packages; description of goods	8.Origin criterion (see Notes overleaf)	9.Gross weight or other quantity	10.Number and date of invoices
○	1	CARTERSCO CONTRACT001 CANADA 1/750	750 CARTONS (SEVEN HUNDRED AND FIFTY CARTONS ONLY) OF WOMEN'S T-SHIRT 20PCS PER CARTON, COLOR: BLACK, FABRIC CONTENT: 100% COTTON	"P"	9750KGS	STINV000002 Apr.07,2019

[添 加] [修 改] [删 除]

11.Certification
It is hereby certified, on the basis of control carried out, that the declaration by the exporter is correct.

NANJING, Apr.10,2019

Place and date, signature and stamp of certifying authority

12.Declaration by the exporter
The undersigned hereby declares that the above details and statements are correct, that all the goods were

produced in **CHINA**
(country)

and that they comply with the origin requirements specified for those goods in the Generalized System of Preferences for goods exported to

CANADA
(importing country)

NANJING, Apr.10,2019

Place and date, signature and stamp of authorized signatory

[打印预览] [保存] [退出]

此栏填写实际给惠国的最终目的地收货人名址、国别，不得填中间商的名址。

此栏填写时必须注意：

（1）信用证无其他规定时，收货人一般是开证申请人。

（2）若信用证申请人不是实际收货人，而又无法明确实际收货人时，提单的被通知人可以作为收货人。

（3）如果进口国为欧盟成员国，本栏可留空或填“To be ordered”。另外，日本、挪威、瑞典进口商要求签发“临时”证书时，签证当局在此栏加盖“临时”（PROVISIONAL）红色印章。

4. 运输方式和路线（Means of Transport and Route）

此栏填写运输方式（海运、空运等）、起运港和目的地（目的港），应注意与其他单据保持一致。如需中途转运，也应注明。

5. 供官方使用（For Official Use）

此栏由进出口检验检疫机构填注。正常情况下，出口公司应将此栏留空。检验机构主要在两种情况下填注：一是后补证书，则加盖“ISSUED RETROSPECTIVELY”（后发）的红色印章；二是原证丢失，该证系补签，则此栏要加盖“DUPLICATE”并声明原证作废。但需注意的是，日本一般不接受后补证书。如为“复本”，应在本栏注明原发证书的编号和签订日期，然后声明原证书作废，例如：“THIS CERTIFICATE IS IN REPLACEMENT OF CERTIFICATE OF ORIGIN NO... DATED... WHICH IS CANCELLED”，并加盖“DUPLICATE”红色印章。

6. 增加商品明细

在商品明细栏中点“添加”，逐项填写商品资料（见表 10-2）。

表 10-2　　　　商品明细表

Item No.	1		
Product No.	01005		
Marks and numbers	CANNED SWEET CORN CANADA		
Number and kind of packages; description of good	800 CARTONS (EIGHT HUNDRED CARTONS) OF CANNED SWEET CORN		
Origin criterion (see Notes overleaf)	"P"		
Gross Weight	16 156.8	Unit	KGS
Number and date of invoices	STINV000004 AUG 20, 2019		

7. 项目编号（Item Number）

此栏填写商品项目。如果只有单项商品，仍要列明项目“1”；如果商品品名有多项，则必须按“1、2、3……”分行列出。

8. 产品编号（Product Number）

此栏需与合同上的产品编号相一致。

在 SimTrade 中，产品编号必须填写，否则无法保存商品明细。

9. 唛头及包装号码（Marks and Numbers of Packages）

此栏应注意与买卖合同、发票、提单、保险单等单据保持一致（对应合同中的“Shipping Mark”栏）。即使没有唛头，也应注明“N/M”，不得留空。

如唛头内容过多，可填在第 7、8、9 栏的空白处，或另加附页，只需打上原证号，并由签证机关授权人员手签和加盖签证章。

10. 包装种类和件数、货物描述（Number and Kind of Packages，Description of Goods）

此栏填写商品的数量、包装种类及商品名称与描述，应与信用证和其他单据保持一致。

注意：请勿忘记填上包装种类及数量，并在包装数量的阿拉伯数字后用括号加上大写的英文数字，如上例商品名称应具体填明，其详细程度应能在 H.S. 的四位数字中准确归类，不能笼统填“MACHINE、METER、GARMENT”等。但商品的商标、牌名（BRAND）、货号（ART. NO.）也可不填，因这些与国外海关税则无关。商品名称等项列完后，应在末行加上表示结束的符号，以防止加填伪造内容。国外信用证有时要求填具合同、信用证号码等，可加在此栏结束符号下方的空白处。

在 SimTrade 中，须填写商品包装数量+包装单位+（数字大写）+OF+货物品名+货物描述。

例 1：800 CARTONS（EIGHT HUNDRED CARTONS ONLY）OF CANNED SWEET CORN
3060Gx6TINS/CTN

例 2：53 CARTONS（FIFTY-THREE CARTONS ONLY）OF WOODEN TEA SERVICE
PACKING：1SET/BOX，5SETS/CARTON

11. 原产地标准（Origin Criterion）

此栏填写货物原料的成分比例。此栏用字最少，却是国外海关审证的核心项目。对含有进口原料成分的商品，因情况复杂，国外要求严格，极易弄错而造成退证，故应认真审核。一般规定如下：

（1）“P”：完全自产，无进口成分，使用“P”。

（2）“W”：含有进口成分，但符合原产地标准，填“W”。

（3）“F”：对加拿大出口时，含进口原料成分占产品出厂价 40% 以下者，都使用“F”。

（4）空白：出口到澳大利亚、新西兰的货物，此栏可留空不填。

注意：含有进口原料成分的商品，发往瑞士、挪威、芬兰、瑞典、奥地利等欧盟成员国及日本时，都使用“W”，并在字母下方标上产品的 CCCN 税则号（布鲁塞尔税则）；发往俄罗斯、白俄罗斯、乌克兰、哈萨克斯坦、捷克、斯洛伐克时，都填写“Y”，并在字母下面标上百分比（占产品离岸价格的 50% 以下）。

在 SimTrade 中，货物都属完全自产的，无进口成分，此栏填“P”（注意填写时须加引号）。

12. 毛重或其他数量（Gross Weight or Other Quantity）

此栏与运输单据的总毛重或数量相同，应列明毛重数值与计量单位，如 1 500kg。

注意：此栏应以商品的正常计量单位填，如“只、件、匹、双、台、打”等。以重量计算的则填毛重。只有净重的，填净重亦可，但必须注明“N. W.”（NET WEIGHT）。

13. 发票号和发票日期（Number and Date of Invoice）

此栏与商业发票的同类内容完全一致。

注意：此栏不得留空，为避免月份、日期的误解，月份一律用英文表示，发票内容必须与证书所列内容和货物完全相符。

如：2019SDT001

July 25，2019

14. 检验检疫机构的签证证明（Certification）

此栏由签发此证的检验检疫机构盖章、授权人手签，并填写出证日期和地点。

注意：本证书只在正本上签章，不签署副本。签发日期不得早于第10栏发票日期和第12栏的申报日期，也不得晚于提单的装运日期。手签人的字迹必须清楚，手签与签证章在证面上的位置不得重叠。

15. 出口商申报（Declaration by the Exporter）

此栏为出口方声明、签字、盖章栏。出口商声明中进口国横线上填写的国名一定要填正确；进口国一般与最终收货人或目的港的国别一致。如果难以确定，以第3栏目的港国别为准。凡货物运往欧盟范围内，进口国不明确时，进口国可填E. U.；申请单位的手签人员应在此栏签字，加盖中英文对照的印章，填写申报地点、时间。例如：“BEIJING CHINA SEPT. 22，2019”。

注意：此栏日期不得早于发票日期（第10栏），不得迟于签证机构签发日期（第11栏）；在证书正本和所有副本上盖章时避免覆盖进口国名称和手签人姓名；国名应是正式的全称。

第十一章

货物运输保险

学习目标

通过对本章的学习，学生应熟悉货物运输保险的基本概念，熟悉货物运输保险的种类及各种保险条款及作用，熟悉各种价格术语下的保险费的计算，熟悉货物运输保险办理的应用案例分析，掌握货物运输保险办理的模拟操作程序。

学习要求

知识要点	能力要求	相关知识
货物运输保险的概念	（1）了解货物运输保险的意义 （2）熟悉货物运输保险的当事人 （3）熟悉海上危险和海上损害的种类 （4）熟悉保险与国际贸易的运作	（1）保险的基本原则 （2）可保障的风险 （3）可弥补的损失 （4）可补偿的费用
货物运输保险的种类	（1）熟悉我国海洋货物运输保险险别与条款 （2）熟悉伦敦保险协会海运货物保险条款	（1）中国海运货物保险条款的保险 （2）伦敦保险协会海运货物保险
货物运输保险的办理	（1）熟悉货物运输保险的办理程序 （2）熟悉货物运输保险办理的应用案例分析 （3）掌握货物运输保险办理的模拟操作过程	（1）海运货物保险 （2）陆运货物保险 （3）空运货物保险 （4）邮包运输货物保险
保险费的计算	（1）熟悉各种价格术语下的保险费的计算公式 （2）掌握保险费的实际计算	（1）价格术语与保险金额 （2）保险费率与加成投保

主要概念

海上损害　海上保险　海上风险　外来风险　实际全损　推定全损　共同海损　单独海损
施救费用　救助费用　平安险　水渍险　一切险　仓至仓条款　协会货物条款　保险单

第一节　货物运输保险的概念

一、概念

保险（Insurance）是指当事人约定一方（被保险人）交付保险费给另一方（保险人），另一方对于因不可预料或不可抗力事故所致的损害，负担赔偿财物损失的行为。而货物运输保险是指保险人承保被保险人的货物于“两地间”（指保险单上所列载的保险区间）运送过程中，因意外事故所致的毁损、灭失，或连带发生的费用或责任，由保险人负责经济赔偿的保险。

二、保险的当事人

（一）保险人（Insurer）

保险人指从事货物保险行业的公司，即**保险公司（Insurance Company）**或**保险业者（Underwriter）**。保险人负责提供保险合同，承诺在事故发生时，依约负担赔偿。保险人在保险合同成立时有权收取保险费。

（二）投保人（Applicant）

投保人指对保险标的物具有保险利益，向保险人申请订立保险合同的人。投保人在保险合同成立时有支付保险费的义务。

（三）被保险人（Insured）

被保险人指在保险事故发生时，对所遭受的损害享有赔偿请求权的人。被保险人与投保人可以是同一人。

（四）受益人（Beneficiary）

受益人指投保人或被保险人所约定享有赔偿请求权的人，即保险金的领受人。被保险人和投保人均可为受益人。

三、海上风险的种类

（一）基本风险（Basic Perils）

基本风险指保险单上所列举的，保险人愿意承保的风险，通常有下列数种。

（1）**海上固有风险（Perils of the Sea）**：指在海上偶然发生的意外事件或灾害，包括以下情形：船舶沉没（Sinking）、搁浅（Stranding）、触礁（Touch and Go）、碰撞（Collision）、失踪（Missing）、风暴（Heavy Weather）、海水毁损（Seawater Damage）等。

（2）**火灾（Fire）**：指保险标的物因在船上遭受火灾或为灭火所致的损害。

（3）**暴力盗窃（Thieves）**：指海盗（Pirates）、海贼（Rovers）等以暴力手段盗取船上货物所致的损害，但不包括暗中偷窃及船员或旅客的偷窃。

（4）**投弃（Jettison）**：指船舶在海上航行遇紧急事件时，船长为了保全全船货物的共同安全，将船上部分货物或设备投弃海中所引起的损失。

（5）**船长、船员恶意行为（Barratry of the Master and Mariners）**：指船长或船员故意损害船舶或货物的一切非法行为，如恶意弃船、纵火焚烧、走私、盗卖船货等。

（6）**其他一切风险（All other Perils of the Seas）**：指与保险单上所列举各种风险类似

的风险。

（二）特殊风险（Extraneous Perils）

特殊风险指保险单上虽有列举，但须特别约定，并加缴保费，保险人才愿意承保的风险事故。常见的特殊风险有：战争（War）、罢工、暴动与民众骚扰（Strikes, Riots and Civil Commotions）、偷窃（Theft and Pilferage）、短卸及未送达（Short-shipment and Non-delivery）、淡水雨水（Fresh Water and Rain）、破损（Breakage）、漏损（Leakage）、钩损（Hook Hole）、油污（Oil）、污染（Contamination with Other Cargoes）、鼠虫害（Rats & Vermin）、爆炸（Explosion）等。

四、海上损害的种类

（一）全部损失（Total Loss）

全部损失即保险标的物全部灭失，可分为两种情形。

（1）**实际全损（Actual Total Loss）**：又称绝对全损（Absolute Total Loss），指保险标的物或船只由于危险而发生全部毁灭，或永远无法恢复原有形体及效用，或被保险人无法恢复其所有权。对于实际全损，保险公司应按保险合同所规定的金额赔偿。

（2）**推定全损（Constructive Total Loss）**：又称解释全损（Technical Total Loss），指货物或船舶虽非全部灭失，但修复所需费用将超过该保险标的物的原价值，而予合理委付者。

（二）部分损失（Partial Loss）

部分损失即保险标的物部分灭失，可分为两种情形。

（1）**共同海损（General Average）**：指在海难发生时，船长为了整船货的安全，抛弃或处分部分货物，使得这些货物为共同利益而损失。此共同海损应由全体（船东及货主）按比例来分担。

（2）**单独海损（Particular Average）**：指未发生共同灾难，只是由于其他原因导致某些货物单独受到损失。此种损失只由受损货物的所有权人来负担。

五、保险在国际贸易中的运作

贸易术语决定何方为投保人，现将国际贸易的运作情形分述如下。

（1）**贸易术语为 CIF 时**：保险由卖方购买，卖方须支付保险费并向买方提交保险单或保险证明书。根据伦敦保险协会货物条款，保险区间（即保险责任起讫地点）为从货物离开保险单所载起运地点开始，一直到保险单所载目的地为止。保险种类、保险金额及保险币别依买卖合同规定办理。

（2）**贸易术语为 FOB 或 CFR 时**：保险由买方购买，但货物在交装运港船上之前的内陆运输险由卖方购买。保险人的承保区间与 CIF 相同，买方以自身名义投保，若涉及有银行开信用证融资时，则以开证银行为保险受益人。

第二节 货物运输保险的种类

伦敦保险协会自 1982 年 1 月 1 日起，为适应世界形势的需要，开始使用新保单及新协会保险条款“协会货物保险条款”（Institute Cargo Clause，ICC）。目前世界上大多数国家直接采用协会货物保险条款。中国人民保险公司根据我国保险业务的实际需要，并参照国际保险市场的惯例，制定了“中国海洋运输货物保险条款”。在投保海上货物运输保险时这两种条款都可以选用，现将其内容分别列述如下。

一、我国海洋货物运输保险险别与条款

（一）基本险

1. 平安险（Free from Particular Average，FPA）

平安险又称“不赔单独海损险”，保险人依平安险承保时对全损、共同海损予以补偿，单独海损的损失原则上不予补偿。不过由于特定事故而发生的单独海损仍需负赔偿责任。平安险的承保范围如下：

（1）被保险货物在运输过程中由于恶劣气候、雷电、海啸、地震和洪水等自然灾害造成的整批货物全部损失或推定全损。当被保险人要求赔偿推定全损时，须将受损货物及其权利委付给保险公司。被保险货物用驳船驳至或驳离海轮时，每一艘驳船所装的货物可视作一个整批。

（2）由于运输工具遭受搁浅、触礁、沉没、互撞、与流水或其他物体碰撞以及失火、爆炸等意外事故造成的货物全部或部分损失。

（3）在运输工具已经发生搁浅、触礁、沉没、焚毁等意外事故的情况下，货物在此前后又在海上遭受恶劣气候、雷电、海啸等自然灾害所造成的部分损失。

（4）在装卸或运转时由于一件或数件整件货物落海造成的全部或部分损失。

（5）被保险人对遭受承保责任内危险的货物采取抢救，防止或减少货损的措施而支付合理费用，但以不超过该批被救货物的保险金额为限。

（6）运输工具遭遇海难后，在避难港由于卸货所引起的损失以及在中途港、避难港由于卸货、存仓以及运送货物所产生的特别费用。

（7）共同海损的牺牲、分摊和救助费用。

（8）运输契约订有“船舶互撞责任条款”，根据该条款规定应由货方偿还船方的损失。

2. 水渍险（With Particular Average，WPA）

水渍险又称“赔单独海损险”，保险人依水渍险承保时，对全损、共同海损及单独海损，保险人均负赔偿责任。除包括上述平安险的各项责任外，还包括被保险货物由于恶劣气候、雷电、海啸、地震、洪水等自然灾害所造成的部分损失。

3. 一切险（All Risks）

一切险指除了战争、罢工暴动、航行延迟（Delay in Voyage）及因货物固有的瑕疵或性质而发生的损害，以及其他特别免责的危险以外，全部担保在内（All Risks of Loss or Damage to the Subject-Matter Insured）的保险。

（二）附加险

投保海上货物保险，通常先选择三种基本险中的一种作为投保主体，再视实际需要另外加保其他附加险，以获得充分的保障。这种在基本险保单上附加额外保险范围的方式称为批注（Endorsement）。海上货物保险的附加险的种类很多，归纳起来可分为一般附加险和特殊附加险两大类。

1. 一般附加险（General Additional Risks）

一般附加险承保由于一般外来原因所致货物的损失，有下列 11 种险别，这 11 种一般附

加险不能独立承保，必须附属于基本险别项下。也就是说，只有在投保了基本险别以后，投保人才能加保上述附加险。投保一切险后，下列附加险不需加保，已包括在一切险范围内。

（1）偷窃、提货不着险（Theft，Piferageand Nondelivery，TPND）：保险有效期内，保险货物被偷走或窃走，以及货物运抵目的地以后，整件未交的损失由保险公司负责赔偿。

（2）淡水雨淋险（Fresh Water &/or Rain Damage，FWRD）：货物在运输中，由于淡水、雨水以及雪溶所造成的损失，保险公司都应负责赔偿。淡水包括船上淡水舱、水管漏水以及凝聚水等。

（3）短量险（Risk of Shortage）：负责保险货物数量短少和重量的损失。如属包装货物短少，保险公司必须查清外装包是否发生异常现象，如破口、破袋、扯缝等；如属散装货物，往往用装船和卸重量之间的差额作为计算短量的依据。

（4）混杂、沾污险（Risk of Intermixture & Contamination）：保险货物在运输过程中，混进了杂质所造成的损失。例如，矿石等混进了泥土、草屑等因而使质量受到影响。此外也包括保险货物因为和其他物质接触而被沾污，如布匹、食物、服装等油类或带色物质污染而引起的损失。

（5）渗漏险（Risk of Leakage）：对流质、半流质的液体物质或油类，在运输过程中由于容器损坏而引起的渗漏损失。

（6）碰损、破碎险（Risk of Clash & Breakage）：碰损主要是对金属、木质货物而言，破碎则主要是对易碎性物质而言。前者是指在运输途中，因为受到震动、颠簸、挤压而造成货物本身的损失；后者是在运输途中由于野蛮装卸、运输工具的颠震造成货物本身的破裂、断碎的损失。

（7）串味险（Risk of Odour）：对被保险的食品、中药材、茶叶、化妆品原料等因受其他物品的影响而引起的串味损失负责赔偿。装船时因货物配放不当所引起的串味损失由船方负责。

（8）受热、受潮险（Damage Caused by Heating & Sweating）：保险公司对因气温突然变化或者由于船上通风设备失灵致使船舱内水汽凝结、发潮或发热所造成的损失负赔偿责任。

（9）钩损险（Hook Damage）：保险货物在装卸过程中因为使用手钩、吊钩等工具所造成的损失，例如粮食包装袋因吊钩钩坏而造成粮食外漏所造成的损失，保险公司在承保该险的情况下，应予赔偿。

（10）包装破裂险（Loss for Damage by Breakage of Packing）：因为包装破裂造成物资的短少、沾污等损失。此外，对于保险货物运输过程中因继续安全运输需要而产生的修补包装、调换包装所支付的费用，保险公司也应负责。

（11）锈损险（Risk Sofrust）：保险公司负责赔偿货物在运输过程中因为生锈造成的损失，不过这种生锈必须在保险期内发生，如原装时就已生锈，保险公司不负责任。

2. 特殊附加险（Special Additional Risks）

特殊附加险也属附加险，但不在一切险的范围之内，须另外加保，包含以下八种。

（1）战争险（War Risk）。

（2）罢工险（Strikes Risk）。

（3）舱面险（On Deck Risk）。

（4）进口关税险（Import Duty Risk）。

（5）拒收险（Rejection Risk）。

（6）黄曲霉毒素险（Aflatoxin Risk）。

（7）交货不到险（Failure to Deliver Risk）。

（8）存仓火险责任扩展条款（Fire Risk Extension Clause—for Storage of Cargo at Destination Hongkong，including Kowloon，or Macao，FREC）。

二、伦敦保险协会海运货物保险条款

（一）基本险

1. 协会货物保险条款（A）[ICC(A)]

ICC(A)是取代1963年传统“全险”（All Risks）的新协会货物条款，本条款承保货物毁损或灭失的一切危险，但不承保下列危险事故所引发的损失及费用。

（1）被保险人的故意行为。

（2）正常的渗漏、耗损、失重及失量。

（3）不良包装及不当装箱。

（4）货物的固有瑕疵。

（5）航行延迟（Delay in Voyage）。

（6）船东、经纪人等破产。

（7）使用原子或核子武器。

（8）船舶或驳船不适航。

（9）兵险、罢工暴动险。

2. 协会货物保险条款(B)[ICC(B)]

ICC(B)是取代传统“水渍险”（WPA）的新协会货物条款，本条款所承保的危险种类有下列三种。

（1）可合理归因于下列危险事故所引起保险标的物灭失或毁损的情况。

① 火灾或爆炸。

② 船舶或驳船的搁浅、触礁、沉没或倾覆。

③ 陆上运输工具的翻覆或出轨。

④ 船舶、驳船或运输工具与其他物体（水除外）的碰撞。

⑤ 避难港的卸货。

⑥ 地震、火山爆发或闪电。

（2）因下列危险事故所引起保险标的物灭失或毁损的情况。

① 共同海损牺牲。

② 投弃或波浪卷落。

③ 海水、湖水或河水侵入船舶、驳船、运输工具、集装箱、货箱或存储处所。

（3）任何一件货物于装卸船舶或驳船时落海致整件灭失的情况。

该条款不承保的损失及费用除与ICC(A)相同外，还包括任何人员的不法行为所引起的货物全部或部分恶意损害或毁损。

3. 协会货物保险条款(C)[ICC(C)]

ICC(C)是取代传统“平安险”（FPA）的新协会货物条款，其承保的危险包括下列两种。

（1）可合理归因于下列危险事故所引起保险标的物灭失或毁损的情况。

① 火灾或爆炸。

② 船舶或驳船的搁浅、触礁、沉没或倾覆。

③ 陆上运输工具的翻覆或出轨。

④ 船舶或驳船或运输工具与其他物体（水除外）发生碰撞。

⑤ 在避难港卸货。

(2) 因下列危险事故所引起保险标的物灭失或毁损的情况。

① 共同海损牺牲。

② 投弃。

(二) 特约附加险

特约附加险有下列两种。

(1) 协会战争险条款（Institute War Clauses-Cargo)。

(2) 协会罢工险条款（Institute Strikes Clauses-Cargo)。

特约附加险不能单独申请投保，必须投保基本险其中之一后有必要再附加。

此外，视产品特性，在必要时可附加一般附加险于以上 Clauses（B）或（C）之后［在 Clauses（A）内均已包括］向保险公司加保，即在投保单上注明。一般附加险的项目包括偷窃不能送达险、漏损险、破损险、雨水及淡水损害险、油污险等十几种。

货物投保基本险视保险公司不同，其保险费率也不同，保险公司有费率表，投保人可先向保险公司询问，然后计算出应付的保险费。

第三节 货物运输保险的办理

一、填写投保单

投保人先填写**货物运输保险投保单（Marine Insurance Application)**，内容包括投保人名称、货物名称、运输标志、船名或装运工具、装运地（港)、目的地（港)、开航日期、投保金额、投保险别、投保日期和赔款地点等，并附上商业发票向保险公司办理投保。

二、缴付保险费

保单要产生效力，投保人必须缴付保险费。出口商为出口货物投保，保费应于船舶开航后一个月内缴付。

三、核发保险单

保险单（Marine Cargo Policy）是记载保险人与被保险人之间的保险内容，由保险公司根据投保单内容制作而成的保险合同。保单正面列有各项保险条款，背面则详细规定了保险人和被保险人的权利与义务。在以 CIF 价格条件订立的合同中，买方通常要求提供保险单。

模拟操作提示 11-1

在 SimTrade 实习平台中，CIF 条件下，出口商需要办理货物运输保险。保险的办理在“业务中心”页面中完成，具体步骤如下：

（1）单击标志为“进口商”的建筑物，再单击“添加单据”，添加“货物运输保险投保单”，并到单据列表中进行填写；

（2）填写完成后，回到“业务中心”，单击“保险公司”，再单击“办理保险”；

（3）选择单据“商业发票”和“货物运输保险投保单”，单击“办理保险”，即可完成投保手续，保险公司签发“货物运输保险单”。

应用案例分析 11-1

出口商宏昌国际股份有限公司（Grand Western Foods Corp.）填具货物运输保险投保单，向保险公司投保 ICC（A）和战争险（见表 11-1）。

表 11-1　　货物运输保险投保单

货 物 运 输 保 险 投 保 单

投保人：宏昌国际股份有限公司　　　　投保日期：2019-04-08

<table>
<tr><td>发票号码</td><td>STINV000002</td><td>投保条款和险别</td></tr>
<tr><td rowspan="2">被保险人</td><td>客户抬头
宏昌国际股份有限公司</td><td rowspan="12">(　) PICC CLAUSE
(√) ICC CLAUSE
(　) ALL RISKS
(　) W.P.A./W.A.
(　) F.P.A
(√) WAR RISKS
(　) S.R.C.C
(　) STRIKE
(√) ICC CLAUSE A
(　) ICC CLAUSE B
(　) ICC CLAUSE C
(　) AIR TPT ALL RISKS
(　) AIR TPT RISKS
(　) O/L TPT ALL RISKS
(　) O/L TPT RISKS
(　) TRANSHIPMENT RISKS
(　) W TO W
(　) T.P.N.D.
(　) F.R.E.C.
(　) R.F.W.D.
(　) RISKS OF BREAKAGE
(　) I.O.P.</td></tr>
<tr><td>过户
Carters Trading Company, LLC</td></tr>
<tr><td>保险金额</td><td>[USD　　][495000　　]</td></tr>
<tr><td>起运港</td><td>Nanjing</td></tr>
<tr><td>目的港</td><td>Toronto</td></tr>
<tr><td>转内陆</td><td></td></tr>
<tr><td>开航日期</td><td>2019-05-15</td></tr>
<tr><td>船名航次</td><td>Ryndam / DY100-08</td></tr>
<tr><td>赔款地点</td><td>Canada</td></tr>
<tr><td>赔付币别</td><td>USD</td></tr>
<tr><td>保单份数</td><td>3</td></tr>
<tr><td>其他特别条款</td><td colspan="2"></td></tr>
<tr><td colspan="3">以下由保险公司填写</td></tr>
<tr><td>保单号码</td><td></td><td>签单日期</td></tr>
</table>

[打印预览] [保存] [退出]

主要栏目填写说明如下：

1. 投保人

此栏填写投保人公司名称（如为出口商投保请填公司中文名称）。

2. 投保日期

此栏填写投保单的日期。

3. 发票号码

此栏填写此批货物的发票号码。

4. 被保险人

被保险人即投保人或称“抬头”，这一栏填写投保人公司的名称。实务上，有些公司会填写“见发票”字样。

货物出运后，风险转由进口商负担。因此，如属出口商投保，可将自己公司的中文名称填在“客户抬头”栏，而将进口商公司名称填在“过户”栏，便于货物发生意外后进口商向保险公司索赔；如属进口商投保，则直接将自己公司名称填在“抬头”栏，而“过户”栏留空。

5. 保险金额

保险金额=CIF 货价×(1+保险加成率)

在进出口贸易中，根据有关的国际贸易惯例，保险加成率通常为10%。当然，出口人也可以根据进口人的要求与保险公司约定不同的保险加成率。

由于保险金额的计算是以 CIF（或 CIP）货价为基础的，因此，对外报价时如果需要将 CFR（或 CPT）价格变为 CIF（CIP）价格，或是在 CFR（或 CPT）合同项下买方要求卖方代为投保时，均不以 CFR 价格为基础直接加保险费来计算，而应先将 CFR（或 CPT）价格换算为 CIF（或 CIP）价格后再求出相应的保险金额和保险费。

（1）按 CIF 进口时：保险金额=CIF 货价×1.1。

（2）按 CFR 进口时：保险金额=CFR 货价×1.1／（1−1.1× r），其中 r 为保险费率，请在“淘金网”的“保险费”页面查找，将所投险别的保险费率相加即可。

（3）按 FOB 进口时：保险金额=(FOB 货价+海运费)×1.1／（1−1.1× r），其中海运费请在装船通知中查找，由出口商根据配舱通知填写。

注意：因一切险（或 A 险）已包括了所有一般附加险的责任范围，所以在投保一切险（或 A 险）时，保险公司对一般附加险的各险别不会再另收费。投保人在计算保险金额时，一般附加险的保险费率可不计入。此外，根据保险公司规定，战争险与罢工险两项险别，如同时加保，费率不累加，仍按只投其中一种险别的费率计算，即无论只投保其中一种或两种都投，保险费率均为0.08%。

6. 起运港

此栏按提单填写。

7. 目的港

此栏按提单填写。

8. 转内陆

此栏按实际情况填写。

9. 开航日期

此栏可只填“As Per B/L”，也可根据提单签发日具体填写，如为备运提单应填装船日。按照跟单信用证统一惯例（UCP600），也允许填写提单签发前 5 天之内的任何一天的日期。此栏目出保单时可暂时不填，待签发提单后再填写。

10. 船名、航次

海运方式下填写船名加航次，例如 FENG NING V. 9103。如整个运输由两次运输完成，则应分别填写一程船名及二程船名，中间用“/”隔开。此处可参考提单内容填写，例如：提单中一程船名为“Mayer”，二程为“Sinyai”，则填“Mayer/Sinyai”。

铁路运输加填运输方式“By Railway”加车号，航空运输为“By Air”，邮包运输为“By Parcel Post”。

在 SimTrade 中，船名与航次可在船公司接受出口商订舱时给发的《配舱通知》中查找。如系进口商投保，则应在出口商发来的装船通知中查找船名、航次。

11. 赔款地点

此栏严格按照信用证规定填制；如来证未规定，则应填目的地或目的港；如信用证规定不止一个目的港或赔付地，则应全部照填。

12. 赔付币别

此栏按出口合同规定的赔付币别填写。

13. 保单份数

中国人民保险公司出具的保险单 1 套 5 份，由 1 份正本（Original）、1 份副本（Duplicate）和 3 份副本（Copy）构成。具体如下：

（1）来证要求提供保单为“In Duplicate”“In Two Folds”或“In Two Copies”，则应提供 1 份正本 Original、1 份副本 Duplicate 以构成全套保单。

（2）根据跟单信用证统一惯例规定，如保险单据表明所出具正本为 1 份以上，则必须提交全部正本保单。

14. 投保条款和险别

投保条款包括 PICC CLAUSE 中国人民保险公司保险条款，ICC CLAUSE 伦敦协会货物险条款。两种任选其一。

投保险别包括：一切险（ALL RISKS），水渍险（WPA/WA），平安险（FPA），战争险（War Risks），罢工、暴动、民变险（SRCC），罢工险（Strikes Risk），协会货物（A）险条款（ICC A），协会货物（B）险条款（ICC B），协会货物（C）险条款（ICC C），航空运输综合险（Air TPT All Risks），航空运输险（Air TPT Risks），陆运综合险（O/L TPT All Risks），陆运险（O/L TPT Risks），转运险（Transhipment Risks），仓至仓条款（W TO W），偷窃、提货不着险（TPND），存仓火险责任扩展条款（货物出口到香港，包括九龙或澳门，FREC），淡水雨淋险（RFWD），包装破裂险（Risks of Breakage），不计免赔率（IOP）。

其中，中国保险条款的基本险险别为一切险、水渍险、平安险；一切险承保范围最大，水渍险次之，平安险最小。伦敦协会货物保险条款包括协会货物（A）险条款、协会货物（B）险条款、协会货物（C）险条款。A 险条款承保范围最大，B 险条款次之，C 险条款最小。

注意：由于一切险（或 A 险）条款承保范围最大，包括了一般附加险，所以在填写投保单时，一般附加险的条款可不勾选。但若对方要求在保险单上列明一般附加险中的若干险别，投保人则需在投保单中勾选这些险别，这样保险公司在出具保险单时，才会把这些险别一一列出。

15. 其他特殊条款

有其他特殊投保条款可在此说明，以分号隔开。

在 SimTrade 中，保险详细条款请在“淘金网”的保险费页面中查询。

保险公司接受投保，签发“货物运输保险单”（见表 11-2）。

表 11-2 货物运输保险单

PICC

中国人民保险公司

The People's Insurance Company of China

总公司设于北京 一九四九年创立

Head Office Beijing Established in 1949

货物运输保险单

CARGO TRANSPORTATION INSURANCE POLICY

发票号(INVOICE NO.) STINV000001

合同号(CONTRACT NO.) Contract01 保单号次

信用证号(L/C NO.) STLCN000001 POLICY NO. STINP000004

被保险人

Insured：Carters Trading Company, LLC

中国人民保险公司(以下简称本公司)根据被保险人的要求，由被保险人向本公司缴付约定的保险费，按照本保险单承保险别和背面所载条款与下列特款承保下述货物运输保险，特立本保险单。

THIS POLICY OF INSURANCE WITNESSES THAT THE PEOPLE' S INSURANCE COMPANY OF CHINA(HEREINAFTER CALLED "THE COMPANY") AT THE REQUEST OF THE INSURED AND IN CONSIDERATION OF THE AGREED PREMIUM PAID TO THE COMPANY BY THE INSURED,UNDERTAKES TO INSURE THE UNDERMENTIONED GOODS IN TRANSPORTATION SUBJECT TO THE CONDITIONS OF THIS OF THIS POLICY AS PER THE CLAUSES PRINTED OVERLEAF AND OTHER SPECIL CLAUSES ATTACHED HEREON.

标记 MARKS&NOS	包装及数量 QUANTITY	保险货物项目 DESCRIPTION OF GOODS	保险金额 AMOUNT INSURED
CANNED SWEET CORN CANADA C/NO.1-800 MADE IN CHINA	800CARTON	CANNED SWEET CORN 3060Gx6TINS/CTN	USD 12320

总保险金额

TOTAL AMOUNT INSURED: U.S.DOLLAR TWELVE THOUSAND THREE HUNDRED AND TWENTY ONLY

保费 起运日期 装载运输工具

PERMIUM： AS ARRANGED DATE OF COMMENCEMENT： As Per B/L PER CONVEYANCE： Volendam DY100-07

自 经 至

FROM： Nanjing VIA： 起 TO： Toronto

承保险别

CONDITIONS：

WAR RISKS；ICC CLAUSE A；

所保货物，如发生保险单项下可能引起索赔的损失或损坏，应立即通知本公司下述代理人查勘。如有索赔，应向本公司提交保单正本(本保险单共有 1 份正本)及有关文件。如一份正本已用于索赔，其余正本自动失效。

IN THE EVENT OF LOSS OR DAMAGE WITCH MAY RESULT IN A CLAIM UNDER THIS POLICY, IMMEDIATE NOTICE MUST BE GIVEN TO THE COMPANY' S AGENT AS MENTIONED HEREUNDER. CLAIMS,IF ANY,ONE OF THE ORIGINAL POLICY WHICH HAS BEEN ISSUED IN 1 ORIGINAL(S) TOGETHER WITH THE RELEVENT DOCUMENTS SHALL BE SURRENDERED TO THE COMPANY . IF ONE OF THE ORIGINAL POLICY HAS BEEN ACCOMPLISHED, THE OTHERS TO BE VOID.

中国人民保险公司

The People's Insurance Company of China

赔款偿付地点

CLAIM PAYABLE AT Toronto

出单日期

ISSUING DATE 2019-08-25

Authorized Signature

地址(ADD)：中国北京 电话(TEL): (010) 88888888

邮编(POST CODE): 101100 传真(FAX): (010) 88888887

第四节　保险费的计算

一、计算公式

保险费的计算公式说明如下：

保险费=保险金额×保险费率

保险金额=CIF 货价×(1+保险加成率)

保险金额以进口货物的 CIF 价格为准，若要加成投保，以加成 10%为宜。若按 CFR 或 FOB 条件进口时，保险费同样以 CIF 货价为计算基础。

设保险费为 I，保险费率为 r，保险加成率为 k，海运费为 F，具体计算公式如下：

$$I=CIF\times(1+k)\times r \tag{11-1}$$

$$I=(CFR+I)\times(1+k)\times r\Rightarrow I=CFR\times\frac{(1+k)\times r}{1-(1+k)\times r} \tag{11-2}$$

$$I=(FOB+F+I)\times(1+k)\times r\Rightarrow I=(FOB+F)\times\frac{(1+k)\times r}{1-(1+k)\times r} \tag{11-3}$$

式（11-1）、式（11-2）和式（11-3）分别为 CIF、CFR 和 FOB 成交方式下的保费计算公式。

二、保险费计算

应用案例分析 11-2

由上述公式可知，要计算保险费之前，至少需要知道 CFR 价与保险费率 r。

例 1：商品 03001 的 CIF 总价为 USD 8 937.60，进口商要求按成交价格的 110%投保协会货物保险条款（A）（保险费率为 0.8%）和战争险（保险费率为 0.08%），则出口商应付给保险公司的保险费用是多少？

解：保险金额=8 937.60×110%=9 831.36（美元）

保险费=9 831.36×(0.8%+0.08%)= 86.52（美元）

例 2：商品 03001 的 CFR 价格为 8 846.40 美元，要按成交价格的 110%投保协会货物保险条款（A）（保险费率为 0.8%）和战争险（保险费率为 0.08%），则进口商应付给保险公司的保险费用是多少？

解：保险费=8 846.40×1.1×(0.8%+0.08%)÷[1-1.1×(0.8%+0.08%)]

=85.633 2÷0.990 32=86.47（美元）

例 3：商品 03001 的 FOB 价格为 7 296.00 美元，海运费为 1 550.00 美元，要按成交价格的 110%投保协会货物保险条款（A）（保险费率为 0.8%）和战争险（保险费率为 0.08%），则进口商应付给保险公司的保险费用是多少？

解：保险费=(7 296+1 550)×1.1×(0.8%+0.08%)÷[1-1.1×(0.8%+0.08%)]

=85.629 3÷0.990 32=86.47（美元）

第十二章

出口通关与检验

学习目标

通过对本章的学习，学生应了解报关与通关的含义，出口报关的范围，熟悉通关前的准备事项，熟悉出口通关的程序，熟悉检验范围、期限与检验程序，熟悉检验证书的种类，熟悉出口检验的应用案例分析，掌握出口检验模拟操作步骤，掌握出口货物通关程序的应用案例，掌握出口货物通关的模拟操作过程。

学习要求

知识要点	能力要求	相关知识
通关的基本概念	（1）熟悉报关与通关的含义 （2）熟悉报关的范围	《中华人民共和国海关法》
出口通关程序	（1）了解出口通关前的准备事项 （2）熟悉出口货物的通关程序 （3）熟悉出口通关的应用案例 （4）掌握出口通关的模拟操作过程	（1）报关员报关 （2）委托代办出口报关 （3）报关单证
出口检验	（1）熟悉检验范围与期限 （2）熟悉检验程序 （3）熟悉检验证书的种类 （4）熟悉出口检验的应用案例分析 （5）掌握出口检验模拟操作步骤	

主要概念

出口通关　报关　《中华人民共和国海关法》　报关员　委托报关　报关单证　出口检验

货物出运前的最后一道步骤是向海关办理**出口通关**（**Export Customs Clearance**）。货物或运输工具进出境时，其收发货人或其代理人必须按规定将货物送到海关指定的集装箱场、集装箱集散站或码头仓库，向进出境口岸海关请求申报，交验规定的证件和单据，接受海关人员对其所报货物和运输工具的查验，依法缴纳海关关税和其他由海关代征的税款，然后海关才会放行货物和运输工具。放行后，出口人方可办理货物出口装船事宜。

第一节 通关的概念

一、报关与通关的含义

国际贸易是通过运输工具、货物、物品和人员的进出境来实现的。《中华人民共和国海关法》（以下简称《海关法》）第八条规定："进出境运输工具、货物、物品，必须通过设立海关的地点进境或出境。"因此，由设关地进出境并办理相应的海关手续是运输工具、货物、物品进出境的基本规则，也是进出境运输工具负责人、进出口货物收发货人、进出境物品的所有人的一项基本义务。

从广义上讲，报关是指进出境运输工具负责人、进出境货物收发货人、进出境物品的所有人或者他们的代理人向海关办理运输工具、货物、物品进出境手续及相关手续的全过程。其中，进出境运输工具负责人、进出口货物收发货人、进出境物品的所有人或者他们的代理人是报关行为的承担者，是报关的主体，也就是报关人，也称报关单位。这里所指的报关人既包括法人和其他组织，如进出口企业、报关企业；也包括自然人，如物品的所有人。报关的对象是进出境运输工具、货物和物品。报关的内容则是办理运输工具、货物和物品的进出境手续及相关海关手续。

在进出境活动中，我们还经常使用"通关"这一概念。通关与报关既有联系又有区别。两者都是对运输工具、货物、物品的进出境而言的，但二者所包括的内容和考察角度不同。报关是（即进出境货物的所有人或其代理人）向海关办理进出境手续及相关手续的过程；而通关不仅包括海关管理相对人（运输工具负责人，进出口货物收发货或者他们的代理人）向海关办理有关手续，还包括海关对进出境运输工具、货物、物品依法进行监督管理，批准其进出境的管理过程。

二、报关的范围

所有进出境运输工具、货物、物品都需要办理报关手续。报关的具体范围如下：

（一）进出境运输工具

进出境运输工具指用以载运人员、货物、物品进出境，在国际间运营的各种境内或境外的船舶、车辆、航空器和驮畜等。

（二）进出境货物

进出境货物主要包括一般进口货物，保税货物，暂时（准）进出口货物，特定减免税货物，过境、转运和通运货物及其他进出境货物。另外，一些特殊货物，如通过电缆、管道输送进出境的水、电等和无形的货物，如附着在货品载体上的软件等也属于报关的对象。

（三）进出境物品

进出境物品指进出境的行李物品、邮递物品和其他物品。以进出境人员携带、托运等方式进出境的物品为行李物品，以邮递方式进出境的物品为邮递物品，其他物品主要包括享有特权的外国机构或人员的公务用品或自用物品，以及通过国际速递进出境的部分快件等。

第二节 出口通关程序

一般而言，出口通关必须经过向海关申报、陪同海关查验、缴纳进出口税费及放行装运等程序，出口商在报关前须有所准备。

一、出口通关前的准备事项

（1）备齐出口货物。

（2）取得报关资格：如委托报关，需办理报关委托。

（3）准备报关单证：包括基本单证、特殊单证、预备单证。基本单证是指与进出口货物直接相关的商业和货运单证，主要包括发票、装箱单、提（装）货凭证（或运单、包裹单）、海关签发的进出口货物征免税证明；特殊单证是指国家有关法律规定实行特殊管制的证件，主要包括配额许可证等管理证件和其他各类特殊管理证件；预备单证指供海关认为必要时查阅或收取的单证，包括贸易合同、货物原产地证明、委托单位的工商执照证书、委托单位的账册资料及其他有关单证。

（4）填制报关单及其他报关单证。

（5）报关单预录入：指在实行报关自动化系统处理“进（出）口货物报关单”的海关，报关单位或报关人将报关单上申报的数据、内容录入电子计算机，并将数据、内容传送到海关报关自动化系统的工作。

以上工作办妥，就可以向海关办理进出境运输工具、货物的报关手续。

二、出口货物的通关程序

货物通关程序，从出口商的角度可分为申报、验货、缴纳税费、放行装运四个步骤；而从海关的角度可分为收单、验货、估价、放行四个步骤（见图 12-1）。

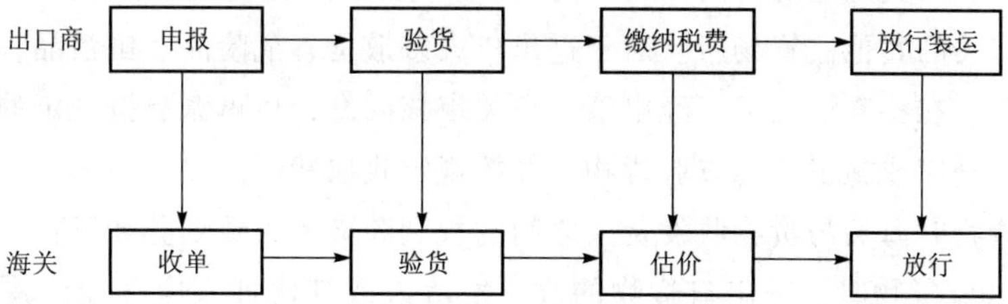

图 12-1 出口通关程序

现以出口商的立场说明出口通关程序如下。

（一）申报

申报，即通常所说的“报关”。它是指进出境运输工具的负责人、进出口货物和物品的收、发货人或者他们的代理人，在进出口货物通过海关监管的口岸时，在海关规定的期限内，以书面或者电子数据交换（EDI）方式向海关报告其进出口货物的情况，并随附有关货运和商业单据，申请海关审查放行，申报人对所报告内容的真实性、准确性承担法律责任的行为。

出口货物在出境时，其发货人应在装货的24小时以前，向海关申报。具体地说，一般在出口货物运到码头、车站、机场、邮局等仓库、场地后，在海关规定的24小时内，向海关申报。申报内容包括进出口货物的经营单位、收发货单位、申报单位、运输方式、贸易方式、贸易国别以及货物的实际状况（主要包括商品名称、规格型号、数量、重量、价格等内容）。

报关人应送审的文件包括：

（1）由报关员自行填写或由自动化报关预录入人员录入后打印的报关单一式多份，其所需份数根据各部门需要而定，出口退税时加填一份黄色出口退税专用报关单。

（2）出口许可证（Export Permit，E/P）：出口货物属于国家限制出口或配额出口的，应提供出口许可证件或其他证明文件。

（3）商业发票（Commercial Invoice）。

（4）装箱单（Packing List）：货物打包装箱时，应将每件净重、毛重、数量等货物包装状况制成包装单，供海关查验核对。散货或单一包装货物可免附。但是在信用证有明确要求时，必须严格按照信用证的约定制作。

（5）出境货物通关单：出口货物属于国家规定应实施检验检疫的，应办理检验机构核发的出境货物通关单。

（6）其他相关文件。

（二）验货

货物查验也叫验关，它是指海关在接受报关单位的报关员的申报后，依法为确定进出境货物、运输工具和物品的性质、原产地、货物状况、数量和价值等是否与报关单上填报的内容相符，对货物实施检查的行政执法行为。通过对货物的查验可防止非法进出境及走私、违规、逃漏关税，保证关税依率计征，维护对外贸易活动正常开展。

进出口货物，除因特殊原因经海关总署特准免验的以外，均应接受海关的查验。查验进出口货物，应当在海关规定的时间和场所进行，一般在海关监管区的进出口岸码头、车站、机场、邮局或海关的其他监管场所。对于进出口大宗散货、危险品、鲜活品，经申请可在作业现场予以查验。在特殊情况下，经申请，海关审核同意，也可派员按规定的时间到规定场所以外的工厂、仓库或施工工地查验货物，并按规定收取费用。

海关查验货物时海关与货物收发货人之间的权利和义务大致划分如下：

（1）海关查验货物时，进出口货物的收、发货人或其代理人应在场，并按照海关的要求负责搬移货物、开拆和重封货物的包装等。

（2）海关认为必要时，可以开验、复验货物或者提取货样。货物保管人员应该到现场作为见证人。

（3）海关查验进出口货物造成损坏时，进出口货物收、发货人或其代理人有权要求海关予以赔偿。

（三）缴纳税费

出口关税是海关根据国家的有关政策、法规对出口货物征收的税费，其主要目的是控制一些商品的盲目出口。目前除少数商品外，大部分货物出口是免征关税的。

我国关税采用从价税，是以出口货物的离岸价格作为完税价格计税，以应征税额占货物完税价格的百分比作为税率。其计算公式为：

出口关税税额=离岸价格 FOB÷(1+出口关税税率)×出口关税税率

出口货物完税价格=离岸价格 FOB÷（1+出口关税税率）

出口货物完税价格是以海关审定的货物离岸价格扣除出口关税后的价格，当出口商品是以 CIF 或 CFR 术语成交时，海关在计算税额时，先将运费或保险费扣除，换算为 FOB 价格后，再计算出口税额。

纳税义务人应当在海关填写税款缴纳证后的规定时间内向指定银行缴纳税款，逾期缴纳的，除依法追缴外，由海关按规定收取滞纳金。

（四）放行装运

放行是海关接受出口货物的申报，经过审核报关单据、查验货物、依法征收税费后，对出口货物做出结束海关现场监管决定的行为。

放行的手续包括以下方面：

（1）**签印放行**。对于一般出口货物，在发货人或其代理人如实向海关申报，并如数缴纳应缴税款和有关费用后，海关在货物的出口货运单据或特制的放行条上签盖“海关放行章”，出口货物的发货人凭此装船起运出境。

（2）**签发出口退税专用报关单**。对需出口退税的货物，出口货物的发货人应在向海关申报出口时，随附一份浅黄色的出口退税专用报关单。海关放行后，在该报关单上加盖“验讫章”，退回报关单位，用以送交税务机办理退税。

（3）**签发出口收汇核销报关单**。对属于出口收汇出口货物的报关单，海关在办好放行手续后，出具一份盖有海关验讫章的电脑打印报关单，交出口单位专门用于办理出口收汇核销手续。

海关放行后，出口商即可办理货物装运。

模拟操作提示 12-1

在 SimTrade 实习平台中，货物报关在“业务中心”页面中完成，具体步骤为：

（1）到“业务中心”，单击“海关”，选择“备案”，网上申报；

（2）单击“备案”右边的“送货”，将货物送到海关指定地点；

（3）单击标志为“进口商”的建筑物，再单击“添加单据”，添加“出口货物报关单”，并到单据列表中进行填写；

（4）填写完成后，回到“业务中心”，单击“海关”，选择“报关”业务，选择所需单据 [如“商业发票”“装箱单”“出境货物通关单”（不需出口检验的商品可免附）、“出口货物报关单”等]，单击“报关”，即可完成报关程序，同时系统将货物自动装船出运。

应用案例分析 12-1

出口商宏昌国际股份有限公司（Grand Western Foods Corp.）填制出口货物报关单，向海关申报（见表 12-1）。

表 12-1　　　　出口货物报关单

出口货物报关单

预录入编号:　　　　海关编号:　　　　页码/页数:

境内发货人	出境关别	出口日期	申报日期	备案号
宏昌国际股份有限公司 91332010000000136O	南京海关	2019-04-08	2019-04-08	
境外收货人	**运输方式**	**运输工具名称及航次号**	**提运单号**	
Carters Trading Company, LLC	江海运输	Ryndam/DY100-08		
生产销售单位	**监管方式**	**征免性质**	**许可证号**	
宏昌国际股份有限公司 91332010000000136O	一般贸易	一般征税		
合同协议号	**贸易国(地区)**	**运抵国(地区)**	**指运港**	**离境口岸**
Contract001	加拿大	加拿大	多伦多	南京港

包装种类	件数	毛重(千克)	净重(千克)	成交方式	运费	保费	杂费
Carton	750	9750	8250	CIF	[USD]/[9602]	[USD]/[4356]	[ ]/[0]

随附单据及编码

标记唛码及备注：CARTERSCO
CONTRACT001
CANADA
1/750

选择	项号	商品编号	商品名称及规格型号	数量及单位	单价	总价	币制	原产国(地区)	最终目的国(地区)	境内货源地	征免
○	1	6109100022	女式T恤衫 每箱20件，颜色：黑色，面料成份：全棉	15000PC	30	450000	USD	中国	加拿大	南京	照章征税

[添 加][修 改][删 除]

报关人员　刘铭华　　报关人员证号　　电话　　兹申明对以上内容承担如实申报、依法纳税之法律责任　　海关批注及签章

申报单位　宏昌国际股份有限公司 91332010000000136O　　申报单位（签章）

[打印预览][保存][退出]

主要栏目填写说明如下：

1. 预录入编号

预录入编号指预录入单位预录入报关单的编号，用于申报单位与海关之间引用其申报后尚未接受申报的报关单（在 SimTrade 中可以不填）。

预录入编号由接受申报的海关决定编号规则，报关单录入凭单的编号规则由申报单位自行决定。

2. 海关编号

海关编号指海关接受申报时给予报关单的编号，应标识在报关单的每一联上。此栏报关单位不用填写。

（1）H883/EDI 通关系统

报关单海关编号为 9 位数码，其中 1~2 位为接受申报海关的编号（“关区代码表”中相应海关代码的后 2 位），第 3 位为海关接受申报公历年份 4 位数字的最后 1 位，后 6 位为顺序编号。

进口报关单和出口报关单应分别编号，确保在同一公历年度内，能按进口和出口唯一标识本关区的每一份报关单。

（2）H2000 通关系统

报关单海关编号为 18 位数字，其中第 1~4 位为接受申报海关的编号（“关区代码表”中相应海关代码），第 5~8 位为海关接受申报的公历年份，第 9 位为进出口标志（“1”为进口，“0”为出口），后 9 位为顺序编号。

在海关 H883/EDI 通关系统向 H2000 通关系统过渡期间，后 9 位的编号规则同 H883/EDI 通关系统的要求。

3. 出口口岸

出口口岸指货物实际运出我国关境口岸海关的名称。

本栏目应根据货物实际进出关境的口岸海关填报“关区代码表”中相应的口岸海关名称及代码。

进口转关运输货物应填报货物进境地海关名称及代码，出口转关运输货物应填报货物出境地海关名称及代码。按转关运输方式监管的跨关区深加工结转货物，出口报关单填报转出地海关名称及代码，进口报关单填报转入地海关名称及代码。

在不同出口加工区之间转让的货物，填报对方出口加工区海关名称及代码。

其他无实际进出境的货物，填报接受申报的海关名称及代码。

4. 备案号

备案号指进出口企业在海关办理加工贸易合同备案或征、减、免税审批备案等手续时，海关给予“进料加工登记手册、来料加工及中小型补偿贸易登记手册、外商投资企业履行产品出口合同进口料件及加工出口成品登记手册”、电子账册及其分册（以下均简称《加工贸易手册》）、“进出口货物征免税证明”（以下简称“征免税证明”）或其他有关备案审批文件的编号。

一份报关单只允许填报一个备案号。备案号栏目为 12 位字符，其中第 1 位是标记代码。

无备案审批文件的报关单，本栏目免予填报。

具体填报要求如下：

（1）加工贸易合同项下货物，除少量低价值辅料按规定不使用《加工贸易手册》外，均应填报《加工贸易手册》编号。

（2）涉及征、减、免税备案审批的报关单，填报“征免税证明”编号。

（3）出入出口加工区的保税货物，应填报标记代码为“H”的电子账册备案号；出入出口加工区的征免税货物、物品，应填报标记代码为“H”、第六位为“D”的电子账册备案号。

（4）使用异地直接报关分册和异地深加工结转出口分册在异地口岸报关的，本栏目应填报分册号；本地直接报关分册和本地深加工结转分册限制在本地报关的，本栏目应填报总册号。

（5）加工贸易成品凭“征免税证明”转为享受减免税进口货物的，进口报关单填报“征免税证明”编号，出口报关单填报《加工贸易手册》编号。

（6）对减免税设备及加工贸易设备之间的结转，转入和转出企业分别填制进、出口报关单，在报关单“备案号”栏目分别填报《加工贸易手册》编号、“征免税证明”编号或免予填报。

（7）优惠贸易协定项下实行原产地证书联网管理的货物，应填报原产地证书代码“Y”

和原产地证书编号；未实行原产地证书联网管理的货物，本栏目免予填报。

在 SimTrade 中，货物进出口不属加工贸易类，无备案审批文件，因此本栏可免予填报。

5. 出口日期

出口日期指运载所申报货物的运输工具办结出境手续的日期。本栏目供海关打印报关单证明联用，在申报时免予填报。

无实际进出境的报关单填报办理申报手续的日期，以海关接受申报的日期为准。

在 H883/EDI 通关系统中，本栏目为 6 位数，顺序为年、月、日各 2 位；在 H2000 通关系统中，本栏目为 8 位数字，顺序为年（4 位）、月（2 位）、日（2 位）。

6. 申报日期

申报日期指海关接受进出口货物的收、发货人或受其委托的报关企业申请的日期。

以电子数据报关单方式申报的，申报日期为海关计算机系统接受申报数据时记录的日期。以纸质报关单方式申报的，申报日期为海关接受纸质报关单并对报关单进行登记处理的日期。

在 H883/EDI 通关系统中，本栏目为 6 位数，顺序为年、月、日各 2 位；在 H2000 通关系统中，本栏目为 8 位数字，顺序为年（4 位）、月（2 位）、日（2 位）。

7. 经营单位

经营单位指对外签订并执行进出口贸易合同的中国境内企业、单位或个体工商户。

本栏目应填报经营单位名称及经营单位编码。经营单位编码是经营单位在海关办理注册登记手续时，海关给予注册登记的 10 位编码。在 SimTrade 中该经营单位编码可在基本资料中查找。

特殊情况下确定经营单位原则如下：

（1）援助、赠送、捐赠的货物，填报直接接受货物的单位。

（2）进出口企业之间相互代理进出口的，填报代理方。

（3）外商投资企业委托进出口企业进口投资设备、物品的，填报外商投资企业，并在标记唛码及备注栏中注明“委托某进出口企业进口”。

（4）有代理报关权的进出口企业在本企业进出口或代理其他企业进出口时，填报本企业的经营单位编码；代理其他企业办理进出口报关手续时，填报委托方经营单位编码。

8. 运输方式

运输方式指载运货物进出关境所使用的运输工具的分类，包括实际运输方式和海关规定的特殊运输方式。

本栏目应根据实际运输方式按海关规定的“运输方式代码表”选择填报相应的运输方式。

特殊情况下运输方式的填报原则如下：

（1）非邮政方式进出口的快递货物，按实际运输方式填报。

（2）进出境旅客随身携带的货物，按旅客所乘运输工具填报。

（3）进口转关运输货物，按载运货物抵达进境地的运输工具填报；出口转关运输货物，按载运货物驶离出境地的运输工具填报。

（4）出口加工区与区外之间进出的货物，区内企业填报“9”，区外企业填报“Z”。

（5）其他无实际进出境的，根据实际情况选择填报“运输方式代码表”中的运输方式：

“0”代表非保税区运入保税区和保税区退区，“1”代表境内存入出口监管仓库和出口监管仓库退仓，“7”代表保税区运往非保税区，“8”代表保税仓库转内销，“9”代表其他运输。

（6）同一出口加工区内或不同出口加工区的企业之间相互结转、调拨的货物，出口加工区与其他海关特殊监管区域之间，不同保税区之间、同一保税区内不同企业之间，保税区与出口加工区等海关特殊监管区域之间转移、调拨的货物，填报“9”（其他运输）。

在 SimTrade 中，货物统一通过江海方式运输，在“运输方式代码表”中对应的代码为 2，因此本栏可填“江海运输”或代码“2”。

9. 运输工具名称

运输工具名称指载运货物进出境的运输工具的名称或运输工具编号。

本栏目填报内容应与运输部门向海关申报的载货清单所列相应内容一致。

一份报关单只允许填报一个运输工具名称。

具体填报要求如下：

（1）直接在进出境地办理报关手续的报关单具体填报要求

① H883/EDI 通关系统

a. 江海运输填报船名或船舶呼号（来往港澳小型船舶为监管簿编号）+“/”+航次号。

b. 公路运输填报该跨境运输车辆的国内行驶车牌号+“/”+进出境日期〔8 位数字，顺序为年（4 位）、月（2 位）、日（2 位），下同〕。

c. 铁路运输填报车次（或车厢号）+“/”+进出境日期。

d. 航空运输填报航班号+进出境日期+“/”+总运单号。

e. 邮政运输填报邮政包裹单号+“/”+进出境日期。

f. 其他运输填报具体运输方式名称，例如：管道、驮畜等。

② H2000 通关系统

a. 江海运输填报船舶编号（来往港澳小型船舶为监管簿编号）或者船舶英文名称。

b. 公路运输填报该跨境运输车辆的国内行驶车牌号，深圳提前报关模式填报国内行驶车牌号+“/”+“提前报关”（4 个汉字）。

c. 铁路运输填报车厢编号或交接单号。

d. 航空运输填报航班号。

e. 邮政运输填报邮政包裹单号。

f. 其他运输填报具体运输方式名称，例如：管道、驮畜等。

g. 对于“清单放行，集中报关”的货物填报“集中报关”（4 个汉字）。

（2）转关运输货物出口报关单填报要求

① H883/EDI 通关系统

a. 江海运输：出口非中转填报“@”+16 位转关申报单预录入号（或 13 位载货清单号）。中转：境内江海运输填报驳船船名+“/”+“驳船航次”；境内铁路运输填报车名〔主管海关 4 位关别代码+“TRAIN”（英文单词）〕+“/”+6 位起运日期；境内公路运输填报车名〔主管海关 4 位关别代码+“TRUCK”（英文单词）〕+“/”+6 位起运日期。

上述“驳船船名”“驳船航次”“车名”“日期”均需事先在海关备案。

b. 铁路运输：填报“@”+16 位转关申报单预录入号；多张报关单需要通过一张转关单转关的，填报“@”。

c. 其他运输方式：填报“@”+16位转关申报单预录入号（或13位载货清单号）。

上述规定以外无实际进出境的，本栏目为空。

② H2000通关系统

a. 江海运输：非中转填报“@”+16位转关申报单预录入号（或13位载货清单号）。如多张报关单需要通过一张转关单转关的，运输工具名称字段填报“@”。中转：境内江海运输填报驳船船名；境内铁路运输填报车名〔主管海关4位关别代码+“TRAIN”（英文单词）〕；境内公路运输填报车名〔主管海关4位关别代码+“TRUCK”（英文单词）〕。

b. 铁路运输：填报“@”+16位转关申报单预录入号（或13位载货清单号），如多张报关单需要通过一张转关单转关的，填报“@”。

c. 航空运输：填报“@”+16位转关申报单预录入号（或13位载货清单号），如多张报关单需要通过一张转关单转关的，填报“@”。

d. 其他各类出境运输方式：填报“@”+16位转关申报单预录入号（或13位载货清单号）。

（3）无实际进出境货物报关单

① 在H883/EDI通关系统下

加工贸易深加工结转及料件结转货物，加工贸易成品凭“征免税证明”转为享受减免税进口的货物，保税区与区外之间进出的货物、同一保税区内或不同保税区的企业之间转移（调拨）的货物、出口加工区与区外之间进出的货物，同一出口加工区内或不同出口加工区的企业之间相互结转、调拨的货物，应先办理进口报关，并在出口报关单本栏目填报转入方关区代码（前两位）及进口报关单号，即“转入××（关区代码）×××××××××（进口报关单/备案清单号）”。按转关运输货物办理结转手续的，按转关运输有关规定填报。

② 在H2000通关系统下，本栏目免予填报。

上述规定以外无实际进出境的，本栏目免予填报。

在SimTrade中，运输工具名称填船名+“/”+航次号，船名及航次号在订舱后由船公司生成的“配舱通知”中给出。

如：Volendam/DY100-07。

10. 提运单号

提运单号指进出口货物提单或运单的编号。

本栏目填报的内容应与运输部门向海关申报的载货清单所列相应内容一致。

一份报关单只允许填报一个提运单号，一票货物对应多个提运单时，应分单填报。

具体填报要求如下：

（1）直接在进出境地办理报关手续的报关单

① H883/EDI通关系统

a. 江海运输：填报进口提单号。

b. 公路运输：免予填报。

c. 铁路运输：填报运单号。

d. 航空运输：填报分运单号，无分运单的填报总运单号。

e. 邮政运输：免予填报。

② H2000 通关系统

a. 江海运输：填报进出口提运单号。如有分提运单的，填报进出口提运单号+“*”+分提运单号。

b. 公路运输：免予填报。

c. 铁路运输：填报运单号。

d. 航空运输：填报总运单号+“_”（下划线）+分运单号，无分运单的填报总运单号。

e. 邮政运输填报邮运包裹单号。

（2）转关运输货物出口报关单

① H883/EDI 通关系统

a. 江海运输：中转货物填报提单号，非中转货物免予填报。

b. 其他运输方式：广东省内提前报关的转关货物填报车牌号，其他地区免予填报。

② H2000 通关系统

a. 江海运输：中转货物填报运单号，非中转免予填报。

b. 其他运输方式：广东省内提前报关的转关货物填报车牌号，其他地区免予填报。

11. 发货单位

发货单位指出口货物在境内的生产或销售单位，包括：

（1）自行出口货物的单位。

（2）委托有外贸进出口经营权的企业出口货物的单位。

本栏目应填报发货单位的中文名称及其海关注册编码，同“经营单位”栏。

加工贸易报关单的收、发货单位应与《加工贸易手册》的“货主单位”一致；减免税货物报关单的收、发货单位应与“征免税证明”的“申请单位”一致。

12. 贸易方式

本栏目应根据实际情况，并按海关规定的“贸易方式代码表”选择填报相应的贸易方式简称或代码。

出口加工区内企业填制的“出口加工区进（出）境货物备案清单”应选择填报适用于出口加工区货物的监管方式简称或代码。

一份报关单只允许填报一种贸易方式。

加工贸易报关单特殊情况下填报要求如下：

（1）少量低值辅料（即 5 000 美元以下，78 种以内的低值辅料）按规定不使用《加工贸易手册》的，辅料进口报关单填报“低值辅料”。使用《加工贸易手册》的，按《加工贸易手册》上的贸易方式填报。

（2）外商投资企业按内外销比例为加工内销产品而进口的料件或进口供加工内销产品的料件，进口报关单填报“一般贸易”。

外商投资企业为加工出口产品全部使用国内料件的出口合同，成品出口报关单填报“一般贸易”。

（3）加工贸易料件结转或深加工结转货物，按批准的贸易方式填报。

（4）加工贸易料件转内销货物（及按料件补办进口手续的转内销成品、残次品、半成品）应填制进口报关单，本栏目填报“（来料或进料）料件内销”；加工贸易成品凭“征免税证明”转为享受减免税进口货物的，应分别填制进、出口报关单，本栏目填报“（来料或进料）成品减免”。

（5）加工贸易出口成品因故退运进口及复出口、加工贸易进口料件因换料退运出口及复运进口的，填报与《加工贸易手册》备案相应的退换监管方式简称或代码。

（6）《加工贸易手册》中的备料料件结转入加工出口的填报相应的来料或进料加工贸易方式。

（7）保税工厂加工贸易进出口货物，根据《加工贸易手册》填报相应的来料或进料加工贸易方式。

（8）加工贸易边角料内销和副产品内销，进口报关单应填报“（来料或进料）边角料内销”。

（9）加工贸易料件或成品放弃，进口报关单应填报“（进料料件或成品）放弃”。

在 SimTrade 中，货物进出口通常为一般贸易，在“贸易方式代码表”中对应的代码为 0110，因此本栏可填“一般贸易”或代码“0110”。

13. 征免性质

征免性质指海关对进出口货物实施征、减、免税管理的性质类别。

本栏目应按照海关核发的“征免税证明”中批注的征免性质填报，或根据实际情况按海关规定的“征免性质代码表”选择填报相应的征免性质简称或代码。

加工贸易报关单本栏目应按照海关核发的“登记手册”中批注的征免性质填报相应的征免性质简称或代码。特殊情况的填报要求如下：

（1）保税工厂经营的加工贸易，根据《加工贸易手册》填报“进料加工”或“来料加工”。

（2）外商投资企业按内外销比例为加工内销产品而进口料件，填报“一般征税”或其他相应征免性质。

（3）加工贸易转内销货物，按实际应享受的征免性质填报（如一般征税、科教用品、其他法定等）。

（4）料件退运出口、成品退运进口货物填报“其他法定”（代码 0299）。

（5）加工贸易结转货物本栏目为空。

一份报关单只允许填报一种征免性质。

在 SimTrade 中，货物通常都适用于一般征税，在“征免性质代码表”中对应的代码为 101，因此本栏可填“一般征税”或代码“101”。

14. 结汇方式

出口报关单应填报结汇方式，即出口货物的发货人或其代理人收结外汇的方式。本栏目应按海关规定的“结汇方式代码表”选择填报相应的结汇方式名称或代码。

在 SimTrade 中，有四种结汇方式可用，它们在“结汇方式代码表”中对应的代码分别为：

（1）电汇（T/T）：代码为 1。

（2）付款交单（D/P）：代码为 4。

（3）承兑交单（D/A）：代码为 5。

（4）信用证（L/C）：代码为 6。

结汇方式中提示合同付款方式为 T/T、D/P、D/A 时，提醒结汇邮件是由进口银行发送的。

15. 许可证号

应申领出口许可证的货物，必须在此栏目填报商务部及其授权发证机关签发的出口货物许可证的编号，不得为空。

一份报关单只允许填报一个许可证号。

在 SimTrade 中本栏可以不填。

16. 运抵国（地区）

运抵国（地区）指出口货物离开我国关境直接运抵或者在运输中转国（地）未发生任何商业性交易的情况下最后运抵的国家（地区）。

对发生运输中转的货物，如中转地未发生任何商业性交易，则运抵地不变，如中转地发生商业性交易，则以中转地作为运抵国（地区）填报。

本栏目应按海关规定的“国别（地区）代码表”选择填报相应的运抵国（地区）中文名称或代码。

无实际出境的，本栏目填报“中国”（代码“142”）。

在 SimTrade 中，须填写运抵国中文名称。各国家中文名称可在淘金网“运费查询”页查询。

17. 指运港

指运港指出口货物运往境外的最终目的港；最终目的港不可预知的，可按尽可能预知的目的港填报。如：此货物运往国外买方港口釜山，但同时得知国外买方会将此货物继续运往大阪，则指运港填写大阪。

本栏目应根据实际情况按海关规定的“港口航线代码表”选择填报相应的港口中文名称或代码。

无实际出境的，本栏目填报“中国境内”（代码“0142”）。

在 SimTrade 中，须填写指运港中文名称。各港口中文名称可在淘金网“运费查询”页查询。

18. 境内货源地

境内货源地指出口货物在国内的产地或原始发货地。

本栏目应根据进口货物的收货单位、出口货物生产厂家或发货单位所属国内地区，并按海关规定的“国内（地区）代码表”选择填报相应的国内地区名称或代码。

19. 成交方式

本栏目应根据实际成交价格条款按海关规定的“成交方式代码表”选择填报相应的成交方式或代码。无实际出境的，填报 FOB 价。

在 SimTrade 中，有三种成交方式可用，它们在“成交方式代码表”中对应的代码分别为：

（1）CIF 代码为 1。

（2）CFR 代码为 2。

（3）FOB 代码为 3。

20. 运费

本栏目用于成交价格中含有运费的出口货物，应填报该份报关单所含全部货物的国际运输费用。可按运费单价、总价和运费率三种方式之一填报，同时注明运费标记，并按海关规定的“货币代码表”选择填报相应的币种代码。如非 CIF 方式，则本栏可不填。

运保费合并计算的，运保费填报在本栏目中。

运费标记“1”表示运费率，“2”表示每吨货物的运费单价，“3”表示运费总价。

（1）H883/EDI 通关系统

运费率：直接填报运费率的数值，如 5% 的运费率填报为“5”。

运费单价：填报运费币值代码+“/”+运费单价的数值+“/”+运费单价标记，如：24 美元的运费单价填报为“502/24/2”。

运费总价：填报运费币值代码+“/”+运费总价的数值+“/”+运费总价标记，如：7 000 美元的运费总价填报为“502/7 000/3”。

（2）H2000 通关系统

运费标记填写在运费标记处。

运费价格填写在运费价格处。

运费币制填写在运费币制处。

在 SimTrade 中，本栏统一以运费总价填报，填写格式为“币种+金额”，具体金额请参考“配舱通知”。

21. 保费

本栏目用于成交价格中含有保险费的出口货物，应填报该份报关单所含全部货物国际运输的保险费用。可按保险费总价或保险费率两种方式之一填报，同时注明保险费标记，并按海关规定的“货币代码表”选择填报相应的币种代码。

运保费合并计算的，运保费填报在运费栏目中。

保险费标记“1”表示保险费率，“3”表示保险费总价。

（1）H883/EDI 通关系统

保费率：直接填报保费率的数值，如：3‰的保险费率填报“0.3”。

保费总价：填报保费币值代码+“/”+保费总价的数值+“/”+保费总价标记，如：10 000 港元保险费总价填报“110/10 000/3”。

（2）H2000 通关系统

保费标记填写在保费标记处。

保费总价填写在保费总价处。

保费币制填写在保费币制处。

在 SimTrade 中，本栏统一以保险费总价填报，填写格式为“币种+金额”，计算方法请参照在线帮助中“预算表的填写”。

22. 杂费

杂费指成交价格以外的、应计入完税价格或应从完税价格中扣除的费用，如手续费、佣金、回扣等，可按杂费总价或杂费率两种方式之一填报，同时注明杂费标记，并按海关规定的“货币代码表”选择填报相应的币种代码。

应计入完税价格的杂费填报为正值或正率，应从完税价格中扣除的杂费填报为负值或负率。

杂费标记“1”表示杂费率，“3”表示杂费总价。

（1）H883/EDI 通关系统

杂费率：直接填报杂费率的数值，如应计入完税价格的 1.5% 的杂费率填报“1.5”；应从完税价格中扣除的1%的回扣率填报“-1”。

杂费总价：填报杂费币值代码+“/”+杂费总价的数值+“/”+杂费总价标记，如：应计入完税价格的500英镑，杂费总价填报“303/500/3”。

（2）H2000通关系统

杂费标记填写在杂费标记处。

杂费总价填写在杂费总价处。

杂费币制填写在杂费币制处。

在SimTrade中，本栏统一以杂费总价填报，填写格式为：币种+金额，没有可不填。

23. 合同协议号

本栏目应填报进（出）口货物合同（协议）的全部字头和号码。

24. 件数

本栏目应填报有外包装的出口货物的实际件数。特殊情况的填报要求如下：

（1）舱单件数为集装箱（TEU）的，填报集装箱个数。

（2）舱单件数为托盘的，填报托盘数。

本栏目不得填报零，裸装货物填报1。

在SimTrade中，本栏应填入包装总件数，计算方法请参照在线帮助中“了解产品的基本特点”。

25. 包装种类

本栏目应根据出口货物的实际外包装种类，按海关规定的“包装种类代码表”选择填报相应的包装种类代码。

在SimTrade中，货物包装种类请在商品详细资料中查找，通常为“Carton（箱）”。

26. 毛重

毛重指货物及其包装材料的重量之和。

本栏目填报出口货物实际毛重，计量单位为千克，不足1千克的填报1。

在SimTrade中，总毛重计算方法请参照在线帮助中“了解产品的基本特点”。

27. 净重

净重指货物的毛重减去外包装材料后的重量，即商品本身的实际重量。

本栏目填报出口货物的实际净重，计量单位为千克，不足1千克的填报1。

在SimTrade中，总净重计算方法请参照在线帮助中“了解产品的基本特点”。

28. 集装箱号

集装箱号是在每个集装箱箱体两侧标示的全球唯一的编号，在SimTrade中可不填。

本栏目用于填报和打印集装箱编号及数量。集装箱数量填报整数，非集装箱货物填报0。

（1）H883/EDI通关系统（海关早期开发的电子通关系统，采用远程申报电子商务的方式）。

填报：一个集装箱号+“*”+集装箱数+“（折合标准集装箱数）”。

如：TEXU3605231*1（1）表示1个标准集装箱。

EXU3605231*2（3）表示2个集装箱，折合为3个标准集装箱，其中一个箱号为TEXU3605231。

在多于一个集装箱的情况下，其余集装箱编号打印在备注栏或随附清单上。

（2）H2000 通关系统（是 H883/EDI 通关系统的升级替代项目）。

填报在集装箱表中，一个集装箱填一条记录，分别填报集装箱号、规格和自重。

29. 随附单据

随附单据指随出口货物报关单一并向海关递交的单证或文件，合同、发票、装箱单、许可证等的必备的随附单证不在本栏目填报。

（1）H883/EDI 通关系统

本栏目按海关规定的“监管证件名称代码表”选择填报相应证件的代码，证件编号填报在“标记唛码及备注”栏后半部分。

（2）H2000 通关系统

本栏目分为随附单据代码和随附单据编号两项，其中代码栏应按海关规定的“监管证件名称代码表”选择填报相应证件的代码填报；编号栏应填报许可证件编号。

（3）优惠贸易协定项下进出口货物

“Y”为原产地证书代码。优惠贸易协定代码选择“01”“02”“03”或“04”填报：

“01”为“曼谷协定及中巴优惠贸易安排”项下的进口货物；

“02”为“中国与东盟全面经济合作框架协定项下‘早期收获’方案”（简称“中国东盟早期收获”），包括“中泰蔬菜水果协定”项下的进口货物以及对原产于老挝、柬埔寨、缅甸的进口货物；

“03”为“中国内地与中国香港紧密经贸关系安排”（中国香港 CEPA）项下的进口货物；

“04”为“中国内地与中国澳门紧密经贸关系安排”（中国澳门 CEPA）项下的进口货物。

具体填报要求如下：

① 实行原产地证书联网管理的，H2000 通关系统下，在本栏随附单证代码项下填写“Y”，在随附单证编号项下的“<>”内填写优惠贸易协定代码。例如中国香港 CEPA 项下进口商品，应填报“Y”和“<03>”；H883/EDI 系统下，此栏不填报原产地证书相关内容。

② 未实行原产地证书联网管理的，H2000 通关系统下，在报关单“随附单据”栏随附单证代码项下填写“Y”，在随附单证编号项下“<>”内填写优惠贸易协定代码+“:”+需证商品序号。例如《曼谷协定》项下进口报关单中第 1 项到第 3 项和第 5 项为优惠贸易协定项下商品，应填报“<01：1-3，5>”；H883/EDI 通关系统下，此栏不填报原产地证书相关内容。

优惠贸易协定项下出口货物，本栏目填报原产地证书代码和编号。

30. 生产厂家

生产厂家指出口货物的境内生产企业，本栏目供必要时手工填写。

31. 标记唛码及备注

此栏与合同相关内容一致，请参照“Shipping Mark”栏。

（1）H883/EDI 通关系统。

第一，本栏目上部用于打印以下内容，具体填报如下：

① 标记唛码中除图形以外的文字、数字。

② 受外商投资企业委托代理其进口投资设备、物品的进出口企业名称。

③ 加工贸易结转货物及凭“征免税证明”转内销货物，其对应的备案号应填报在本栏目内，即“转至（自）××××××××××××手册”。

④ 实行原产地证书联网管理的优惠贸易协定项下进口货物，填写“<”+“协”+“优惠贸易协定代码”+“>”，例如中国香港 CEPA 项下进口报关单应填“<协 03>”；未实行原产地证书联网管理的优惠贸易协定项下进口货物，填写“<”+“协”+“优惠贸易协定代码”+“：”+“需证商品序号”+“>”，例如《曼谷协定》项下进口报关单中第 1 项到第 3 项和第 5 项为优惠贸易协定项下商品，应填“<协 01：1-3，5>”。

⑤ 其他申报时必须说明的事项。

第二，本栏目下部供填报随附单据栏中监管证件的编号，具体填报如下：

① 监管证件代码+“：”+监管证件号码。一份报关单多个监管证件的，连续填写。

② 一票货物多个集装箱的，在本栏目打印其余的集装箱号（最多 160 个字节，其余集装箱号手工抄写）。

（2）H2000 通关系统。

① 标记唛码中除图形以外的文字、数字。

② 受外商投资企业委托代理其进口投资设备、物品的进出口企业名称。

③ 与本报关单有关联关系的，同时在业务管理规范方面又要求填报的备案号，如加工贸易结转货物及凭“征免税证明”转内销货物，其对应的备案号应填报在“关联备案”栏。

④ 与本报关单有关联关系的，同时在业务管理规范方面又要求填报的报关单号，应填报在“关联报关单”栏。

加工贸易结转类的报关单，应先办理进口报关，并将进口报关单号填入出口报关单的“关联报关单”栏。

32. 增加商品明细

在商品明细栏中点“添加”，逐项填写商品资料（见表 12-2）。

表 12-2　　　　商品明细表

项次序号：	1		
产品编号：	01005		
商品编号（H.S.编码）：	2005800000		
商品名称：	甜玉米罐头		
商品规格：	每箱6罐，每罐3060克		
数　量：	800	计量单位：	CARTON
目的国(地区)：	加拿大	征　免：	照章征税
币　制：	USD	单　价：	14
		总金额：	11200

33. 项号

本栏目分两行填报及打印。

第一行打印报关单中的商品排列序号。

第二行专用于加工贸易等已备案的货物，填报和打印该项货物在《加工贸易手册》中的项号。

加工贸易合同项下进出口货物，必须填报与《加工贸易手册》一致的商品项号，所填报项号用于核销对应项号下的料件或成品数量。特殊情况填报要求如下：

（1）深加工结转货物，分别按照《加工贸易手册》中的进口料件项号和出口成品项号填报。

（2）料件结转货物（包括料件、成品和半成品折料），出口报关单按照转出《加工贸易手册》中进口料件的项号填报；进口报关单按照转进《加工贸易手册》中进口料件的项号填报。

（3）料件复出口货物（包括料件、边角料、来料加工半成品折料），出口报关单按照《加工贸易手册》中进口料件的项号填报；料件退换货物（包括料件、不包括半成品），出口报关单按照《加工贸易手册》中进口料件的项号填报。

（4）成品退运货物，退运进境报关单和复运出境报关单按照《加工贸易手册》原出口成品的项号填报。

（5）加工贸易料件转内销货物（及按料件补办进口手续的转内销成品、半成品、残次品）应填制进口报关单，本栏目填报《加工贸易手册》进口料件的项号。加工贸易边角料、副产品内销，本栏目填报《加工贸易手册》中对应的料件项号。当边角料或副产品对应一个以上料件项号时，填报主要料件项号。

（6）加工贸易成品凭“征免税证明”转为享受减免税进口货物的，应先办理进口报关手续。进口报关单本栏目填报“征免税证明”中的项号，出口报关单本栏目填报《加工贸易手册》原出口成品项号，进、出口报关单货物数量应一致。

（7）加工贸易料件、成品放弃的，本栏目应填报《加工贸易手册》中的项号。半成品放弃的应按单耗折回料件，以料件放弃申报的，本栏目填报《加工贸易手册》中对应的料件项号。

（8）加工贸易副产品退运出口、结转出口或放弃的，本栏目应填报《加工贸易手册》中新增的变更副产品的出口项号。

（9）经海关批准实行加工贸易联网监管的企业，对按海关联网监管要求企业需申报报关清单的，应在向海关申报货物进出口（包括形式进出口）报关单前，向海关申报“清单”。一份报关清单对应一份报关单，报关单商品由报关清单归并而得，加工贸易电子账册报关单中项号、品名、规格等栏目的填制规范比照《加工贸易手册》。

优惠贸易协定项下实行原产地证书联网管理的报关单分两行填写。第一行填写报关单中商品排列序号，第二行填写对应的原产地证书上的“商品项号”。

在 SimTrade 中，本栏请依序填列商品项目，如果只有单项商品，只要列明项目“1”；如果商品品名有多项，则必须按“1、2、3……”分行列出。

34. 产品编号（Product Number）

此栏需与合同上的产品编号相一致。

在 SimTrade 中，产品编号必须填写，否则无法保存商品明细。

35. 商品编号

商品编号指按海关规定的商品分类编码规则确定的出口货物的商品编号，即海关编码。

加工贸易登记手册中商品编号与实际商品编号不符的，应按实际商品编号填报。

在 SimTrade 中，海关编码请在商品基本资料中查找。

36. 商品名称、规格型号

本栏目分两行填报及打印。

第一行打印出口货物规范的中文商品名称，第二行打印规格型号，必要时可加注原文。

具体填报要求如下：

（1）商品名称及规格型号应据实填报，并与所提供的商业发票相符。

（2）商品名称应当规范，规格型号应当足够详细，以能满足海关归类、审价及许可证件管理要求为准。根据商品属性，本栏目填报内容包括品名、牌名、规格、型号、成分、含量、等级、用途、功能等。

（3）加工贸易等已备案的货物，本栏目填报录入的内容必须与备案登记中同项号下货物的名称与规格型号一致。

（4）对需要海关签发“货物进口证明书”的车辆，商品名称栏应填报“车辆品牌+排气量（注明 cc）+车型（如越野车、小轿车等）”。进口汽车底盘可不填报排气量。车辆品牌应按照“进口机动车辆制造厂名称和车辆品牌中英文对照表”中“签注名称”一栏的要求填报，规格型号栏可填报“汽油型”等。

（5）同一收货人使用同一运输工具同时运抵的进口货物应同时申报，视为同一报检状态，据此确定其归类。成套设备、减免税货物如需分批进口，货物实际进口时，应按照实际报检状态确定归类。

（6）加工贸易边角料和副产品内销，边角料复出口的，本栏目填报其报检状态的名称和规格型号。属边角料、副产品、残次品、受灾保税货物且按规定需加以说明的，应在本栏目中填注规定的字样。

37. 数量及单位

数量及单位指出口商品的实际数量及计量单位。

本栏目分三行填报及打印。

具体填报要求如下：

（1）进出口货物必须按海关法定计量单位填报，法定第一计量单位及数量打印在本栏目第一行。

（2）凡海关列明第二计量单位的，必须填报该商品第二计量单位及数量，打印在本栏目第二行。无第二计量单位的，本栏目第二行为空。

（3）成交计量单位及数量应当填报并打印在第三行。

（4）法定计量单位为“千克”的数量填报时，其特殊情况的填报要求如下：

① 装入可重复使用的包装容器的货物，按货物的净重填报，如罐装同位素、罐装氧气及类似品等，应扣除其包装容器的重量。

② 使用不可分割包装材料和包装容器的货物，按货物的净重填报（即包括内层直接包装的净重重量），如采用供零售包装的酒、罐头、化妆品及类似品等。

③ 按照商业惯例以公量重计价的商品，应按公量重填报，如未脱脂羊毛、羊毛条等。

④ 采用以毛重作为净重计价的货物，可按毛重填报，如粮食、饲料等价格较低的农副产品。

⑤ 成套设备、减免税货物如需分批进口，当货物实际进口时，应按照实际报检状态确定数量。

⑥ 根据 H. S. 归类规则，零部件按整机归类的，法定第一数量填报“0.1”，有法定第二数量的，按照货物实际净重申报。

⑦ 具有完整品或制成品基本特征的不完整品、未制成品，按照 H. S. 归类规则应按完整品归类的，申报数量按照构成完整品的实际数量申报。

（5）加工贸易等已备案的货物，成交计量单位必须与《加工贸易手册》中同项号下货物的计量单位一致，加工贸易边角料和副产品内销、边角料复出口的，本栏目填报其报检状态的计量单位。

38. 最终目的国（地区）

最终目的国（地区）指已知的出口货物的最终实际消费、使用或进一步加工制造的国家（地区）。

本栏目应按海关规定的“国别（地区）代码表”选择填报相应的国家（地区）名称或代码。

加工贸易报关单特殊情况的填报要求如下：

（1）料件结转货物，出口报关单填报“中国”（代码 0142），进口报关单填报原料件生产国。

（2）深加工结转货物，进出口报关单均填报“中国”（代码 0142）。

（3）料件复运出境货物，填报实际最终目的国；加工出口成品因故退运境内的，填报“中国”（代码 0142），复运出境时填报实际最终目的国。

（4）加工贸易转内销时，最终目的国（地区）需区分两种情况：

① 料件内销时，原产国（地区）按料件的生产国（即料件进口时的原产国）填报；

② 加工成品转内销时，填报“中国”（代码 0142）。

（5）料件内销货物，属加工成品、半成品、残次品、副产品状态内销的，进口报关单内栏目均填报“中国”（代码 0142）。属剩余料件状态内销的，进口报关单填报原料件生产国。

在 SimTrade 中，本栏须填写最终目的国中文名称。各国家中文名称可在淘金网“运费查询”页查询。

39. 单价

本栏目应填报同一项号下进出口货物实际成交的商品单位价格。

海关估价时，应在 H2000 通关系统“海关单价”栏修改。

无实际成交价格的，本栏目填报货物单位价格。

40. 总价

本栏目应填报同一项号下出口货物实际成交的商品总价。

海关估价时，应在 H2000 通关系统“海关总价”栏修改。

无实际成交价格的，本栏目填报货物总价值。

41. 币制

币制指出口货物实际成交价格的币种。

本栏目应根据实际成交情况按海关规定的“货币代码表”选择填报相应的货币名称或代码，如“货币代码表”中无实际成交币种，需转换后填报。

42. 征免

征免指海关对出口货物进行征税、减税、免税或特案处理的实际操作方式。

本栏目应按照海关核发的“征免税证明”或有关政策规定，对报关单所列每项商品选择填报海关规定的“征减免税方式代码表”中相应的征减免税方式。

加工贸易报关单应根据“登记手册”中备案的征免规定填报。

不能按备案的征免规定填报的，应填报“全免”。

在 SimTrade 中，货物通常都适用于照章征税，因此本栏可填“照章征税”。

43. 税费征收情况

本栏目供海关批注出口货物税费征收及减免情况。

44. 录入员

本栏目用于记录预录入操作人员的姓名并打印。

45. 录入单位

本栏目用于记录并打印电子数据报关单的录入单位名称。

46. 申报单位、报关员、单位地址、邮编、电话

本栏目指报关单左下方用于填报申报单位有关情况的总栏目。

申报单位指对申报内容的真实性直接向海关负责的企业或单位。自理报关的，应填报出口货物的经营单位名称及代码；委托代理报关的，应填报经海关批准的专业或代理报关企业名称及代码。

本栏目还包括报关单位地址、邮编和电话等分项目，由申报单位的报关员填报。

47. 制单日期

制单日期指报关单的填制日期。电子数据报关单的填制日期由计算机自动打印。

（1）在 H883/EDI 通关系统中，本栏目为 6 位数，顺序为年、月、日各 2 位。

（2）在 H2000 通关系统中，本栏目为 8 位数字，顺序为年（4 位）、月（2 位）、日（2 位）。

48. 海关审单批注及放行日期（签章）

本栏目指供海关内部作业时签注的总栏目，由海关关员手工填写在预录入报关单上。

其中，“放行”栏填写海关对接受申报的进出口货物做出放行决定的日期。

第三节 出口检验

出口检验（Export Inspection），指出口国政府机构依法所做的强制性商品检验，以确保出口商品能符合政府法规规定。其目的在于提高商品质量，建立国际市场信誉，促进对外贸易，保障国内外消费者的利益。目前我国的进出口商品检验机构为海关所属的出入境检验检疫机构。

凡列入《出入境检验检疫机构实施检验检疫的进出境商品目录》的出口商品和其他法律、法规规定须经检验的出口商品，或合同规定必须经由检验检疫机构检验出证的商品，在货物备齐后，应在规定地点和期限内向检验机构申请检验。凭海关出入境检验检疫机构签发的“出境货物通关单”和检验证书验放，经检验不合格者，一般不得出口。出口商品检验包括品质检验、安全卫生、数量鉴定、重量鉴定等。

一、检验范围与期限

实施法定检验的范围包括：

（1）列入《出入境检验检疫机构实施检验检疫的进出境商品目录》（以下简称《目录》）内的出口商品；

（2）出口食品的卫生检验；

（3）贸易性出口动植物产品的检疫；

（4）出口危险物品和《目录》内商品包装容器的性能检验和使用鉴定；

（5）装运易腐烂变质食品、冷冻品出口的船舱和集装箱等运载工具的适载检验；

（6）有关国际贸易条约、信用证规定须经检验检疫机构检验的出口商品；

（7）其他法律、行政法规规定须经检验检疫机构检验的出口商品。

需检验的出境货物最迟应于报关或装运前七天报检。对于个别检验检疫周期较长的货物，应留有相应的检验时间。经检验检疫机构检验合格发给检验证书或者放行单的出口商品，一般应在证单签发之日起两个月内装运出口，鲜活类出口商品应当在两周内装运出口。超过上述期限的应向检验检疫机构重新报验，并交回原签发的所有检验证书和放行单。

二、检验程序

我国出口商品检验的程序，主要包括四个环节：报检资格认定、申请报检、检验、签证与放行。

（一）报检资格认定

（1）报检单位首次报检时须持本单位营业执照和批准证书办理登记备案手续，取得报检单位代码。其报检人员经检验检疫机构培训合格后领取“报验员证”，凭证报检。

（2）代理报检单位须按规定办理注册登记手续，其报检人员经检验检疫机构培训合格后领取“代理报检员证”，凭证办理代理报检手续。

（3）代理报检的单位须向检验检疫机构提供委托书，委托书由委托人按检验检疫机构规定的格式填写。

（二）申请报检

（1）应施行出口检验的商品，报检人应于出口前，详细填写**“出境货物报检单”（Application for Certificate of Export Inspection）**，每份出境货物报检单仅限填报一个合同、一份信用证的商品。对同一合同、同一信用证，但标记号码不同者，应分别填写相应的报检单。

（2）除了报检单，还应同时提交有关的单证和资料，如双方签订的外贸合同与合同附件、信用证、商业发票、装箱单以及厂检单、出口商品运输包装性能检验等必要的单证，向商品存放所在地的检验机构申请检验，缴纳检验费。

（三）检验

检验机构在审查上述单证，认为符合要求后，受理该批商品的报检。

（1）抽样：检验机构接受报检之后，及时派员赴货物堆存地点进行现场检验、鉴定。现场检验一般采取国际贸易中普遍使用的抽样法（个别特殊商品除外），抽样时要根据不同的货物形态，按照规定的方法和一定的比例，在货物的不同部位抽取一定数量、能代表整批货物质量的样品（标本）供检验之用。报验人应提供存货地点情况，并配合检验人员做好抽样工作。

（2）检验：检验机构首先应当认真研究申报的检验项目，确定检验内容，仔细审核合同及信用证中关于品质、规格、包装的规定，弄清检验的依据，确定检验标准、方法；然后使用感官分析、化学分析、仪器分析等各种技术手段，对出口商品进行检验。检验的形式有商检自验、共同检验、驻厂检验和产地检验等。

（四）签证与放行

检验检疫机构对检验合格的商品签发检验检疫证书，出口企业即凭此在规定的有效期内报关出口。经检验检疫不合格的，签发“出境货物不合格通知单”。

（1）凡列入《目录》内的出口商品，经检验合格后签发相关检验证书。

（2）凡合同、信用证规定由检验部门检验出证的，或国外要求签发检验证书的，根据规定签发所需证书；不需向国外提供证书的，只发通关单。

（3）《目录》以外的出口商品，应由检验机构检验，经检验合格后发给检验证书与通关单后，方可出运。

出口商品的报检人对检验检疫机构做出的检验结果有异议的，可以向原检验机构或者其上级检验机构以至国家商检部门申请复验，由受理复验的检验机构或国家商检部门及时做出复验结论。

三、检验证书的种类

检验证书（Inspection Certificate）是各种进出口商品检验证书、鉴定证书和其他证明书的统称，是国际贸易有关各方履行契约义务、处理索赔争议和仲裁、诉讼举证，具有法律依据的有效证件，也是海关验放、征收关税和优惠减免关税的必要证明。商检证书的种类和用途主要有以下方面。

（1）**品质检验证书（Inspection Certificate of Quality）**：是出口商品交货结汇和进口商品结算索赔的有效凭证；法定检验商品的证书，是进出口商品报关、输出输入的合法凭证。商检机构签发的放行单和在报关单上加盖的放行章有与商检证书同等通关效力；签发的检验情况通知单同为商检证书性质。

（2）**重量或数量检验证书（Inspection Certificate of Weight or Quantity）**：是出口商品交货结汇、签发提单和进口商品结算索赔的有效凭证；出口商品的重量证书，也是国外报关征税和计算运费、装卸费用的重要依据。

（3）**兽医检验证书（Veterinary Inspection Certificate）**：是证明出口动物产品或食品经过检疫合格的证件，适用于冻畜肉、冻禽、禽畜罐头、冻兔、皮张、毛类、绒类、猪鬃、肠衣等出口商品，是对外交货、银行结汇和进口国通关输入的重要证件。

（4）**卫生检验证书（Sanitary Inspection Certificate）**：也称健康检验证书（Inspection Certificate of Health），是证明可供人类食用的出口动物产品、食品等经过卫生检验或检疫合格的证件，适用于肠衣、罐头、冻鱼、冻虾、食品、蛋品、乳制品、蜂蜜等商品，是对外交货、银行结汇和通关验放的有效证件。

（5）**消毒检验证书（Inspection Certificate of Disinfection）**：是证明出口动物产品经过消毒处理，保证安全卫生的证件，适用于猪鬃、马尾、皮张、山羊毛、羽毛、人发等商品，是对外交货、银行结汇和国外通关验放的有效凭证。

（6）**熏蒸证书（Inspection Certificate of Fumigation）**：是用于证明出口粮谷、油籽、豆类、皮张等商品，以及木质包装与植物性填充物等已经过熏蒸灭虫的证书。

（7）**残损检验证书（Inspection Certificate on Damaged Cargo）**：是证明进口商品残损情况的证件，适用于进口商品发生残、短、渍、毁等情况，可作为收货人向发货人或承运人或保险人等有关责任方索赔的有效证件。

（8）**货载衡量检验证书（Inspection Certificate on Cargo Weight &/or Measurement）**：是证明进出口商品的重量、体积吨位的证件，同时亦可作为计算运费和制订配载计划的依据。

（9）**价值证明书（Certificate of Value）**：作为进口国管理外汇和征收关税的凭证。在发票上签盖商检机构的价值证明章与价值证明书具有同等效力。

（10）**船舱检验证书（Inspection Certificate on Tank/Hold）**：证明承运出口商品的船舱清洁、密固、冷藏效能及其他技术条件是否符合保护承载商品的质量和数量完整与安全的要求。可作为承运人履行租船契约适载义务，对外贸易关系方进行货物交接和处理货损事故的依据。

（11）**生丝品级及公量检验证书（Inspection Certificate for Baw Silk Classification & Condition Weight）**：是出口生丝的专用证书，其作用相当于品质检验证书和重量/数量检验证书。

（12）**产地证明书（Inspection Certificate of Origin）**：是出口商品在进口国通关输入和享受减免关税优惠待遇和证明商品产地的凭证。

（13）**舱口检视证书、监视装/卸载证书、舱口封识证书、油温空距证书、集装箱监装/拆证书**：作为证明承运人履行契约义务，明确责任界限，便于处理货损货差责任事故的证明。

（14）**集装箱租箱交货检验证书、租船交船剩水/油重量鉴定证书**：可作为契约双方明确履约责任和处理费用清算的凭证。

四、信用证商检证书条款示例

（1）Inspection Certificate of Quality and Weight issued by China Commodity Inspection Bureau.

（2）Clean Report of Finding issued by Societe Generale de Survillance（SGS）Hong Kong, evidencing that quality, and packing of goods in full compliance with the requirement of L/C.

（3）Certificate of Analysis in duplicate in English version, issued by manufacture with detailed specification.

模拟操作提示 12-2

在 SimTrade 实习平台中，交易商品是否需要出口检验，须在淘金网的“税率查询”页输入商品对应的海关编码进行查询，可查到相对应的监管条件，点击代码符号，各代码的意义均列明于其中。若适用规定为必须申请出口检验取得出境货物通关单者（代码“B”），应依规定办理出口检验。

出口检验的办理在“业务中心”页面中完成，具体步骤为：

（1）单击标志为“进口商”的建筑物，再单击“添加单据”，添加“出境货物报检单”，并到单据列表中进行填写；

（2）再分别添加“商业发票”与“装箱单”，进行填写；

（3）填写完成后，回到“业务中心”，单击标志为“检验机构”的建筑物，再单击“申请报检”，选择所需单据（如“销货合同”“信用证”“商业发票”“装箱单”“出境货物报检单”等）后，单击“报检”，即可完成报检手续，检验机构签发“出境货物通关单”及出口商申请签发的相应检验证书。

应用案例分析 12-2

出口商宏昌国际股份有限公司（Grand Western Foods Corp.）备好货物，填写出境货物报检单，向检验机构申请出口检验（见表 12-3）。

表 12-3　　出境货物报检单

中华人民共和国出入境检验检疫

出境货物报检单

报检单位（加盖公章）：宏昌国际股份有限公司　　　　*编　号 STEPC000002

报检单位登记号：9133201000000(　联系人：刘铭华　　电话：86-25-2350121:　报检日期：2019 年 4 月 7 日

发货人	（中文）	宏昌国际股份有限公司
	（外文）	GRAND WESTERN TRADING CORP.
收货人	（中文）	
	（外文）	Carters Trading Company, LLC

选择	货物名称（中/外文）	H.S.编码	产地	数/重量	货物总值	包装种类及数量
○	女式T恤衫 WOMEN'S T-SHIRT	6109100022	中国	15000pc	USD450000	750CARTON

[添 加][修 改][删 除]

运输工具名称号码	Ryndam	贸易方式	一般贸易	货物存放地点	NANJING CY
合 同 号	Contract001	信用证号	STLCN000002	用途	
发货日期	2019-05-15	输往国家(地区)	加拿大	许可证／审批号	
起 运 地	南京港	到 达 口 岸	多伦多	生产单位注册号	
集装箱规格、数量及号码					

合同、信用证订立的检验检疫条款或特殊要求	标 记 及 号 码	随附单据（划"√"或补填）	
	CARTERSCO CONTRACT001 CANADA 1/750	☑合同 ☑信用证 ☑发票 ☑装箱单 ☐厂检单 ☐包装性能结果单	☐许可/审批文件 ☐报检委托书 ☐其他单据 ☐____ ☐____

需要证单名称（划"√"或补填）		*检验检疫费	
☐品质证书 __正 __副 ☐重量证书 __正 __副 ☐数量证书 __正 __副 ☐兽医卫生证书 __正 __副 ☐健康证书 __正 __副 ☐卫生证书 __正 __副 ☐动物卫生证书 __正 __副	☐植物检疫证书 __正 __副 ☐熏蒸/消毒证书 __正 __副 ☐____ ☐____ ☐____ ☐____	总金额（人民币元）	
		计费人	
		收费人	

报检人郑重声明： 1. 本人被授权报检。 2. 上列填写内容正确属实，货物无伪造或冒用他人的厂名、标志、认证标志，并承担货物质量责任。 签名：刘铭华	领 取 证 单	
	日 期	
	签 名	

注：有"*"号栏由海关填写

[打印预览][保存][退出]

主要栏目填写说明如下：

1. 报检单位（加盖公章）、登记号、联系人、电话

此栏填写报检单位全称并加盖公章或报检专用章（或附单位介绍信），并准确填写本单位报检登记代码、联系人及电话；代理报检的应加盖代理报检机构在检验机构备案的印章。

在 SimTrade 中，报检单位登记号即单位的海关代码，可在公司基本资料中查找。

2. 编号

本栏目由出入境检验检疫机关填写。

3. 发货人

此栏填写合同上的卖方或信用证上的受益人名称，要求用中文、英文，填写时要一致。

4. 收货人

此栏填写合同上的买方或信用证的开证人名称，可只填英文。

5. 增加商品明细

在商品明细栏中点“添加”，逐项填写商品资料（见表 12-4）。

表 12-4　　　　商品明细表

产品编号：	01005		
货物名称：	甜玉米罐头 CANNED SWEET CORN		
H.S.编码：	2005800000		
产　地：	中国		
数/重量：	800	计量单位：	CARTON
数　量：	800	包装单位：	CARTON
货币单位：	USD	总金额(元)：	11200

6. 产品编号

此栏须与合同上的产品编号相一致。

在 SimTrade 中，产品编号必须填写，否则无法保存商品明细。

7. 货物名称（中/外文）

按合同、信用证所列名称填写，但中/外文要一致。

8. H. S. 编码

海关编码，按《商品分类及编码协调制度》10 位数字填写，如男士皮鞋的 H. S. 编码为 6403200090。

在 SimTrade 中，海关编码应在商品基本资料中查找。

9. 产地

此栏填省、市、县名。

SimTrade 中，出口货物产地统一为“中国”。

10. 数/重量

此栏按实际申请检验检疫数/重量填写，并注明计量单位，注意该数量和计量单位既要与实际装运货物情况一致，又要与信用证要求一致。

在 SimTrade 中，本栏都以货物销售数量计。

11. 包装种类及数量

包装种类及数量指外包装的种类及件数。

12. 货物总值

此栏按合同或发票所列货物总值填写，并注明货币单位。对于加工贸易生产出口的货物应填写材料费与加工费的总和。

13. 运输工具名称号码

此栏填写货物实际装载的运输工具类别名称（如船、飞机、货柜车、火车等）及运输工具编号（船名、飞机航班号、车牌号码、火车车次）。

在 SimTrade 中，运输工具名称号码请参照配舱通知中的相关内容。

14. 贸易方式

贸易方式指成交的方式，如一般贸易、来料加工、补偿贸易等，通常都为一般贸易。

15. 货物存放地点

货物存放地点指报检商品存放的地点，也是商检机构施检或抽取样品的地点。

在 SimTrade 中，货物存放地点请参照配舱通知中的相关内容。

16. 合同号

合同号指报检商品成交的合同号码。

17. 信用证号

此栏按实际情况填写信用证号。如属非信用证结汇的货物，本栏目应填写“无”或“/”。

18. 用途

用途指商品的用途，一般用途明确的商品也可不填。

19. 发货日期

此栏按照货物的装运情况填写。

20. 输往国家（地区）

输往国家（地区）指出口货物的最终销售国或地区，即进口国（用中文填写）。各国家中文名称可在淘金网“运费查询”页查询。

21. 许可证/审批号

此栏须申领许可证或经审批的商品填写，一般商品可不填。

22. 起运地

起运地指办理报关出运的地点或口岸，须与合同规定一致（用中文填写）。各港口中文名称可在淘金网“运费查询”页查询。

23. 到达口岸

到达口岸指出口货物运往境外的最终目的港；须与合同规定一致（用中文填写）。各港口中文名称可在淘金网“运费查询”页查询。

24. 生产单位注册号

此栏填写出入境检验检疫机构签发的卫生注册证书号或质量许可证号，没有的可不填。

25. 集装箱规格、数量及号码

此栏按实际情况填写。在 SimTrade 中，本栏可参照配舱通知。

26. 合同、信用证订立的检验检疫条款或特殊要求

此栏填写对商检机构出具检验证书的要求，即检验检疫条款的内容。检验机构制作证书的检验结果内容时会参考此栏的内容。

27. 标记及号码

此栏填写实际货物运输包装上的标记，与合同相一致。中性包装或裸装、散装商品应填"N/M"，并注明"裸装"或"散装"。

28. 随附单据

出口商品在报验时，一般应提供外贸合同（或售货确认书及函电）、信用证原本的复印件或副本，必要时提供原本，还有发票及装箱单。合同如果有补充协议的，要提供补充的协议书；合同、信用证有更改的，要提供合同、信用证的修改书或更改的函电。对订有长期贸易合同而采取记账方式结算的，外贸进出口公司每年一次将合同副本送交商检机构，申请检验时，只在申请单上填明合同号即可，不必每批附交合同副本。凡属危险或法定检验范围内的商品，在申请品质、规格、数量、重量、安全、卫生检验时，必须提交商检机构签发的出口商品包装性能检验合格单证，商检机构凭此受理上述各种报检手续。

29. 需要证单名称

按照合同、信用证及有关国际条约规定必须经检验检疫机构检验并签发证书的，应在报检单上准确注明所需检验检疫证书的种类和数量。

在 SimTrade 中，通关单必须选择，其他单证可根据需要进行选择。

30. 检验检疫费

此栏由海关出入境检验检疫机构填写。

31. 签名

此栏由出口商公司委托代表人或报检人签名。

32. 领取证单

此栏应在检验检疫机构受理报验日现场由报验人填写。

检验机构经检验合格后，发放相关检验证书。

第十三章

海运提单与装船通知

学习目标

通过对本章的学习，学生应熟悉海运提单的意义、功能和种类，熟悉海运提单实际应用案例分析，掌握海运提单领取和取回的模拟操作过程，熟悉装船通知的作用和内容，熟悉装船通知的实际应用案例分析，掌握装船通知的模拟操作过程。

学习要求

知识要点	能 力 要 求	相 关 知 识
海运提单	（1）熟悉海运提单的意义和功能 （2）熟悉海运提单的种类 （3）熟悉海运提单的实际应用案例分析 （4）掌握海运提单领取和取回的模拟操作过程	（1）海运提单的意义 （2）海运提单的功能 （3）海运提单的种类
装船通知	（1）熟悉装船通知的作用和内容 （2）掌握装船通知的模拟操作过程 （3）熟悉装船通知的实际应用案例分析	（1）装船通知的作用 （2）装船通知的内容

主要概念

海运提单　装船通知　提货单　装船收据　已装船提单　备运提单　清洁提单　不清洁提单　可转让提单　不可转让提单　全式提单与简式提单　联合运输提单　联运提单　第三人提单　租船提单

第一节　海 运 提 单

一、提单的意义

提单（Bill of Lading，B/L）是船公司或其代理人签发给托运人的运送货物收据，同时也是运送合同凭证，证明货物已装上船。船公司签发提单，并同时允诺当船抵达目的港时，将货交给拿提单到船公司换取**提货单（Delivery Order，D/O）**的持单人。因此，提单与提货单是具有因果关系的同性质文件，提单表示货物在出口港时的状况，提货单则表示货物在进口港时的状况。因为货物在海上航行途中可能毁损或遗失，所以不能直接持提单去提货，必须到进口地船公司换取提货单才能提货。

二、提单的功能

（1）**表明货物的所有权**。持单人只要是经过合法背书转让拿到提单的，即可向船公司主张拥有货物所有权并办理提货（换成提货单后）。

（2）**运送合同**。由于货物装船后才签发提单，因此提单相当于托运人与船公司所缔结的运送合同。

（3）**装船收据**。提单亦可以当作船公司收到货物时，发给托运人作为确认货物已装船的收据（Receipt）。

三、提单的种类

提单依货物是否装运、提单上有无不良批注、可否转让等情况而有多种分类，常用种类如下。

（一）已装船提单与备运提单

1. 已装船提单（On Board B/L）

已装船提单是货物装船后签发的提单，具有确定的船名、航次与装船日期，因此在贸易上较易被银行、保险公司及买方接受。

2. 备运提单（Received for Shipment B/L）

备运提单是货物已交给船公司但尚未装船时签发的提单。此种提单虽然可以较早签发争取时效，但不见得能实际装上船，因此较不易被银行或保险公司接受。目前使用集装箱运送的场合中，托运人多会要求船公司先签备运提单，待装船后请船公司加注“On Board”，并签署船名与装船日期，此时该提单即可具有已装船提单的性质。

（二）清洁提单与不清洁提单

1. 清洁提单（Clean B/L）

清洁提单上没有注明关于货物本身或其包装不当。

2. 不清洁提单（Unclean B/L）

不清洁提单上会注明货物本身或其包装上有瑕疵情形。一般船公司收取货物时，若发现货物本身或其包装上有瑕疵，为证明该瑕疵并非运输不当所造成的，会在提单上加注该项瑕疵。不清洁提单在押汇时多不被银行与买方接受。

（三）可转让提单与不可转让提单

1. 可转让提单（Negotiable B/L）

可转让提单又称“不记名提单”或“指示提单”（Order B/L），此类提单在收货人（Consignee）栏内均有“Order”字样，表示收货人另待指示或支配，可经由合法的背书手续将提货权转让给他人。正常的海运提单多是可转让提单，能作为可转让所有权的有价证券。

2. 不可转让提单（Non-Negotiable B/L）

不可转让提单又称“记名提单”或“直接提单”（Straight B/L），提单上收货人栏无“Order”字样，而以“Consigned to”或“Unto”字样后接收货人名称，或直接列明收货人名称。此类提单不可通过背书方式流通转让，船公司交付货物时，只能把货物交给该指定人，而不论该指定人是否持有提单。

（四）全式提单与简式提单

1. 全式提单（Long Form B/L）

全式提单是提单背面印有详细运送条款，规定托运人的义务以及承运人保留的权利及义务等货运条款及约定事项的提单。

2. 简式提单（Short Form B/L）

简式提单背面无运送条款，其正面与全式提单相同，背面则是空白，仅用文字注明“全式提单所印条款同样可适用于本提单”。简式提单效用与全式提单相同，除非信用证另有相反规定，否则银行不应拒绝接受。

（五）其他种类提单

1. 联合运输提单（Combined Transport B/L）

联合运输提单是由船公司或其代理人所签发，证明收到特定货物，承诺利用两种以上运送方式，将货物运至指定目的地的提单。

2. 联运提单（Through B/L）

在运输过程中，由两个或两个以上的运送人，以相同或不同的运输方式运送时，由第一个运送人所签发的涵盖全部运送路程的提单。

3. 第三人提单（Third Party B/L）

第三人提单是以信用证受益人以外的第三人为托运人的提单。

4. 租船提单（Charter Party B/L）

租船提单是依租船合同，由船东或其代理人所签发的提单。

模拟操作提示 13-1

在 SimTrade 实习平台中，提单的领取在“业务中心”页面中完成，具体步骤为：单击标志为“船公司”的建筑物，选择“取回提单”业务，系统提示提单已取回，在“查看单据列表”中可查看。

应用案例分析 13-1

出口商宏昌国际股份有限公司（Grand Western Foods Corp.）完成报关等手续后，将货物装船出运，船公司签发提单（见表 13-1）。

主要栏目说明如下：

1. 提单号码（B/L No.）

提单上必须注明承运人及其代理人规定的提单编号，以便核查，否则提单无效。

2. 托运人（Shipper）

托运人是指委托运输的人，即将卖方的名称和地址填入此栏。

若信用证规定要求第三者作为托运人，则应按要求填制。

3. 收货人（Consignee）

这一栏的填写应严格按照 L/C 的规定在记名收货人、凭指示和记名指示中选择填写。

例如：

（1）来证要求“Full set of B/L made out to order”，此时提单收货人一栏则应填“To order”。

（2）来证要求“B/L issued to order of Applicant”，此 Applicant 为信用证的申请开证人 Big A. Co.，则提单收货人一栏填写“To order of Big A. Co.”。

（3）来证要求“Full set of B/L made out our order”，开证行名称为 Small B Bank，则应在收货人处填“To small B Bank's order”。

表 13-1　　　　提　　单

1. Shipper Insert Name, Address and Phone
GRAND WESTERN FOODS CORP.
ROOM 2501,JIAFA MANSION, BEIJING WEST ROAD, NANJING 210005, P.R.CHINA

B/L No.
STBLN000004

2. Consignee Insert Name, Address and Phone
TO ORDER OF CARTERS TRADING COMPANY, LLC

中远集装箱运输有限公司
COSCO CONTAINER LINES
TLX: 33057 COSCO CN
FAX: +86(021) 6545 8984

ORIGINAL
Port-to-Port or Combined Transport
BILL OF LADING

3. Notify Party Insert Name, Address and Phone
(It is agreed that no responsibility shall attach to the Carrier or his agents for failure to notify)
Carters Trading Company, LLC
P.O.Box8935,New Terminal, Lata, Vista, Ottawa, Canada
0016137893503

RECEIVED in external apparent good order and condition except as other-Wise noted. The total number of packages or unites stuffed in the container, The description of the goods and the weights shown in this Bill of Lading are Furnished by the Merchants, and which the carrier has no reasonable means Of checking and is not a part of this Bill of Lading contract. The carrier has issued the number of Bills of Lading stated below, all of this tenor and date, One of the original Bills of Lading must be surrendered and endorsed or sig-Ned against the delivery of the shipment and whereupon any other original Bills of Lading shall be void. The Merchants agree to be bound by the terms And conditions of this Bill of Lading as if each had personally signed this Bill of Lading.
SEE clause 4 on the back of this Bill of Lading (Terms continued on the back Hereof, please read carefully).
*Applicable Only When Document Used as a Combined Transport Bill of Lading.

4. Combined Transport * Pre - carriage by	5. Combined Transport* Place of Receipt
6. Ocean Vessel Voy. No. Volendam DY100-07	7. Port of Loading Nanjing
8. Port of Discharge Toronto	9. Combined Transport * Place of Delivery

Marks & Nos. Container / Seal No.	No. of Containers or Packages	Description of Goods (If Dangerous Goods, See Clause 20)	Gross Weight Kgs	Measurement
CANNED SWEET CORN CANADA C/NO.1-800 MADE IN CHINA	800 CARTON	CANNED SWEET CORN 3060Gx6TINS/CTN	16156.800 KGS	20.5888 CBM
		Description of Contents for Shipper's Use Only (Not part of This B/L Contract)		

10. Total Number of containers and/or packages (in words) Subject to Clause 7 Limitation　SAY EIGHT HUNDRED CARTONS ONLY

11. Freight & Charges. Declared Value Charge	Revenue Tons	Rate	Per	Prepaid	Collect

Ex. Rate:	Prepaid at	Payable at	Place and date of issue Nanjing 2019-09-10
	Total Prepaid	No. of Original B(s)/L THREE	Signed for the Carrier, COSCO CONTAINER LINES

LADEN ON BOARD THE VESSEL
DATE 2019-09-10　　BY LADEN ON BOARD

4. 被通知人（Notify Party）

此栏为接受船方发出货到通知的人的名址。它可以由买方选择，既可以是买方本人或其代理，又可以是第三方。但被通知人无权提货。

如果来证未说明哪一方为被通知人，那么就将 L/C 中的申请人名称、地址填入副本 B/L 中，正本先保持空白。

如果来证要求两个或两个以上的公司为被通知人，出口公司应把这两个或两个以上的公司名称和地址完整地填入。若地方太小，则应在结尾部分打“＊”，然后在提单中“描述货物内容”栏的空白地方做上同样的记号“＊”，接着打完应填写的内容。这一方法对其他栏目的填写也适用。

5. 前段运输（Pre-Carriage by）

如货物需要转运，则在这一栏中填写第一程船的船名；如果货物不需要转运，则保持空白。

6. 收货地（Place of Receipt）

如货物需要转运，此栏填写收货的港口名称或地点；如果货物不需要转运，则保持空白。

7. 海运船舶及航次（Ocean Vessel Voy. No）

如货物需要转运，此栏填写第二程船的船名与航次（但信用证并无要求时，则不需填写第二程船的船名）；如果货物不需要转运，此栏填写第一程船的船名与航次。

8. 装货港（Port of Loading）

如果货物需要转运，此栏填写中转港口名称；如果货物不需要转运，此栏填写装运港名称。

9. 卸货港（Port of Discharge）

此栏填写卸货港（指目的港）名称。

10. 交货地（Place of Delivery）

此栏填写最终目的地名称。如果货物目的地是目的港的话，这一栏可保持空白。

11. 唛头和数量（Marks & Nos）

集装箱封号 Container / Seal No.

此栏填写集装箱号和唛头；若无，填“N/M”。

12. 集装箱或包装的数量（No. of Containers or Packages）

此栏要按集装箱或包装的实际情况填写。

13. 运费条款

此栏一般填“Freight Prepaid/Freight Collect”，使用哪种方式按价格术语确定。若使用 CIF 或 CFR，要求卖方在装运时/后把运费付清，则填“Freight Paid or Freight Prepaid”。

注：有时来证在规定以 FOB 成交时，“B/L Marked freight prepaid”出口公司最好要求对方修改信用证。如果不修改，则需出口方垫付运费，不但会有运费上的利息损失，而且万一发生纠纷更有运费收不回来的危险。

14. 货品描述 Description of Goods（If Dangerous Goods, See Clause 20）

商品名称与托运单内容严格一致。使用何种文字应按信用证要求。无特殊声明，应用英文填写。对我国港澳地区及新加坡、马来西亚等来证要求货名用中文表达时，应遵守来证规定，用中文填写。

15. 毛重（Gross Weight Kgs）

此栏填写货物毛重，以千克计。同托运单内容。

16. 体积（Measurement）

此栏填体积，指货物或集装箱体积。

17. 集装箱总件数或箱数［Total Number of containers and/or packages（in words）］

此栏用大写表示集装箱或其他形式最大外包装的件数，与“No. of Containers or Packages”栏的件数一致。

18. 地点和时间（Place and Date of Issue）

此栏填写提单签发的时间和地点。

提单签发的时间，指货物实际装运的时间或已经接受船方监管的时间。

提单签发的地点，指货物实际装运的港口或接受监管的地点。

19. 正本提单签发的份数［No. of Original B（s）/L］

收货人凭正本提单提货，为避免因正本提单在递交过程中丢失而造成提货困难，承运人多签发两份或两份以上的正本提单，正本提单的份数应在提单上注明。每份正本提单的效力相同，凭其中一份提货后，其余各份失效。

如果信用证要求提供“全套正本提单”（FULL SET OR COMPLETE SET OF B/L），则须提供承运人签发的所有正本。

近些年来，来证中有如下语句出现：“Beneficiary's certificate certifying that they have sent by speed post one of the three（1/3 original）B/L direct to the applicant immediately after shipment and accompanied by relative post receipt”，是指开证申请人要求卖方在货物装船后寄其中一份正本提单。这种做法对于买方提货和转口贸易以及急需或易腐烂商品的贸易有利，但卖方有交货而被拒付的危险，因而此处应慎重处理。

20. 代理承运人签字（Signed for the Carrier，COSCO CONTAINER LINES）

提单必须有船方或其代理的签字才能生效，特殊情况下货代可以代办。

21. 已装船和批注（BY）

如要求提供已装船提单，必须由船长签字并注明开船时间 Date：... 和“LADEN ON BOARD”字样。

第二节　装船通知

货物装船完成后，出口商应将装船通知（Shipping Advice）寄给进口商，通知的方式通常为电报通知。

装船通知（Shipping Advice）是出口商向进口商发出的货物已于某月某日或将于某月某日装运某船的通知，其内容通常包括合同或信用证号码、货名、装运数量、船名、装船日期、装货港、预定抵埠日期（Estimated Time of Arrival，ETA）等。

装船通知的作用在于方便买方购买保险或准备提货手续，尤其是在 FOB 或 CFR 贸易术语下，买方须凭此装船通知办理保险。出口商做此项通知时，有时需附上或另行寄上货运单据副本，以便进口商明了装货内容，并可于货运单据正本迟到时，及时办理担保提货（Delivery Against Letter of Guarantee）。

模拟操作提示 13-2

在 SimTrade 实习平台中，寄发装船通知在“业务中心”页面中完成，具体步骤为：

（1）单击标志为“进口商”的建筑物，再单击“添加单据”，添加“Shipping Advice”，并到单据列表中进行填写；

（2）填写完成后，回到业务中心，单击“船公司”，再单击“发送装船通知”，将装船通知发送给进口商。

应用案例分析 13-2

出口商宏昌国际股份有限公司（Grand Western Foods Corp.）完成货物装船后，寄发“装船通知”（见表 13-2）给进口商卡特贸易公司（Carters Trading Company，LLC）。

表 13-2　　**装船通知**

SHIPPING ADVICE

Messrs.
Carters Trading Company, LLC
P.O.Box8935,New Terminal, Lata. Vista, Ottawa, Canada

Invoice No. STINV000002

Date: 2019-04-08

Particulars

1.L/C No. STLCN000002

2.Purchase order No. Contract001

3.Vessel: Ryndam/DY100-08

4.Port of Loading: Nanjing

5.Port of Dischagre: Toronto

6.On Board Date: 2019-05-15

7.Estimated Time of Arrival: 2019-06-10

8.Container: 40' X 2

9.Freight: [USD] [9602]

10.Description of Goods:
WOMEN'S T-SHIRT
20PCS PER CARTON, COLOR: BLACK, FABRIC CONTENT: 100% COTTON

11.Quantity:[15000] [PC]

12.Invoice Total Amount: [USD] [450000]

Documents enclosed

1.Commercial Invoice: 6

2.Packing List: 3

3.Bill of Lading: 1(Duplicate)

4.Insurance Policy: 1(Duplicate) 2 Copies

Very truly yours,
GRAND WESTERN TRADING CORP.
Minghua Liu

Manager of Foreign Trade Dept.

[打印预览] [保存] [退出]

主要栏目填写说明如下：

1. Messrs

此栏填写进口商名称及地址。

2. Invoice No.

此栏填写此笔交易对应的商业发票号码。

3. Date

此栏填写装船通知发出日期。

4. L/C No.

此栏填写此笔交易对应的信用证号码。

5. Purchase order No.

此栏填写此笔交易对应的合同号码。

6. Vessel

此栏填入装运船名与航次，请参考“配舱通知”，须与 B/L、Invoice、其他单据相同。

7. Port of Loading

此栏填写起运港，须与 B/L 一致。

8. Port of Discharge

此栏填写目的地，须与 B/L 一致。

9. On Board Date

此栏填写装船日期，请参考“配舱通知”。

10. Estimated Time of Arrival

此栏填写预定抵埠日期。

11. Container

此栏填写集装箱个数及种类，请参考“配舱通知”。

12. Freight

此栏填写海运费总金额，请参考“配舱通知”。

13. Description of Goods

此栏指所装运的货物内容，按实际情况填写。

14. Quantity

此栏指货物数量，须与商业发票所记载者相同。

15. Invoice Total Amount

此栏指货物总价，须与商业发票所记载者相同。

16. Documents Enclosed

装船通知的作用是方便买方购买保险或准备提货手续，出口商做此项通知时，有时需附上或另行寄上货运单据（押汇单证）的副本，以便进口商明了装货内容，并可于货运单据正本迟到或遗失时，及时办理担保提货。

17. Commercial Invoice

此栏填写所需商业发票份数。

18. Packing List

此栏填写所需包装单份数。

19. Bill of Lading

此栏填写所需提单份数。

20. Insurance Policy

此栏填写所需保险单份数。

21. 左下方空白栏

如还有其他单据随附，请填于左下方空白栏。

22. 右下方空白栏

此栏填写出口商公司名称。

23. Manager of Foreign Trade Dept.

此栏由负责人签字，与商业发票相同，应由出口商签署。

第十四章

结汇单据的制作

学习目标

通过对本章的学习，学生应了解、熟悉汇票的意义和种类，熟悉签发汇票的应用案例分析，熟悉商业发票的栏位及功能，熟悉商业发票制作应用案例分析，熟悉装箱单的主要作用，熟悉装箱单的栏位及功能的应用案例分析，熟悉产地证明书的种类及作用，了解领事发票、海关发票、受益人证明的作用。

学习要求

知识要点	能 力 要 求	相 关 知 识
汇票	（1）了解汇票的意义 （2）熟悉汇票的种类 （3）熟悉签发汇票的应用案例分析	汇票的内容和作用
商业发票	（1）熟悉商业发票的内容及功能 （2）熟悉商业发票制作的应用案例分析	商业发票的内容及功能
装箱单	（1）熟悉装箱单的主要作用 （2）熟悉装箱单的内容及功能的实际应用案例分析	装箱单的内容及功能
其他单据	（1）熟悉产地证明书种类及作用 （2）了解领事发票的作用 （3）了解海关发票的作用 （4）了解受益人证明的作用	（1）产地证明书 （2）领事发票 （3）海关发票 （4）受益人证明

主要概念

合同单据　金融单据　货运单据　汇票　商业发票　装箱单　产地证明书　领事发票　海关发票　受益人证明

出口货物装运后，出口商即应依信用证规定，备齐各种单据，在信用证有效期限内向银行办理出口押汇。因此出口商在押汇之前必须先制作结汇单据，结汇单据有出口商自己制作的，也有由出口商以外的机构，如船公司、保险公司或检验机构等制作的。依其性质，结汇单据可分为以下三类（见表 14-1）。

表 14-1　　结汇单据分类

单据种类	性　质	单据名称
合同单据	与买卖双方成立合同有关	售货确认书、订单、合同等
金融单据	与买卖双方付款条件有关	信用证、汇票等
货运单据	与货物运输有关	商业发票、装箱单、保险单、提单、检验合格证书、产地证明书、领事发票、海关发票等

合同单据、信用证、保险单、提单等在本书其他章节中另有说明，本章主要介绍汇票、商业发票、装箱单以及其他单据。

第一节　汇　　票

一、汇票的概念

汇票（Bill of Exchange，B/E）简称 Draft，是发票人签发一定金额，请求付款人在到期日无条件支付受款人（持票人）的一种票据。在国际贸易资金融通中，汇票是常见的信用工具，出口商于货物交运后，依照信用证有关规定签发汇票，并备齐有关单据，向银行办理押汇。银行即可凭此汇票与有关单据，向被出票人（即付款人）追收票款。

二、汇票的种类

汇票种类繁多，主要可分为以下几种。

（一）按付款期限分

（1）**即期汇票（Sight Draft）**：此种汇票一经持票人向被出票人提示，被出票人便应立即付款。出口地银行将汇票寄至进口地银行，若采用信用证付款方式，进口地银行即为汇票的付款人，须立即见票付款；若采用托收方式，则由进口地银行提示进口商，进口商见票后应立即付款赎单。

（2）**远期汇票（Usance Draft）**：此种汇票规定，被出票人必须于见票后若干日付款。

（二）按是否附有货运单据分

（1）**跟单汇票（Documentary Draft）**：附有货运单据的汇票，通常为提单、保险单、商业发票、包装单等单据。此种汇票供信用证受益人向银行申请押汇时使用，因此又称“押汇汇票”。

（2）**光票（Clean Draft）**：未附有任何货运单据的汇票。

（三）按出票人分

（1）**商业汇票（Commercial Draft）**：由工商企业签发，通常应用于托收和信用证方式的业务中。

（2）**银行汇票（Banker's Draft）**：由银行签发，通常应用于票汇方式业务中。

应用案例分析 14-1

宏昌国际股份有限公司（Grand Western Foods Corp.）签发的汇票见表 14-2。

表 14-2　　　　　　　　汇　票

BILL OF EXCHANGE

No. STDFT000001　　　　　　　　Dated 2019-04-08

Exchange for USD 450000

At ---- Sight of this FIRST of Exchange

(Second of exchange being unpaid)

Pay to the Order of Nanjing Commercial Bank

the sum of U.S.DOLLARS FOUR HUNDRED AND FIFTY THOUSAND ONLY

Drawn under L/C No. STLCN000002　　　　　　Dated 2019-04-07

Issued by THE CHARTERED BANK

To THE CHARTERED BANK

GRAND WESTERN TRADING CORP.

(Authorized Signature)

[打印预览] [保存] [退出]

主要栏目填写说明如下：

1. 汇票号码（No.）

此栏由出票人自行编号填入，一般使用发票号兼作汇票的编号。

在国际贸易结算单证中，商业发票是所有单据的核心，以商业发票的号码作为汇票的编号，表明本汇票属第×××号发票项下。实务操作中，银行也接受此栏是空白的汇票。

在 SimTrade 中，该编号由系统自动生成。

2. 出票日期（Dated）

此栏填写汇票出具的日期。

3. 汇票金额（Exchange for）

此处要用数字小写（Amount in Figures）表明。填写小写金额，一般要求汇票金额使用货币缩写和用阿拉伯数字表示金额小写数字，如 USD1 234.00。大小写金额均应端正地填写在虚线格内，不得涂改，且大小写数量要一致。除非信用证另有规定，汇票金额不得超过信用证金额，而且汇票金额应与发票金额一致，汇票币别必须与信用证规定和发票所使用的币别一致。

在 SimTrade 中，注意须分别将币别和金额填在两条横线上。

4. 付款期限（at ____ sight...）

付款期限一般可分为即期付款和远期付款两类。

即期付款只需在汇票固定格式栏内打上“at sight”。若已印有“at sight”，可不填。若已印有“at ____ sight”，应在横线上打“----”。

远期付款一般有四种。

（1）见票后××天付款，填上“at ×× days after sight”，即以付款人见票承兑日为起算日，××天后到期付款。

（2）出票后××天付款，填上“at ×× days after date”，即以汇票出票日为起算日，××天后到期付款，将汇票上印的“sight”划掉。

（3）提单日后××天付款，填上“at ×× days after B/L”，即付款人以提单签发日为起算日，××天后到期付款，将汇票上印的“sight”划掉。

（4）某指定日期付款，指定××××年××月××日为付款日。例如“On 25th Feb. 1998”，汇票上印的“sight”应划掉。这种汇票称为“定期付款汇票”或“板期汇票”。托收方式的汇票付款期限，如 D/P 即期者，填“D/P at sight”；D/P 远期者，填“D/P at ×× days sight”；D/A 远期者，填“D/A at ×× days Sight”。

在 Simtrade 中，汇票均为即期付款，此栏位直接在横线上打“----”即可。

5. 受款人（Pay to the Order of）

受款人也称“抬头人”或“抬头”，在信用证方式下通常为出口地银行。

汇票的抬头人通常有三种写法。

（1）指示性抬头（Demonstrative Order）。例如：“付××公司或其指定人”（Pay ×× Co., or order; pay to the order of ×× Co.）。

（2）限制性抬头（Restrictive Order）。例如：“仅付××公司”（Pay ×× Co. only）或“付××公司，不准流通”（Pay ×× Co. Not negotiable）。

（3）持票人或来票人抬头（Payable to Bearer）。例如，“付给来人”（Pay to Bearer）。这种抬头的汇票无须持票人背书即可转让。

在我国对外贸易中，指示性抬头使用较多，在信用证业务中要按照信用证规定填写。若来证规定“由中国银行指定”或来证对汇票受款人未规定，此栏应填“Pay to the order of Bank of China”（由中国银行指定）；若来证规定“由开证行指定”，此栏应填“Pay to the order of ×× Bank”（开证行名称）。

6. 汇票总额（The Sum of）

汇票总额以大写英文字母填写，先填写货币全称，再填写金额的数目文字，句尾加“only”相当于中文的“整”字。例如，“UNITED STATES DOLLARS ONE THOUSAND TWO HUNDRED AND THIRTY FOUR ONLY”。大小写金额均应端正地填写在虚线格内，不得涂改，且必须与汇票的小写金额一致。除非信用证另有规定，汇票金额不得超过信用证金额，而且汇票金额应与发票金额一致，汇票币别必须与信用证规定和发票所使用的币别一致。

7. 信用证号码（L/C No.）

此栏填写信用证的准确号码，如非信用证方式则不填。

8. 开证日期（Dated）

此栏填写信用证的准确开证日期，而非出具汇票的日期，如非信用证方式则不填。

9. 付款人（Issued by）

信用证方式下通常为进口地开证银行。根据 UCP600 规定，信用证方式的汇票以开证行或其指定银行为付款人，不应以申请人为汇票的付款人。如果信用证要求以申请人为汇票的付款人，那么银行将视该汇票为一份附加的单据；而如果信用证未规定付款人的名称，那么汇票付款人亦应填开证行名称。

在信用证业务中，汇票付款人是按信用证“draw on ××”“draft on ××”或“drawee”确定。例如：“… available by beneficiary's draft（s）on applicant”条款表明，以开证申请人为付款人；又如“… available by draft（s）drawn on us”条款表明，以开证行为付款人；再如“drawn on yourselves/you”条款表明以通知行为付款人。信用证未明确付款人名称的，应以开证行为付款人。

如非信用证方式，则填进口商名称。

10. 被出票人（To）

被出票人名称和地址通常为进口商。信用证方式下，此处填写开证行名称。其他方式下填写进口商名称和地址。

11. 右下方空白栏（Authorized Signature）

此栏填写出票人，即出口商签字，填写公司名称。

第二节　商业发票

商业发票（**Commercial Invoice**）简称**发票**（**Invoice**），一般为出口商于货物装运时开给进口商的必要文件，兼有**“货物清单”**（**Statement of Merchandise**）及**“账单”**（**Statement of Account**）的双重功能。因此不管采用何种贸易术语，卖方均需提供商业发票。

根据UCP600的规定，除信用证另有规定外，商业发票应由信用证受益人出具，并以开证申请人为抬头人，对于货物、服务或履约行为的描述必须与信用证中的描述相符。显而易见，商业发票应在符合信用证规定的原则下，详细列载货物内容。

应用案例分析 14-2

宏昌国际股份有限公司（Grand Western Foods Corp.）制作的商业发票见表14-3。

主要栏位填写说明如下：

1. 出票人（Issuer）

此栏填写出票人（即出口商）的英文名称和地址，在信用证支付方式下，应与信用证受益人的名称和地址保持一致。

一般来说，出票人名称和地址是相对固定的，因此有许多出口商在印刷空白发票时就印刷上这一内容。但当公司更名或搬迁后，应及时印刷新的发票，以免造成单证不符。当来证规定用公司新名称、新地址时，采用新发票；而当来证规定用公司旧名称、旧地址时，应用旧发票。

2. 受票人（To）

此项也称抬头人，必须与信用证中所规定的严格一致。多数情况下填写进口商的名称和地址，且应与信用证开证申请人的名称和地址一致。如信用证无规定，则将信用证的申请人或收货人的名称、地址填入此项。如信用证中无申请人名字，则用汇票付款人名字。在其他支付方式下，可以按合同规定列入买方名址。

表 14-3 商业发票

ISSUER GRAND WESTERN TRADING CORP. Room2501,Jiafa Mansion, Beijing West road, Nanjing 210005, P.R.China	商业发票 COMMERCIAL INVOICE
TO Carters Trading Company, LLC P.O.Box8935,New Terminal, Lata. Vista, Ottawa, Canada	**NO.** STINV000002 / **DATE** 2019-04-07
TRANSPORT DETAILS From Nanjing to Toronto on May 20,2019 By Vessel.	**S/C NO.** Contract001 / **L/C NO.** STLCN000002 **TERMS OF PAYMENT** L/C

Choice	Marks and Numbers	Description of goods	Quantity	Unit Price	Amount
				CIF TORONTO	
○	CARTERSCO CONTRACT001 CANADA 1/750	WOMEN'S T-SHIRT 20PCS PER CARTON, COLOR: BLACK, FABRIC CONTENT: 100% COTTON	15000PC	USD30	USD450000

[添 加][修 改][删 除]

Total: [15000][PC] [USD][450000]

SAY TOTAL: U.S.DOLLARS FOUR HUNDRED AND FIFTY THOUSAND ONLY

(写备注处)

GRAND WESTERN TRADING CORP.（公司名称）

Minghua Liu（法人代表签名）

[打印预览] [保存] [退出]

3. 发票号（No.）

一般由出口企业自行编制。发票号码可以代表整套单据的号码，如出口报关单的申报单位编号、汇票的号码、托运单的号码、箱单及其他一系列同笔合同项下的单据编号都可用发票号码代替，因此发票号码尤其重要。有时有些地区为使结汇不致混乱，也使用银行编制的统一编号。

在 SimTrade 中，该编号由系统自动生成。

4. 发票日期（Date）

在全套单据中，发票是签发日最早的单据。它只要不早于合同的签订日期，不迟于提单的签发日期即可。一般都是在信用证开证日期之后、信用证有效期之前。

5. 运输说明（Transport Details）

此栏填写运输工具或运输方式，一般还加上运输工具的名称；运输航线要严格与信用证一致。如果在中途转运，在信用证允许的条件下，应表示转运及其地点。

6. 合同号（S/C No.）

发票的出具都有买卖合同为依据，但买卖合同不都以“S/C”为名称。有时出现“order”“P. O.”“contract”等。因此，当合同的名称不是“S/C”时，应将本项的名称修改后，再填写该合同的号码。

7. 信用证号（L/C No.）

信用证方式下的发票需填列信用证号码，作为出具该发票的依据。若不是信用证方式付款，本项留空。

8. 支付条款（Term of Payment）

此栏填写支付方式，如 T/T、L/C、D/P、D/A。

9. 增加商品明细

在商品明细栏中点“添加”，逐项填写商品资料（见表 14-4）。

表 14-4　　　　商品明细表

Product No.	01005		
Marks and Numbers	CANNED SWEET CORN CANADA C/NO.1-800 MADE IN CHINA		
Description	CANNED SWEET CORN 3060Gx6TINS/CTN		
Quantity	800	Unit	CARTON
Unit	USD	Price	14
		Amount	11 200

10. 产品编号（Product Number）

产品编号需与合同上的产品编号相一致。

在 SimTrade 中，产品编号必须填写，否则无法保存商品明细。

11. 唛头及件数编号（Marks and Numbers）

唛头即运输标志，既要与实际货物一致，又要与提单一致，并符合信用证的规定。如信用证没有规定，可按买卖双方和厂商订的方案或由受益人自定。无唛头时，应注“N/M”或“No Mark”。如为裸装货，则注明“NAKED”或散装“In Bulk”。如来证规定唛头文字过长，用“/”将独立意思的文字彼此隔开，可以向下错行。即使无线相隔，也可酌情错开。

件数有两种表示方法：一是直接写出××件，二是在发票中记载诸如“We hereby declare that the number of shipping marks on each packages is 1~10, but we actually shipped 10 cases of goods.”（兹申明，每件货物的唛头号码是从1~10，实际装运货物为10箱。）之类的文句。

12. 货物描述、包装种类和件数（Number and kind of packages, description of goods）

此栏是发票的主要部分，包括商品的名称、规格、包装、数量、价格等内容。品名规格应该严格按照信用证的规定或描述填写。货物的数量应该与实际装运货物相符，同是符合信用证的要求，如信用证没有详细的规定，必要时可以按照合同注明货物数量，但不能与来证内容有抵触。

发票的商品名称不得使用统称，必须完全与信用证相符。有些国家开来的信用证中，商品名称以英语以外的第三国文字表述（如法文、德文、西班牙文等），则发票（包括其他单据）亦应严格按信用证以该文字照抄。尤其是法国来证，法国海关要求收货人进口清关时必须提供法文发票，因此应至少以法文注明商品名称。

13. 数量（Quantity）

货物的数量与计量单位连用，如×××PC。注意该数量和计量单位既要与实际装运货物情况一致，又要与信用证要求一致。

14. 单价（Unit Price）

单价由四个部分组成：计价货币、计量单位、单位数额和价格术语。如果信用证有规定，应与信用证保持一致；若信用证没规定，则应与合同保持一致。

本栏填写方法与合同中的相关内容相同，说明如下：

（1）贸易术语：请填于上方空白栏中，填写格式为：FOB后加“起运港”或“出口国家名称”；CFR或CIF加“目的港”或“进口国家名称”。

（2）计价货币与单价金额：依双方约定填写。其中选择计价货币时需参考SimTrade中“淘金网”的银行页面的外汇币种与汇率。

15. 金额小计（Amount）

此栏需列明币种及各项商品总金额（总金额=单价×数量）。除非信用证上另有规定，货物总值不能超过信用证金额。若信用证没规定，则应与合同保持一致。

实际制单时，若来证要求在发票中扣除佣金，则必须扣除。折扣与佣金的处理方法相同。有时证内无扣除佣金规定，但金额正好是减佣后的金额，发票应显示减佣，否则发票金额超证。有时合同规定佣金，但来证金额内未扣除，而且证内也未提及佣金事宜，则发票不宜显示，待货款收回后另行汇给买方。另外，在CFR和CIF价格条件下，佣金一般应按扣除运费和保险费之后的FOB价计算。

16. 总金额大写（SAY TOTAL）

以大写文字写明发票总金额，必须与数字表示的货物总金额一致。

17. 特殊条款（Special terms）

在相当多的信用证中，都出现要求在发票中证明某些事项的条款，如发票内容正确、真实、货物产地等证明，均应按照信用证要求办理。

18. 签名（Signature）

如果信用证没有特殊要求，发票无须签字，但是必须表明系由受益人出具。如果信用证要求签字（Signed）发票，由出口公司的法人代表或者经办制单人员代表公司在发票右下方签名，上方空白栏填写公司英文名称，下方则填写公司法人代表英文名称。

发票的出票人一般为信用证的受益人，如果是可转让信用证或其表明接受第三方单据，则出票人可为受让人或第三者。

第三节　装　箱　单

装箱单（Packing List，P/L），由出口商编制，是商业发票的补充文件，记载商品的不同包装规格条件、不同搭配和不同重量等详细状况。买卖的货物以纸箱等包装方式装运时，商业发票上虽列有货物数量或件数，但只有笼统数目，至于各箱具体状况如何，只有靠装箱单来表示。为了与发票一致，号码和日期应与发票完全相同，但一般不显示价格、装运状况，对货物的描述应与提单及产地证一致。

装箱单的主要作用有以下几点。

（1）供海关验货通关时参考。

（2）供运送人点收或点交货物时参考。

（3）供运送人核计运费时参考。

（4）押汇时的必要文件之一。

（5）供进口商核对货物件数时参考。

（6）保险公司理赔时的必要文件之一。

应用案例分析 14-3

宏昌国际股份有限公司（Grand Western Foods Corp.）制作的装箱单见表 14-5。

主要栏位填写说明如下：

1. 出单方（Issuer）

出单方的名称与地址，应与发票的出单方相同。在信用证支付方式下，此栏应与信用证受益人的名称和地址一致。

2. 受单方（To）

受单方的名称与地址，与发票的受单方相同。多数情况下填写进口商的名称和地址，并与信用证开证申请人的名称和地址保持一致。在某些情况下也可不填，或填写“To whom it may concern”（致有关人）。

3. 发票号（Invoice No.）

此栏需与发票号码一致。

4. 日期（Date）

此栏填写装箱单的缮制日期。此日期应与发票日期一致，不能迟于信用证的有效期及提单日期。

表 14-5　　　　装 箱 单

ISSUER GRAND WESTERN TRADING CORP. Room2501,Jiafa Mansion, Beijing West road, Nanjing 210005, P.R.China	装箱单 PACKING LIST	
TO Carters Trading Company, LLC P.O.Box8935,New Terminal, Lata. Vista, Ottawa, Canada	INVOICE NO. STINV000002	DATE 2019 -04-07

Choice	Marks and Numbers	Description of goods	Package	G.W	N.W	Meas.
○	CARTERSCO CONTRACT001 CANADA 1/750	WOMEN'S T-SHIRT 20PCS PER CARTON, COLOR: BLACK, FABRIC CONTENT: 100% COTTON	750CARTON	9750KGS	8250KGS	107.31CBM

[添 加][修 改][删 除]

	Package	G.W	N.W	Meas.
Total：	[750　][CARTON　]	[9750　][KGS　]	[8250　][KGS　]	[107.31　][CBM　]

SAY TOTAL: SEVEN HUNDRED AND FIFTY CARTONS ONLY

(写备注处)

GRAND WESTERN TRADING CORP.(公司名称)
Minghua Liu（法人代表签名）

[打印预览] [保存] [退出]

5. 增加商品明细

在商品明细栏中点“添加”，逐项填写商品资料（见表 14-6）。

表 14-6　　　　　　商品明细表

Product No.	01005		
Marks and Numbers	CANNED SWEET CORN CANADA C/NO.1-800 MADE IN CHINA		
Description	CANNED SWEET CORN 3060Gx6TINS/CTN		
Package	800	Unit	CARTON
G.W	16156.8		KGS
N.W	14688		
Meas.	20.5888		CBM

6. 产品编号（Product Number）

此栏需与合同上的产品编号相一致。

在 SimTrade 中，产品编号必须填写，否则无法保存商品明细。

7. 唛头及件数编号（Marks and Numbers）

此栏需与发票上的内容一致，有的注实际唛头，有的也可以只注“as per invoice No. xxx”。

8. 包装种类和件数、货物描述（Number and kind of packages, description of goods）

此栏要求与发票一致。

货名如有总称，应先注总称，然后逐项列明每一包装件的货名、规格、品种等内容。

9. 外包装件数（Package）

此栏填写每种货物的包装件数，最后在合计栏处注明外包装总件数及单位。

在 SimTrade 中，如交易两种或两种以上销售单位不同的商品时，合计栏里单位统一表示为“PACKAGE”。

10. 毛重（G. W）

此栏注明每个包装件的毛重和此包装件内不同规格、品种、花色货物各自的毛重，最后在合计栏处注明总毛重。信用证或合同未要求的，不注亦可。

在 SimTrade 中，本栏须分别填入数值与单位，计算方法则请参照在线帮助里“预算表的填写”中的基本计算部分。

11. 净重（N. W）

此栏注明每个包装件的净重和此包装件内不同规格、品种、花色货物各自的净重，最后在合计栏处注明总净重。信用证或合同未要求的，不注亦可。

在 SimTrade 中，本栏须分别填入数值与单位，计算方法则请参照在线帮助里“预算表的填写”中的基本计算部分。

12. 外箱尺寸（Meas.）

此栏注明每个包装件的体积，最后在合计栏处注明总体积。信用证或合同未要求的，不注亦可。

在 SimTrade 中，本栏须分别填入数值与单位，计算方法则请参照在线帮助里“预算表的填写”中的基本计算部分。

13. 包装总数大写（SAY TOTAL）

此栏以大写文字写明总包装数量，必须与数字表示的包装数量一致。

14. 签名（Signature）

此栏由出口公司的法人代表或者经办制单人员代表公司在装箱单右下方签名，上方空白栏填写公司英文名称，下方则填写公司法人代表英文名称。

第四节　其他单据

除上述三种主要单据外，相关的结汇单据仍有很多，概述如下。

一、产地证明书

产地证明书，是证明出口货物确系在某出口国生产、制造或加工的证明文件。产地证明书的主要目的是进口国用来防止货物自敌对国家输入，所以要求出口商提供产地证明，用来表明该进口货品并非来自敌对国；此外，产地证明书亦有防止外货倾销与提供海关统计的用途；在对某些出口国实施优惠关税政策的国家，为了区别哪些国家的出口货品可以适用低的优惠关税，进口国亦会要求在进口报关时，由进口商提供出口国政府签发的产地证明书。

我国的产地证明书依用途不同，分为下列两种。

（一）一般原产地证明书

一般原产地证明书无固定格式，在我国商检部门和贸促会均可签发一般原产地证，目的在于确认货物的原始产地。

（二）普惠制产地证明书（General System of Preference Certificate of Origin，GSP Form or Form A）

普惠制产地证明书是输往普惠制国家所使用的特定格式。发达国家对来自发展中国家的货物，给予减免关税的优惠，以便促进发展中国家的出口贸易，缩短其与发达国家之间的差距，加速其经济增长。因此，在普惠制下，发达国家为防止进口货物滥用优惠权利，要求进口报关时必须提交普惠制产地证明书。

二、领事发票

领事发票（Consular Invoice），是由各外国领事馆或代办所签发的发票，目的在于进行贸易统计及与贸易政策有关资料的搜集，同时也可以作为进口征税的依据，防止倾销。多数国家的领事发票有固定的格式，于签证时要收取签证费，各国费用不一，与该国买主洽谈交易时，可向报关行询问。

三、海关发票

海关发票（Customs Invoice），是某些进口国海关所制定，方便进口商办理货物进口报关用的一种特定格式的公用发票。海关发票具有便于进口国家课征关税、统计商品数量、核定原产地的功能。

四、受益人证明

受益人证明（Beneficiary's Certificate），是应信用证要求，由受益人签发的证实某种事件的单据，如寄单证明、寄样证明等。这种单据内容简单，容易制作，但制作时需严格与信用证规定的名称内容相符。

第十五章

出口结汇与出口退税

学习目标

通过对本章的学习，学生应熟悉信用证方式下的出口结汇方式、应提交的单据及单证不符时应采取的措施，熟悉汇付方式下的出口结汇，熟悉托收方式下的出口结汇，掌握信用证方式、托收方式和汇付方式下出口结汇的模拟操作。熟悉出口退税的基本概念和凭证，掌握出口退税的模拟操作。

学习要求

知识要点	能力要求	相关知识
信用证方式下的出口结汇	(1) 熟悉信用证方式下的出口结汇方式 (2) 熟悉结汇应提交的单据 (3) 熟悉单证不符时应采取的措施 (4) 掌握信用证方式下的出口结汇的模拟操作过程	(1) 信用证方式下的结汇方式 (2) 信用证方式下的结汇单据
其他方式下的出口结汇	(1) 熟悉托收方式下的出口结汇手续 (2) 熟悉汇付方式下的出口结汇手续 (3) 掌握托收和汇付方式下出口结汇的模拟操作过程	(1) 托收方式下的出口结汇 (2) 汇付方式下的出口结汇
出口退税	(1) 熟悉出口退税率的基本概念 (2) 熟悉出口退税的凭证 (3) 掌握出口退税的模拟操作过程	(1) 出口退税的业务范围 (2) 出口退税的条件 (3) 出口退税的凭证

主要概念

出口结汇　议付信用证　出口押汇　收妥结汇　定期结汇　付款信用　承兑信用证　结汇单据　凭保议付　有证托收

出口商交付货物取得提单后，配合汇票与其他货运单据，即可办理出口结汇。出口结汇是指将出口所应得的货款售予指定外汇银行，来换取人民币，因此，托收、预付货款等付款方式出口，就货款的收受而言均称为出口结汇，而使用信用证方式出口，不同于上述几种，一般称为出口押汇，又称议付。

第一节　信用证方式下的出口结汇

一、结汇方式

信用证项下的出口单据经银行审核无误后，银行按信用证规定的付汇条件，将外汇结付给出口企业。在我国出口业务中，大多使用议付信用证，也有少量使用付款信用证或承兑信用证。

（一）议付信用证

我国对议付信用证的出口结汇方式包括出口押汇、收妥结汇与定期结汇。

（1）**出口押汇**。出口商在货物装船后，检附相关单据向议付行请求垫付信用证项下金额或让购汇票金额，称为押汇。银行受理该项押汇后，扣除从议付日起到估计收到开证行或偿付行票款之日的利息，将货款先行垫付给出口商（见图 15-1）。

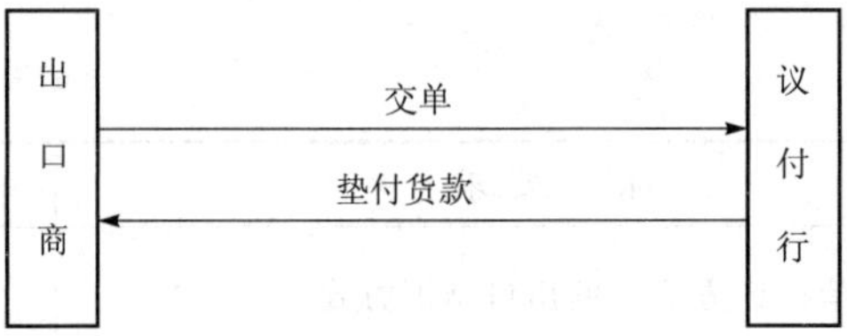

图 15-1　出口押汇

议付行一般为出口地银行，它可以由开证行在信用证中指定，如在信用证中未指定，则可由受益人酌情选择通知行或与其有往来的其他银行担任。

（2）**收妥结汇**。银行收到单据后不叙做押汇，而是将单据寄交开证行，待开证行将货款划给议付行后再向出口商结汇。

（3）**定期结汇**。银行收到单据后，在一定期限内向出口商结汇，此期限为估计索汇时间。在定期结汇与收妥结汇这两种方式下，银行不能取得议付行资格，只能算是代收行。

（二）付款信用证

付款信用证通常不用汇票，在业务中使用的即期付款信用证中，国外开证行指定出口地的分行或代理行为付款行，受益人径直向付款行交单。付款是不可追索的。显然，在信用证方式中，这是对出口商最有利的一种方式。

（三）承兑信用证

承兑信用证的受益人开出远期汇票，通过国内代收行向开证行或开证行指定的银行提示，若受益人提交的单据没有不符点，承兑行即对汇票进行承兑。已得到银行承兑的汇票可到期收款，也可贴现。

二、结汇应提交单据

信用证方式下结汇时应向银行提交的单据主要有如下几种。

（一）信用证正本（Letter of Credit）

信用证正本及信用证修改书均应备齐。

（二）汇票（Draft）

国际贸易中主要使用的是跟单汇票，作为出口方要求付款的凭证。信用证中未规定需要用汇票时可免附。

（三）货运单据

按信用证的规定检附相关单据，如**商业发票（Commercial Invoice）**、**提单（Bill of Lading）**、**装箱单（Packing List）**等。

（四）保险单（Insurance Policy）

如果以 CIF 条件交易，保险归出口商办理，保险单亦应作为结汇单据之一。

（五）原产地证明书

（六）检验证书

凡在我国法定检验范围内的商品，应凭相关机构签发的检验证书才能出口，但不在检验范围内的可免附。

（七）其他信用证上规定需提交的单证

交单时应注意：单据的种类和份数应与信用证规定相符；单据内容正确，所用文字应与信用证一致；交单时间必须在信用证规定的交单期和有效期之内。

三、单证不符时应采取的措施

实际业务中，可能因为种种原因会造成单据不符，而受益人又因时间限制无法在规定期限内改正，从而有下列处理措施。

（一）要求修改信用证

（二）电提

议付行暂时不向开证行寄单，而是用电传等方式将不符点通知开证行。若开证行同意付款，议付行再行议付并寄单；若不同意，受益人可及早收回单据，再设法改正。

（三）表提

议付行把不符点开列在寄单函上，征求开证行意见，由开证行接洽申请人是否同意付款，接到肯定答复后即行议付。若申请人不接受，开证行退单，议付行照退单给受益人。

（四）凭保议付

受益人出具保证书承认单据瑕疵，声明若开证行拒付，由受益人偿还议付行所垫付款项和费用，同时电请开证人授权开证行付款。

（五）有证托收

若单据存在严重不符点，或信用证有效期已过，则无法利用手上的信用证，只能委托银行在向开证行寄单函中注明“信用证项下单据做托收处理”，作为区别，此种托收称“有证托收”。由于申请人已因单证不符而不同意接受，故有证托收往往遭到拒付，实在是一种不得已而为之的方法。在实际业务中，尽量不要采取这种方式，因为对受益人来说这种方式比带不符点凭保议付的风险更大，完全是商业信用。

模拟操作提示 15-1

在 SimTrade 实习平台中，货物出口押汇在“业务中心”页面中完成，具体步骤为：

（1）单击标志为“出口地银行”的建筑物，选择“押汇”业务；

（2）选中相应单据［如商业发票、装箱单、普惠制产地证明书、货物运输保险单（CIF条件时）、海运提单、汇票等］前的复选框，单击“押汇”按钮，完成押汇手续的办理；

（3）待出口地银行接受押汇发来通知邮件后，再单击“出口地银行”，选择“结汇”，结收货款。

第二节　其他方式下的出口结汇

如前所述，将所得外汇售予指定外汇银行换取人民币的行为，称为出口结汇，本节主要对托收及汇付方式的结汇手续加以说明。

一、托收方式出口

（一）备齐单据申请托收

由于托收方式银行不需垫付汇票金额，仅代收单据与汇票，因此出口商应检附以下单据向银行申请托收。

（1）汇票（Draft）。D/A 方式下即为远期汇票。

（2）货运单据。如**商业发票（Commercial Invoice）**、**提单（Bill of Lading）**、**包装单（Packing List）**等。

（3）保险单（Insurance Policy）。如果以 CIF 条件交易，保险归出口商办理，保险单亦应作为托收申请文件之一。

（4）原产地证明书（Certificate of Origin）。

（5）检验证书（Inspection Certificate）。凡在我国法定检验范围内的商品，应凭相关机构签发的检验证书才能出口，不在检验范围内的可免附。

（6）其他进口商要求的单证。

（二）银行审单

银行审核单据无误后，将所有单据发给国外代收银行，由代收银行提示给进口商进行付款（D/P 方式下）或承兑（D/A 方式下）。

（三）结清款项

国外代收银行收到进口商付款后通知国内托收银行，再由进口银行发送提醒结汇邮件，通知出口商可结清款项。

二、汇付方式出口

汇付分**预付货款（Payment in Advance）**与**货到付款（Payment after Arrival of the Goods）**两种状况。前者是出口商取得货款后，才开始办理货物装运出口事宜，直到取得提单后，即可备齐全套相关单据直接寄交进口商，以便进口商凭以办理货物进口通关提货事宜；后者则是由出口商先将相关单据寄交进口商，进口商在收到单据或货物后，或货物销售若干天后再将货款通过银行汇交出口商。

模拟操作提示 15-2

在 SimTrade 实习平台中，货物出口托收与汇付寄单都由出口商在“业务中心”页面中完成，具体步骤为：

(1) 托收：单击标志为“出口地银行”的建筑物，选择“托收”业务，选中相应单据前的复选框，再单击“托收”按钮，完成托收手续的办理；

(2) 汇付：单击标志为“进口商”的建筑物，选择“查看单据列表”，选中相应单据前的复选框，再单击“单据送进口商”，即完成单据的寄交。

第三节 出口退税

凡是办理了出口企业退税登记的出口公司或企业，即可持有关证明文件到当地主管退税业务的税务机关办理出口退税。税务机关参考外汇局提供的企业出口收汇信息和分类情况，依据相关规定，审核企业出口退税。

一、基本概念

出口退税是指国家为帮助出口企业降低成本，增强出口产品在国际市场上的竞争能力，鼓励出口创汇而实行的，由国内税务机关将在出口前的生产和流通的各环节中已经缴纳的国内增值税或消费税等间接税税款退还给出口企业的一项税收制度。

出口退税的企业范围包括：参考外汇局提供的企业出口收汇信息和分类情况，依据相关规定，审核企业出口退税。

二、出口退税登记一般程序

(一) 有关证件的送验及登记表的领取

企业在取得有关部门批准其经营出口产品业务的文件和工商行政管理部门核发的工商登记证明后，应于 30 日内办理出口企业退税登记。

(二) 退税登记的申报和受理

企业领到“出口企业退税登记表”后，即按登记表及有关要求填写，加盖企业公章和有关人员印章后，连同出口产品经营权批准文件、工商登记证明等证明资料和通关数据直接推送至税务机关，税务机关经审核无误后，即受理登记。

(三) 核发出口退税登记证

税务机关接到企业的正式申请，经审核无误并按规定的程序批准后，核发给企业“出口退税登记证”。

(四) 出口退税登记的变更或注销

当企业经营状况发生变化或某些退税政策发生变动时，应根据实际需要变更或注销退税登记。

三、出口退税附送材料

出口企业向税务机关申请退税，需提供以下凭证：

（1）实行“免、抵、退”税管理办法的生产企业提供出口货物的出口发票；外贸企业提供采购出口货物的增值税专用发票或普通发票。

（2）进货发票。提供进货发票主要是为了确定出口产品的供货单位、产品名称、计量单位、数量，是否构成生产企业的销售价格，以便划分和计算确定其进货费用等。

（3）结汇水单或收汇通知书。

（4）属于生产企业直接出口或委托出口自制产品，凡以到岸价 CIF 结算的，还应附送出口货物运输单和出口保险单。

（5）有进料加工复出口产品业务的企业，还应向税务机关报送进口料件的合同编号、日期，进口料件名称、数量，复出口产品名称，进料成本金额和实纳各种税金额等。

（6）产品征税证明。

（7）参考外汇局提供的企业出口收汇信息和分类情况，依据相关规定，审核企业出口退税，不再需要纸质凭证。

四、出口退税流程图

出口退税流程见图 15-2。

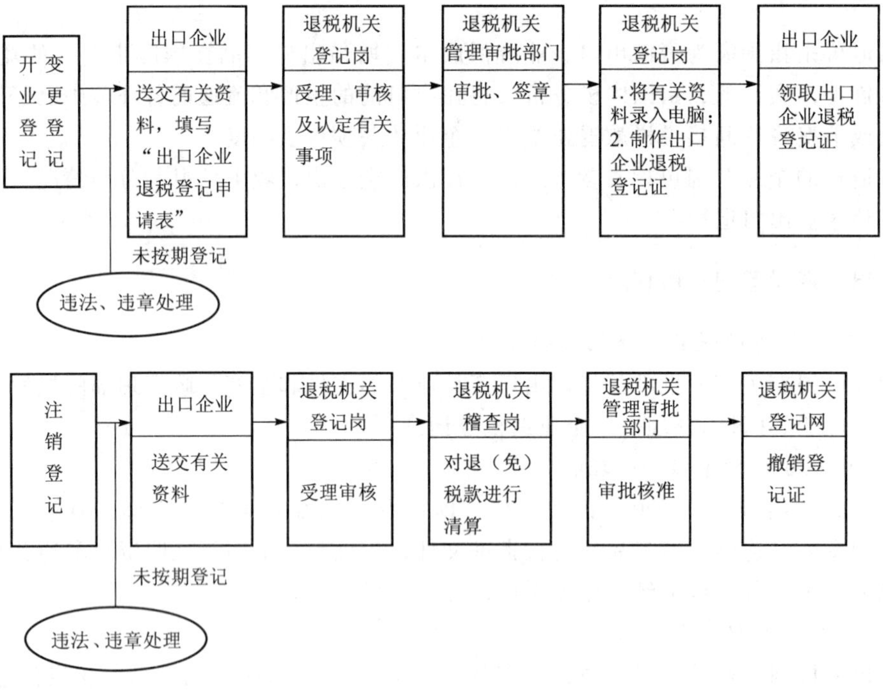

图 15-2　出口退税流程图

注：出口企业或特准退税的企业在获得进出口经营权或特准退税业务发生后 30 日内，向主管出口退税的国税机关申请办理出口退税登记。

出口企业改变单位名称、法定代表人、经营地点、进出口经营范围、经营方式、开户银行及账号等事项，自工商行政管理机关办理变更登记或者有关批准宣布变更之日起 30 日内，持变更登记的有关证明文件和原退税登记证件等资料到退税机关办理退税变更登记。

出口企业发生破产、解散、撤销以及其他依法应当终止退税事项的情况，需在批准撤销之日起 30 日内，向工商行政管理机关申报办理出口退税注销登记。

模拟操作提示 15-3

在 SimTrade 实习平台中，货物出口退税在“业务中心”页面中完成，具体步骤为：单击标志为“退税”的建筑物，选择“退税”业务，再选中相应单据（如“商业发票”等）前的复选框，单击“退税”，完成退税手续的办理。

第三篇

进口贸易实务操作

第十六章

市场调研与进口许可

学习目标

通过对本章的学习，学生应了解进口商的市场调研目的，熟悉进口商市场调研的项目和方法，了解需申领进口许可证的情况，熟悉申领进口许可证的手续，了解进口许可证的修改、延期与补发。

学习要求

知识要点	能力要求	相关知识
市场调研	（1）了解进口商的市场调研目的 （2）熟悉进口商市场调研的项目和方法	（1）有关国家、地区、市场信息的调研 （2）间接调研法、直接调研法 （3）自主调研项目、委托调研项目
进口价格核算	（1）熟悉进口价格核算的费用项目 （2）掌握进口价格核算的计算公式	（1）进口磋商 （2）进口报价
申领进口许可证	（1）了解需申领进口许可证的情况 （2）熟悉申领进口许可证的手续 （3）了解进口许可证的修改、延期与补发	《进口许可证管理货物目录》

主要概念

市场调研　市场调研项目　进口许可证　进口许可证的修改　延期与补发
《进口许可证管理货物目录》　进口价格核算

第一节　市场调研

进口商市场调研的目的与出口商有所不同：出口商的目的在于了解市场，以便有效地推销货物；而进口商的目的则在于更好地销售货物，赚取最大利润。

市场调研的项目主要包括下列几种：

（1）销售情形调研：包括商品过去及现在的销售情形，及在不同地区、季节的销售情形等。

（2）销售费用分析：以计算销售成本。

（3）销售路线分析：选择适当的销售路线能有效促进销售效果。

（4）消费者调研：包括目前已有的消费群体与潜在的消费者。

（5）价格政策调研。

（6）广告及促销渠道调研。

（7）其他市场调研：如经济政策变动，市场状况等。

第二节　进口价格核算

一、进口货物成本的计算公式

FOB 进口货物成本=FOB 进口合同价格+运费+保险费+进口国内总费用+进口税费

CFR 进口货物成本=CFR 进口合同价格+保险费+进口国内总费用+进口税费

CIF 进口货物成本=CIF 进口合同价格+进口国内总费用+进口税费

二、进口合同价格

进口合同价格在进口合同成立之前是一种估价，是买卖双方通过磋商可以取得一致意见的合同价格，有时也是进口方争取以此为基础交易的价格。在合同成立后，就是合同写明的商品价格。

三、进口国内总费用

（1）卸货费、驳船费、码头建设费、码头仓租费等；

（2）进口商品的检验费和其他公证费用；

（3）银行费用，如开证费及其他手续费；

（4）报关提货费；

（5）国内运费、仓租费；

（6）从开证付款至收回货款之间所发生的利息支出；

（7）其他费用。

其核算与出口国内总费用核算相同。

在 FOB 条件下进口运输和保险由进口方办理，并支付运费和保费，其计算方法与出口中运输和保险费的核算方法相同。而且进口货物还需交纳进口关税和海关代征的商品流转税，如增值税、消费税等。

四、进口价格的费用项目和计算公式

进口价格的费用项目和计算公式见表 16-1。

表 16-1 进口价格的费用项目和计算公式

费用项目	说 明	计算公式
购货成本	向出口商购进货物所付的货款	购货成本=购货单价×购货数量
内陆运费	拼箱货送至 CFS 或整箱货拉至 CY 所发生的运费，费率为 60 元/m^3	内陆运费=出口货物总体积×60
检验费	办理出口检验的手续费，200 元/次	
计算报关费	报关手续费，200 元/次	
关税	依相关法律规定，关税由海关从价或从量征收	关税=CIF 总价×货物进口关税税率 在 Sim Trade 系统中，其进口关税税率可在“淘金网”的“费率查询”中输入商品的“海关编码”后查询
增值税	增值税是以商品流通或提供劳务中的增值额为课税对象的一种税	增值税=CIF 总价×货物增值税税率 在 Sim Trade 系统中，其中增值税税率可在“淘金网”的“费率查询”中输入商品的“海关编码”后查询
消费税	消费税是以消费品或消费行为的流转额为课税对象的一种税	消费税=CIF 总价×货物消费税税率 在 Sim Trade 系统中，其中消费税税率可在“淘金网”的“费率查询”中输入商品的“海关编码”后查询
银行费用	L/C 方式下银行结汇手续费包括开证手续费与信用证修改手续费，其中开证手续费为开证金额的 0.25%，信用证修改手续费率为开证金额的 0.125%。D/P 方式下银行费用为托收金额的 0.15%，D/A 方式下银行费用为托收金额的 0.2%，T/T 方式下银行费用为汇款金额的 1%	1. L/C 结汇方式下： 开证手续费=信用证金额×0.25% 信用证修改手续费=信用证金额×0.125% 银行费用=开证手续费+信用证修改手续费 2. D/P 结汇方式下： 银行费用=托收金额×0.15% 3. D/A 结汇方式下： 银行费用=托收金额×0.2% 4. T/T 方式下： 银行费用=汇款金额×1%
预期利润	由公司自定，可按进口总成本的 10%计算	预期利润=各项费用总和×10%
海运费	详见第九章	1. 选择合适的集装箱类型，详见第九章 2. 如为拼箱货物，船公司在重量吨或体积吨二者中择其运费较高者收取，详见第九章 拼箱运费只有基本运费，分按体积与重量计算两种方式： (1) 按体积计算，x_1=单位基本运费（MTQ）×总体积 (2) 按重量计算，x_2=单位基本运费（TNE）×总毛重 取 x_1、x_2 中较大的一个 3. 如为整箱货物，计算公式为： 海运费=集装箱数量×（单位基本运费+单位港口附加费+单位燃油附加费）

续表

费用项目	说　明	计算公式
保险费	CIF 条件下由出口商负担，CFR 与 FOB 条件下则由进口商负担，详见第十一章	保险费 = 保险金额×保险费率（其中保险费率视投保险种而定，为投保的各险种费率之和）
公司综合费用	进口商公司综合费率为 5%	公司综合费 = 每笔业务成交金额×5%

第三节　申领进口许可证

我国对有数量限制或其他限制的进口货物实行进口许可证管理。进口许可证适用于商务部发布的年度《进口许可证管理货物目录》内货物的进口（见图 16-1）。

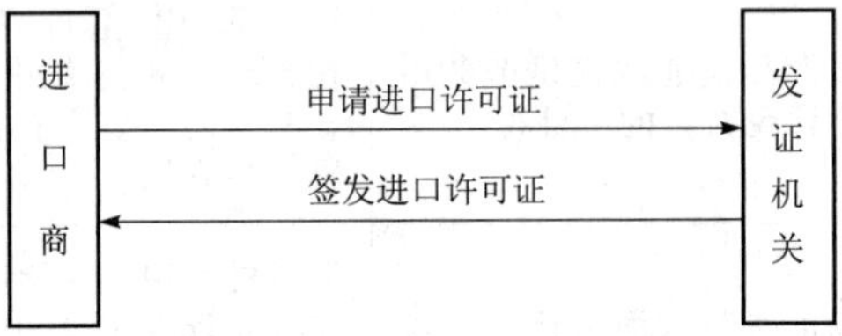

图 16-1　申领进口许可证

进口许可证由商务部授权配额许可证事务局统一管理和签发，许可证局及商务部驻各地特派员办事处和各省、自治区、直辖市、计划单列市以及商务部授权的其他省会城市商务厅（局）为进口许可证发证机构。

经国家批准，可以经营进口业务的各类企业，都必须严格按照批准的经营范围和进口商品目录办理进口业务。这些企业进口在其批准经营范围内的货物，除实行许可证管理的进口商品外，免领进口货物许可证，海关凭有关单证放行；凡属于进口许可证管理的货物，除国家另有规定外，经营者应当在进口前按规定向指定的发证机构申领进口许可证，海关凭进口许可证接受申报和验放。

一、需申领进口许可证的情况

（1）国家限制进口或禁止进口，须经国家有关部门批准才能进口的商品。

（2）经国家批准开办寄售、代销、展销、维修、租赁业务所必须进口的外国产品。

（3）超过国家规定的国别配额的商品。

（4）有关部门经批准自行进口的小额零星物品。

（5）经批准由各单位自行组织的小型来华展览会和技术交流会后需留购的展品。

（6）经批准经营图书进出口的公司进口的图书、资料。

（7）国家规定其他需要办理进口许可证的进口货物。

（8）补偿贸易、承包工程项下进口国家限制进口的货物。

（9）来料加工、来料装配项下进口的料件或加工的成品，需要转为内销的情况。

二、申领进口许可证的手续

经营者进口《进口许可证管理货物目录》中的货物，应当到《进口许可证管理货物分级发证目录》指定的发证机构申领进口许可证。申请时，应提交以下文件向发证机构申请办理。

（1）进口许可证申请表（正本）1份，并加盖印章。实行网上申领的，应当认真如实地在线填写电子申请表并传送给相应的发证机构。

（2）加盖对外贸易经营者备案登记专用章的“对外贸易经营者备案登记表”或者“中华人民共和国进出口企业资格证书”或者外商投资企业批准证书（复印件）。

（3）其他有关批准文件。

各发证机构经审核同意后，将在自收到符合规定的申请之日起3个工作日内签发相关进口货物的进口许可证。

进口许可证的有效期不得超过一年，需要跨年度使用时，有效期的截止日期不得超过次年3月底，逾期自行失效，海关不予放行。

三、进口许可证的修改、延期与补发

（一）申请修改时

进口许可证签发后，任何单位和个人不得擅自更改证面内容；如需要对证面内容进行更改，经营者应当在进口许可证的有效期内将进口许可证退回原发证机构，重新换发进口许可证。

（二）申请延期时

（1）进口许可证因故在有效期内未使用，经营者应当在进口许可证有效期内向原发证机构提出延期申请，发证机构收回原证，在发证计算机管理系统中注销原证后，重新签发进口许可证，并在备注栏中注明延期使用和原证证号。

（2）进口许可证因故在有效期内未使用完，经营者应当在进口许可证有效期内向原发证机构提出对未使用部分的延期申请，发证机构收回原证，在发证系统中对原证进行核销，并扣除已使用的数量后，重新签发进口许可证，并在备注栏中注明延期使用和原证证号。

（3）进口许可证只能延期一次，延期最长不超过三个月。未在进口许可证有效期内提出延期申请的，进口许可证自行失效，发证机构不再受理延证手续，该进口许可证则视为持有者自动放弃。

（三）申请补发时

已领取的进口许可证如遗失，经营者应当立即向许可证证面注明的进口口岸地海关及相关发证机构提交书面报告，并在全国性经济类报刊中登载“遗失声明”，发证机构凭遗失声明，并经核实该证确未通关后，可注销该证，并核发新证。

第十七章

信用证的申请、开立与修改

学习目标

通过对本章的学习，学生应熟悉信用证和托收方式的进口结汇，熟悉进口检验相关程序，掌握进口结汇和进口检验的模拟操作过程。

学习要求

知识要点	能力要求	相关知识
信用证的申请	(1) 了解信用证的申请时间 (2) 熟悉申请开立信用证的程序 (3) 熟悉申请开立信用证的实际应用案例分析 (4) 掌握申请开立信用证的模拟操作过程	(1) 信用证开证申请书 (2) 开立信用证的形式 (3) 进口付汇核销单
信用证的开立	(1) 熟悉信用证开立的程序 (2) 熟悉信用证的通知方式 (3) 熟悉信用证开立的实际应用案例分析 (4) 掌握信用证开立的模拟操作过程	(1) SWIFT 方式 (2) 电报通知 (3) 邮寄通知
信用证的修改	(1) 熟悉信用证修改的程序 (2) 熟悉信用证修改的实际应用案例分析 (3) 掌握信用证修改的模拟操作过程	(1)“信用证修改申请书” (2)“信用证修改书”

主要概念

信用证的申请　信用证的开立　信用证的修改　SWIFT 方式　全电开信用证　信开信用证　简电开信用证

进出口商签订合同后，如约定采用信用证付款方式，进口商则应向其外汇指定银行申请开立信用证；开证银行接收进口商的申请后，依其指示签发信用证，并通过出口地银行转交出口商，出口商接到信用证审核无误后，即可办理货物通关装运手续，本章分别介绍其实务流程如下。

第一节　信用证的申请

一、信用证的申请时间

进口合同签订后，进口商根据合同规定填写信用证开证申请书，向银行申请开立信用证。如果合同未规定开立信用证的具体时间，一般在装运期前 15～20 天开出，以便出口商备货和办理其他手续。

二、申请开立信用证

向银行申请开立信用证的步骤见图 17-1。

图 17-1　信用证申请程序

（1）向开证银行索取银行印制的**信用证开证申请书（Documentary Credit Application）**，填制盖章。

（2）提交进口合同复印件给开证行备案。

（3）提交进口许可证正本和开证担保。进口商用于提供开证担保的内容，可以是现金、动产或不动产，也可以由第三方提供担保。

（4）交纳开证手续费。

（5）填制进口付汇核销单（请参阅第二十章中表 20-1）。

模拟操作提示 17-1

在 SimTrade 实习平台中，信用证的申请由进口商在“业务中心”页面中完成，具体步骤为：

（1）单击标志为“进口地银行”的建筑物，选择“申领核销单”，即领取“贸易进口付汇核销单”，再单击“出口商”建筑，到单据列表中进行填写；

（2）单击“进口地银行”，选择“信用证业务”，单击“添加信用证申请书”，添加完成后，单击该申请书编号进行填写；

（3）填写完成后，仍在“信用证业务”页面中，选中刚才填写的信用证申请书，单击“发送申请书”，即可发送申请书到进口地银行等待开证。

应用案例分析 17-1

进口商卡特贸易公司（Carters Trading Company，LLC）填制“信用证开证申请书”，向其外汇银行 The Chartered Bank 申请开立信用证（见表 17-1）。

表 17-1　　　　不可撤销信用证开证申请书

IRREVOCABLE DOCUMENTARY CREDIT APPLICATION

TO: THE CHARTERED BANK　　　　**DATE:** 190407

☐ Issue by airmail　☐ With brief advice by teletransmission ☐ Issue by express delivery ☑ Issue by teletransmission (which shall be the operative instrument)	**Credit NO.** STLCA000002 Date and place of expiry 190615 in the beneficiary's country
Applicant Carters Trading Company, LLC P.O.Box8935,New Terminal, Lata. Vista, Ottawa, Canada	Beneficiary (Full name and address) GRAND WESTERN TRADING CORP. Room2501,Jiafa Mansion, Beijing West road, Nanjing 210005, P.R.China
Advising Bank Nanjing Commercial Bank No.19 Lane 32 I Sen Rd, Nanjing 210014, P.R.China	Amount [USD][450000] U.S.DOLLARS FOUR HUNDRED AND FIFTY THOUSAND ONLY
Parital shipments ☐ allowed ☑ not allowed　Transhipment ☐ allowed ☑ not allowed Loading on board/dispatch/taking in charge at/from NANJING not later than 190520 For transportation to: TORONTO ☐ FOB　☐ CFR　☑ CIF ☐ or other terms	Credit available with Nanjing Commercial Bank By ☐ sight payment　☐ acceptance　☑ negotiation ☐ deferred payment at Select against the documents detailed herein ☑ and beneficiary's draft(s) for 100 % of invoice value at ---- sight drawn on ISSUE BANK

Documents required: (marked with X)

1.(X)Signed commercial invoice in 6 copies indicating L/C No. ______ and Contract No. Contract001

2.(X)Full set of clean on board Bills of Lading made out to order and blank endorsed, marked "freight [ ]to collect / [X] prepaid [ ] showing freight amount" notifying THE APPLICANT.

( )Airway bills/cargo receipt/copy of railway bills issued by ______ showing "freight [ ]to collect/[ ] prepaid [ ] indicating freight amount" and consigned to ______.

3.(X)Insurance Policy/Certificate in 3 copies for 110 % of the invoice value showing claims payable in CANADA in currency of the draft, blank endorsed, covering ALL RISKS AND WAR RISKS.

4.(X)Packing List/Weight Memo in 3 copies indicating quantity, gross and weights of each package.

5.( )Certificate of Quantity/Weight in ______ copies issued by ______.

6.( )Certificate of Quality in ______ copies issued by [ ] manufacturer/[ ] public recognized surveyor ______.

7.(X)Certificate of Origin in 3 copies issued by MANUFACTURER.

8.( )Beneficiary's certified copy of fax / telex dispatched to the applicant within ______ hours after shipment advising L/C No., name of vessel, date of shipment, name, quantity, weight and value of goods.

Other documents, if any

SHIPPING ADVICE IN 3 COPIES INDICATING L/C NO. AND CONTRACT NO.

Description of goods:

02009 WOMEN'S T-SHIRT
20PCS PER CARTON, COLOR: BLACK, FABRIC CONTENT: 100% COTTON
QUANTITY:15000 PC
PRICE: USD30/PC

Additional instructions:

1.(X)All banking charges outside the opening bank are for beneficiary's account.

2.(X)Documents must be presented within 21 days after date of issuance of the transport documents but within the validity of this credit.

3.(X)Third party as shipper is not acceptable, Short Form/Blank B/L is not acceptable.

4.( )Both quantity and credit amount ______ % more or less are allowed.

5.( )All documents must be forwarded in ______.

( )Other terms, if any

[打印预览] [保存] [退出]

主要栏目填写说明如下：

1. TO

致____________行。

此栏填写开证行名称。

2. Date

此栏填写申请开证日期。

3. Issue by Airmail

以信开的形式开立信用证。

选择此种方式，开证行通过航邮将信用证寄给通知行。

4. With brief advice by teletransmission

以简电开的形式开立信用证。

选择此种方式，开证行将信用证主要内容发电预先通知受益人，银行承担必须使其生效的责任，但简电本身并非信用证的有效文本，不能凭以议付或付款，银行随后寄出的“证实书”才是正式的信用证。

5. Issue by express delivery

以信开的形式开立信用证。

选择此种方式，开证行以快递将信用证寄给通知行。

6. Issue by teletransmission (which shall be the operative instrument)

以全电开的形式开立信用证。

选择此种方式，开证行将信用证的全部内容加注密押后发出，该电讯文本为有效的信用证正本。如今大多数企业用全电开证的方式开立信用证。

7. Credit No.

信用证号码，由银行填写。

8. Date and place of expiry

信用证有效期及地点，地点填受益人所在国家。

9. Applicant

此栏填写开证申请人名称及地址。

开证申请人（Applicant）又称开证人（Opener），指向银行提出申请开立信用证的人，一般为进口人，就是买卖合同的买方。开证申请人为信用证交易的发起人。

10. Beneficiary (Full name and address)

此栏填写受益人全称和详细地址。

受益人指信用证上所指定的有权使用该信用证的人。一般为出口人，也就是买卖合同的卖方。

11. Advising Bank

此栏填写通知行名址。

如果该信用证需要通过收报行以外的另一家银行转递、通知或加具保兑后给受益人，该项目内填写该银行。

12. Amount

此栏填写信用证金额，分别用数字小写和文字大写。以小写输入时须包括币种与金额。

13. Parital shipments

此栏为分批装运条款。填写跟单信用证项下是否允许分批装运。

14. Transhipment

此栏为转运条款。填写跟单信用证项下是否允许货物转运。

15. Loading on board/dispatch/taking in charge at/from

此栏填写装运港。

16. not later than

此栏填写最后装运期。

17. For transportation to

此栏填写目的港。

18. 价格条款

此栏根据合同内容选择或填写价格条款。

19. Credit available with

此栏填写此信用证可由________银行即期付款、承兑、议付、延期付款，即押汇银行（出口地银行）名称。

如果该信用证为自由议付信用证，而且对议付地点也无限制时，可用“ANY BANK”“ANY BANK IN...（地名/国名）”表示。

20. Sight payment

勾选此项，表示开具即期付款信用证。

即期付款信用证是指受益人（出口商）根据开证行的指示开立即期汇票，或无须汇票仅凭运输单据即可向指定银行提示请求付款的信用证。

21. Acceptance

勾选此项，表示开具承兑信用证。

承兑信用证是指信用证规定开证行对于受益人开立以开证行为付款人或以其他银行为付款人的远期汇票，在审单无误后，应承担承兑汇票并于到期日付款的信用证。

22. Negotiation

勾选此项，表示开具议付信用证。

议付信用证是指开证行承诺延伸至第三当事人，即议付行，其拥有议付或购买受益人提交信用证规定的汇票/单据权利行为的信用证。如果信用证不限制某银行议付，可由受益人（出口商）选择任何愿意议付的银行，提交汇票、单据给所选银行请求议付的信用证称为自由议付信用证，反之为限制性议付信用证。

23. Deferred payment at

勾选此项，表示开具延期付款信用证。

如果开具这类信用证，需要写明延期多少天付款，例如：at 60 days from payment confirmation（60天承兑付款）、at 60 days from B/L date（提单日期后60天付款）等。

延期付款信用证指不需汇票，仅凭受益人交来单据，审核相符，指定银行即承担延期付款责任起，延长直至到期日付款。该信用证能够为欧洲地区进口商避免向政府交纳印花税而免开具汇票，其他都类似于远期信用证。

against the documents detailed herein

and beneficiary's draft（s）for ××% of invoice value at ________ sight

24. Drawn on

连同下列单据：

受益人按发票金额________%，作成限制为________天，付款人为__________________的汇票。注意延期付款信用证不需要选择连同此单据。

“at sight”为付款期限。如果是即期，需要在“at sight”之间填“****”或“----”，不能留空。远期有几种情况：at ×× days after date（出票后××天），at ×× days after sight（见票后××天）或 at ×× days after date of B/L（提单日后××天）等。如果是远期，要注意两种表达方式的不同：一种是见票后××天（at ×× days after sight），一种是提单日后××天（at ×× days after B/L date）。这两种表达方式在付款时间上是不同的，“见单后××天”是指银行见到申请人提示的单据时间算起，而“提单日后××天”是指从提单上的出具日开始计算的××天，所以如果能尽量争取到以“见单后××天”的条件成交，等于又争取了几天延迟付款的时间。

“drawn on”为指定付款人。注意汇票的付款人应为开证行或指定的付款行。

25. Documents required：(marked with X)

信用证需要提交的单据（用“X”标明）。

根据 UCP600 的规定，信用证业务是纯单据业务，与实际货物无关，所以信用证申请书上应按合同要求明确写出所应出具的单据，包括单据的种类，每种单据所表示的内容，正、副本的份数，出单人等。一般要求提示的单据有提单（或空运单、收货单）、发票、箱单、重量证明、保险单、数量证明、质量证明、产地证、装船通知、商检证明等以及其他申请人要求的证明等。

注意；如果是以 CFR 或 CIF 成交，就要要求对方出具的提单为“运费已付”（Freight Prepaid）；如果是以 FOB 成交，出具的提单为“运费到付”（Freight Collect）。如果按 CIF 成交，申请人应要求受益人提供保险单，且注意保险险别，赔付地应要求在到货港，以便一旦出现问题，方便解决。汇票的付款人应为开证行或指定的付款行，不可规定为开证申请人，否则会被视作额外单据。

（1）经签字的商业发票一式________份，标明信用证号________和合同号________。

（2）全套清洁已装船海运提单，作成空白抬头、空白背书，注明“运费（　）待付/（　）已付”，（　）标明运费金额，并通知____________________。

空运提单收货人为____________，注明“运费（　）待付/（　）已付”，（　）标明运费金额，并通知____________。

（3）保险单/保险凭证一式________份，按发票金额的________%投保，注明赔付地在____________，以汇票同种货币支付，空白背书，投保____________。

（4）装箱单/重量证明一式________份，注明每一包装的数量、毛重和净重。

（5）数量/重量证一式________份，由____________出具。

（6）品质证一式______份，由（　）制造商/（　）公众认可的检验机构______出具。

（7）产地证一式________份，由____________出具。

（8）受益人以传真/电传方式通知申请人装船证明副本，该证明须在装船后________日内发出，并通知该信用证号、船名、装运日以及货物的名称、数量、重量和金额。

26. Other documents, if any

此栏填写其他单据。

27. Description of goods

此栏填写货物描述。

如：01005 CANNED SWEET CORN, 3060Gx6TINS/CTN
QUANTITY：800 CARTON
PRICE：USD14/CTN

28. Additional instructions

此栏为附加条款，是对以上各条款未述情况的补充和说明，且包括对银行的要求等。

（1）开证行以外的所有银行费用由受益人担保。

（2）所需单据须在运输单据出具日后______天内提交，但不得超过信用证有效期。

（3）第三方为托运人不可接受，简式/背面空白提单不可接受。

（4）数量及信用证金额允许有________%的增减。

（5）所有单据须指定____________船公司。

29. Other terms, if any

此栏填写其他条款。

第二节　信用证的开立

开证申请人根据合同填写开证申请书并交纳押金或提供其他保证，请开信用证。开证行根据申请书内容，向受益人开出信用证并寄交出口人所在地通知行。通知行核对印鉴无误后，将信用证交受益人。信用证的通知方式通常有如下两种方式。

一、电报通知（包含 SWIFT 方式）（By Cable）

进口商为争取时间，有时会要求开证银行以电报开发信用证，开证银行将信用证内容拍成电报并传到通知银行，并在电报文中注明其为正本。通知银行收到电文后，有如下两种处理方式。

（1）若为 SWIFT 系统接收的电文，则依 SWIFT 特点，该电文已具有自动核押功能，无须另行复核。

（2）若为**电报交换（TELEX）**系统接收的电文，通知银行须派负责人员复核电文押码（Test Key）无误后，再通知受益人。

二、邮寄通知（By Airmail）

开证银行根据进口商填制的开证申请书，将其转换成银行固定格式的信用证，并将此信用证寄往出口地的通知银行。通知银行收到此信用证正本后，应查对该信用证签发人员的签字是否与通知银行留存的签字样式相吻合，确定之后再通知受益人前来领取。

模拟操作提示 17-2

在 SimTrade 实习平台中，信用证的开立由进口地银行在“信用证”页面中完成，具体步骤为：

（1）选择正在申请中的信用证申请书，单击“开证”，并根据申请书填写信用证内容；

（2）填写完成后，仍在该页面中，选中刚才所开的信用证，单击“送进口商”，待进口商确认信用证后，再选择该信用证，发送到出口地银行，由出口地银行通知出口商。

应用案例分析 17-2

外汇银行查特德银行（The Chartered Bank）收到进口商卡特贸易公司（Carters Trading Company, LLC）的开证申请书后，依其内容开立信用证（见表 17-2）。

表 17-2　　信用证

2019FEB23 10:36:17　　LOGICAL TERMINAL TX02
MT S700　　**ISSUE OF A DOCUMENTARY CREDIT**　　PAGE 00001
FUNC JSSWPR3
UMR 11952767

MSGACK DWS7651 AUTH OK,KEY 800608209623F015，BKCHCNBJ ARIBEGCX RECORD

BASIC HEADER		F 01 BKCHCNBJA940 1484 205537	
APPLICATION HEADER		O 700 0924 070312 ARIBEGCXA006 8949 866292 070312 1524 N * THE CHARTERED BANK * PORT TORONTO * (PORT TORONTO BRANCH)	
USER HEADER		SERVICE CODE 103: BANK. PRIORITY 113: MSG USER REF. 108: INFO. FROM CI 115:	
SEQUENCE OF TOTAL	:27:	1/1	
FORM OF DOC.CREDIT	:40A:	IRREVOCABLE	
DOC.CREDIT NUMBER	:20:	STLCN000002	
DATE OF ISSUE	:31C:	190407	
APPLICABLE RULES	:40E:	UCP LATEST VERSION	
DATE AND PLACE OF EXPIRY	:31D:	190615 IN THE BENEFICIARY'S COUNTRY	
APPLICANT BANK	:51A:	THE CHARTERED BANK	
APPLICANT	:50:	CARTERS TRADING COMPANY, LLC P.O.BOX8935,NEW TERMINAL, LATA. VISTA, OTTAWA, CANADA	
BENEFICIARY	:59:	GRAND WESTERN TRADING CORP. ROOM2501,JIAFA MANSION, BEIJING WEST ROAD, NANJING 210005, P.R.CHINA	
CURRENCY CODE, AMOUNT	:32B:	[USD] [450000]	
AVAILABLE WITH BY	:41D:	NANJING COMMERCIAL BANK BY NEGOTIATION	
DRAFTS AT	:42C:	SIGHT	
DRAWEE	:42A:	ISSUE BANK	
PARTIAL SHIPMENTS	:43P:	NOT ALLOWED	
TRANSHIPMENT	:43T:	NOT ALLOWED	
PORT OF LOADING/AIRPORT OF DEPARTURE	:44E:	NANJING	
PORT OF DISCHARGE/AIRPORT OF DESTINATION	:44F:	TORONTO	
LATEST DATE OF SHIPMENT	:44C:	190520	
DESCRIPTION OF GOODS AND/OR SERVICES	:45A:	02009 WOMEN'S T-SHIRT 20PCS PER CARTON, COLOR: BLACK, FABRIC CONTENT: 100% COTTON QUANTITY:15000 PC PRICE: USD30/PC CIF TORONTO	
DOCUMENTS REQUIRED	:46A:	+SIGNED COMMERCIAL INVOICE IN 6 COPIES INDICATING L/C NO. STLCN000002 AND CONTRACT NO. CONTRACT001. +FULL SET OF CLEAN ON BOARD BILLS OF LADING MADE OUT TO ORDER AND BLANK ENDORSED, MARKED "FREIGHT PREPAID" NOTIFYING THE APPLICANT. +INSURANCE POLICY/CERTIFICATE IN 3 COPIES FOR 110.00% OF THE INVOICE VALUE SHOWING CLAIMS PAYABLE IN CANADA IN CURRENCY OF THE DRAFT, BLANK ENDORSED, COVERING ALL RISKS AND WAR RISKS. +PACKING LIST/WEIGHT MEMO IN 3 COPIES INDICATING QUANTITY, GROSS AND WEIGHTS OF EACH PACKAGE. +CERTIFICATE OF ORIGIN IN 3 COPIES ISSUED BY MANUFACTURER. +SHIPPING ADVICE IN 3 COPIES INDICATING L/C NO. AND CONTRACT NO..	
ADDITIONAL CONDITIONS	:47A:	THIRD PARTY AS SHIPPER IS NOT ACCEPTABLE, SHORT FORM/BLANK B/L IS NOT ACCEPTABLE.	
CHARGES	:71B:	ALL BANKING CHARGES OUTSIDE THE OPENING BANK ARE FOR BENEFICIARY'S ACCOUNT.	
PERIOD FOR PRESENTATION	:48:	DOCUMENTS MUST BE PRESENTED WITHIN 21 DAYS AFTER DATE OF ISSUANCE OF THE TRANSPORT DOCUMENTS BUT WITHIN THE VALIDITY OF THIS CREDIT.	
CONFIRMATION INSTRUCTIONS	:49:	WITHOUT	
ADVISE THROUGH BANK	:57D:	NANJING COMMERCIAL BANK	
TRAILER		ORDER IS <MAC:> <PAC:> <ENC:> <CHK:> <TNG:> <PDE:> MAC:603CBEE1 CHK:7E68521BC2B7	

[打印预览] [保存] [退出]

主要栏目填写说明如下：

1.：27：SEQUENCE OF TOTAL（合计次序）

如果该跟单信用证条款能够全部容纳在该 MT700 报文中，那么该项目内就填入“1/1”。如果该证由一份 MT700 报文和一份 MT701 报文组成，那么在 MT700 报文的项目“27”中填入“1/2”，在 MT701 报文的项目“27”中填入“2/2”……以此类推。

2.：40A：FORM OF DOCUMENTARY CREDIT（跟单信用证类别）

信用证中必须明确注明是“可撤销信用证”还是“不可撤销信用证”。若没有明示此点，则视该证为“不可撤销信用证”。原则上，银行只受理不可撤销信用证。

该项目内容有六种填法：

（1）IRREVOCABLE：不可撤销跟单信用证

（2）REVOCABLE：可撤销跟单信用证

（3）IRREVOCABLE TRANSFERABLE：不可撤销可转让跟单信用证

（4）REVOCABLE TRANSFERABLE：可撤销可转让跟单信用证

（5）IRREVOCABLE STANDBY：不可撤销备用信用证

（6）REVOCABLE STANDBY：可撤销备用信用证

详细的转让条款应在项目“47A”中列明。

3.：20：DOCUMENTARY CREDIT NUMBER（信用证号码）

该项目列明开证行开立跟单信用证的号码。

在 SimTrade 中，该编号已由系统自动产生，据此编号填写即可。

4.：31C：DATE OF ISSUE（开证日期）

该项目列明开证行开立跟单信用证的日期，如 050428。

如果报文无此项目，那么开证日期就是该报文的发送日期。

5.：31D：DATE AND PLACE OF EXPIRY（到期日及地点）

该项目列明跟单信用证最迟交单日期和交单地点，根据开证申请书填写。

6.：51A：APPLICANT BANK（申请人的银行）

该项目列明开证行。

7.：50：APPLICANT（申请人）

此栏需列明申请人名称及地址。申请人又称开证人（Opener），系指向银行提出申请开立信用证的人，一般为进口人，就是买卖合同的买方。开证申请人为信用证交易的发起人。

8.：59：BENEFICIARY（受益人）

此栏需列明受益人名称及地址，系指信用证上所指定的有权使用该信用证的人。一般为出口人，也就是买卖合同的卖方。受益人通常也是信用证的收件人（Addressee），他有按信用证规定签发汇票向所指定的付款银行索取价款的权利，也有在法律上以汇票出票人的地位对其后的持票人负有担保该汇票必获承兑和付款的责任。

9.：32B：CURRENCY CODE，AMOUNT（币别代号、金额）

此栏根据交易金额填写。

10.：41D：AVAILABLE WITH BY（向……银行押汇，押汇方式为……）

根据申请书的相关内容，指定有关银行及信用证兑付方式。

该项目列明对该证付款、承兑或议付的被授权银行及该信用证的兑付方式。

（1）银行表示方法

当该项目代号为“41A”时，银行用SWIFT名址码表示。

当该项目代号为“41D”时，银行用银行名称地址表示。

如果信用证为自由议付信用证，则该项目代号应为“41D”，银行用“ANY BANK IN……（地名/国名）”表示。

如果该信用证为自由议付信用证，而且对议付地点也无限制，那么该项目代号应为“41D”，银行用“ANY BANK”表示。

（2）兑付方式表示方法

分别用下列词句表示：

BY PAYMENT：即期付款

BY ACCEPTANCE：远期承兑

BY NEGOTIATION：议付

BY DEFERRED 或 DEF PAYMENT：延期付款

BY MIXED PYMT：混合付款

如果该证是延期付款信用证，那么有关付款的详细条款将在项目“42P”中列明；如果该证是混合付款信用证，那么有关付款的详细条款将在项目“42M”中列明。

11.：42C：DRAFTS AT（汇票期限）

该项目列明跟单信用证项下汇票付款期限。如果是即期付款，则填“AT SIGHT”或“SIGHT”；如果是远期承兑，则按照申请书填写。

12.：42A：DRAWEE（付款人）

该项目列明跟单信用证项下汇票的付款人。汇票付款人通常是开证银行、信用证申请人或开证银行指定的第三者。

注：该项目内不能出现账号。

13.：43P：PARTIAL SHIPMENT（分批装运）

该项目列明跟单信用证项下分批装运是否被允许，填“ALLOWED”或“NOT ALLOWED”。

14.：43T：TRANSHIPMENT（转运）

该项目列明跟单信用证项下货物转运是否被允许，填“ALLOWED”或“NOT ALLOWED”。

15.：44A：ON BOARD/DISP/TAKING CHARGE（由……装船/发运/接管）

该项目列明跟单信用证项下装船、发运和接受监管的地点，即装运港。

16.：44B：FOR TRANSPORTATION TO（装运至……）

该项目列明跟单信用证项下货物的最终目的地。

17.：44C：LATEST DATE OF SHIPMENT（最迟装运日）

该项目列明最迟装船、发运和接受监管的日期，按照申请书填写。

18.：45A：DESCRIPTION OF GOODS AND/OR SERVICES（货物描述及/或交易条件）

该项目为货物描述与价格条款，如FOB、CIF等列在该项目中，按照申请书内容填写。

19.：46A：DOCUMENTS REQUIRED（应具备单据）

此栏根据信用证申请书填写，如果信用证规定运输单据的最迟出单日期，那么该条款应和有关单据的要求一起在该项目中列明。

20. : 47A: ADDITIONAL CONDITIONS（附加条件）

该项目列明信用证的附加条款。

注意：

当一份信用证由一份 MT700 报文和一至三份 MT701 报文组成时，项目“45A”“46A”和“47A”的内容只能完整地出现在某一份报文中（即在 MT700 或某一份 MT701 中），不能被分割成几部分分别出现在几个报文中。

在 MT700 报文中，“45A”“46A”“47A”三个项目的代号应分别为：“45A”“46A”“47A”，在报文 MT701 中，这三项目的代号应分别为“45B”“46B”“47B”。

21. : 71B: CHARGES（费用）

此栏根据申请书填写。该项目的出现只表示费用由受益人负担。若报文无此项目，则表示除议付费、转让费外，其他费用均由开证申请人负担。

22. : 48: PERIOD FOR PRESENTATION（提示期间）

此栏规定受益人应于……日前（或……天内）向银行提示汇票的指示，根据申请书要求填写。

23. : 49: CONFIRMATION INSTRUCTIONS（保兑指示）

该项目列明对收报行的保兑指示，如下：

CONFIRM：要求收报行保兑该信用证。

MAY ADD：收报行可以对该信用证加具保兑。

WITHOUT：不要求收报行保兑该信用证。

24. : 57D: ADVISE THROUGH BANK（收讯银行以外的通知银行）

如有收讯银行以外的通知银行，请在此栏内填其名称。

第三节 信用证的修改

银行于信用证寄出后，进口商若认为已开发的信用证有修改必要（通常是国外出口商收到信用证，经分析后认为有不恰当处，要求进口商修改，而进口商接受其修改要求的），则填**“信用证修改申请书”（Amendment to Irrevocable Letter of Credit）**，向原开证银行申请修改，并缴交修改手续费。

开证银行根据申请人的要求，开出**“信用证修改书”（Amendment to Irrevocable Letter of Credit）**，并以电报或航邮寄给通知银行（出口地银行），再由通知银行转达受益人。根据跟单信用证统一惯例规定，在受益人接受该修改书之前，原信用证条款对受益人而言仍然有效。不论受益人接受或拒绝修改书内容，均应告知申请人。

模拟操作提示 17-3

在 SimTrade 实习平台中，信用证的修改步骤为：

(1) 进口商在业务中心，单击标志为“进口地银行”的建筑物，选择“信用证业务”，单击“添加信用证修改申请书”，添加完成后，单击该修改申请书编号进行填写；

(2) 填写完成后，仍在“信用证业务”页面中，选中刚才填写的信用证修改申请书，单击“发送申请书”，即可发送修改申请书到进口地银行；

（3）进口地银行在“信用证”业务页面中，选择正在申请中的修改申请书，单击“开证”，弹出“信用证修改书”，进行填写；

（4）填写完成后，仍在该页面中，选中已填写的信用证修改书，单击“送进口商”，待进口商确认后，再将信用证修改书发送到出口地银行，由出口地银行通知出口商。

应用案例分析 17-3

卡特贸易公司（Carters Trading Company，LLC）接到宏昌国际股份有限公司发来的邮件，被告知其信用证有效期限太短，货物出运后有可能来不及交单议付，请求将信用证的有效期限延至 10 月 20 日。卡特贸易公司（Carters Trading Company，LLC）经考虑，同意修改信用证，因此填制“信用证修改申请书”，向原开证银行查特德银行（The Chartered Bank）申请修改信用证（见表 17-3）。

表 17-3　　信用证修改申请书

信 用 证 修 改 申 请 书

IRREVOCABLE DOCUMENTARY CREDIT AMENDMENT APPLICATION

To: THE CHARTERED BANK　　Date: 190823

Credit No. (信用证号码) STLCN000001	Amount: (原证金额) [USD] [11200]
No. of Amendment: (修改次数) 1	
Beneficiary: (受益人) GRAND WESTERN FOODS CORP. ROOM 2501,JIAFA MANSION, BEIJING WEST ROAD, NANJING 210005, P.R.CHINA	
New Date of Expiry: (新效期) 191020	New Latest shipment Date: (新装期) 190920
Increase Gredit Amount: (信用证增额) by [ ] [ ]	
Decrease Gredit Amount: (信用证减额) by[ ] [ ]	
New Gredit Amount After Amendment: (修改后信用证金额) [USD] [11200]	
Teams Of Amendment: (修改条款) Extend the date of validity to 191020	
其余条款不变OTHER TERMS AND CONDITIONS REMAIN UNCHANGED	

经办人：

申请人签章：

主要栏目填写说明如下：

1. To

此栏填写开证行名称。

2. DATE

此栏填写申请修改日期。

3. 信用证号码

此栏填写申请修改的信用证号码。

4. 原证金额

此栏填写原信用证金额，包括币种。

5. 修改次数

此栏填写最近一次修改次数的数字。

6. 受益人

此栏填写原信用证的受益人的名称及地址。

7. 新效期

此栏填写修改后的有效期限（即受益人向银行提交单据的最后期限）。

8. 新装运期

此栏填写修改后的装运期限。

9. 信用证增额

此栏填写跟单信用证金额的增加额度。

10. 信用证减额

此栏填写跟单信用证金额的减少额度。

11. 修改后信用证金额

此栏填写修改后的信用证金额（不必考虑修改前的信用证项下金额的条款）。

12. 修改条款

此栏填写修改的详细内容。

13. 申请人签章

此栏加盖公司公章。

银行收到进口商发来的修改申请书后，根据申请书的内容开出信用证修改书（见表 17-4），主要栏目填写说明如下：

1.：20：SENDER'S REFERENCE（送讯银行的编号）

此栏即信用证号。

2.：21：RECEIVER'S REFERENCE（收讯银行的编号）

在信用证电文中此栏只需填“.”即可。

3.：52A：ISSUING BANK（开证银行）

此栏填写开证银行名称。

4.：31C：DATE OF ISSUE（开证日期）

该项目列明原跟单信用证开立的日期（即开证行开立信用证的日期）。

5.：30：DATE OF AMENDMENT（修改日期）

表 17-4　　信用证修改书

AMENDMENT TO A DOCUMENTARY CREDIT

MESSAGE TEXT

:20:SENDER'S REFERENCE
STLCN000001
:21:RECEIVER'S REFERENCE
.
:52A:ISSUING BANK
THE CHARTERED BANK

:31C:DATE OF ISSUE
190820
:30:DATE OF AMENDMENT
190823
:26E:NUMBER OF AMENDMENT
1
:59:BENEFICIARY
GRAND WESTERN FOODS CORP.
ROOM 2501,JIAFA MANSION, BEIJING WEST ROAD, NANJING 210005, P.R.CHINA

:31E:NEW DATE OF EXPIRY
191020
:44C:LATEST SHIPMENT DATE
190920
:32B:INCREASE OF DOCUMENTARY CREDIT AMOUNT

:33B:DECREASE OF DOCUMENTARY CREDIT AMOUNT

:34B:NEW DOCUMENTARY CREDIT AMOUNT AFTER AMENDMENT
USD11200
:79:NARRATIVE
EXTEND THE DATE OF VALIDITY TO 041020

该项目列明开证行修改信用证的日期，格式同上。如果报文未使用该项目，修改日期即为 MT700 报文的发送日期。

6.：26E：NUMBER OF AMENDMENT（修改序号）

该项目列明修改的次数。不论前几次修改是以何种形式发送的，此数字是依次排列的最后数字。

7.：59：BENEFICIARY（受益人）

该项目列明在此修改之前，跟单信用证的受益人名称及地址。

该项目的出现并不意味着修改受益人。如果报文修改受益人，则其修改内容（即新的受益人名称）将在项目“：79：”中列明。

8.：31E：NEW DATE OF EXPIRY（新的到期日）

该项目列明跟单信用证修改后的最后有效期。

9.：44C：LATEST SHIPMENT DATE（最后装船日）

该项目列明对装船、发运和接受监管期限的修改。

10.：32B：INCREASE OF DOCUMENTARY CREDIT AMOUNT（信用证金额的增加）

该项目列明信用证增加的金额。

11. : 33B：DECREASE OF DOCUMENTARY CREDIT AMOUNT（信用证金额的减少）

该项目列明信用证减少的金额。

12. : 34B：NEW DOCUMENTARY CREDIT AMOUNT AFTER AMENDMENT（修改后新的信用证金额）

该项目列明修改后新的信用证金额。

13. : 79：NARRATIVE（叙述）

该项目列明修改的详细内容。

第十八章

进口结汇与检验

学习目标

通过对本章的学习，学生应熟悉信用证和托收方式的进口结汇，熟悉进口检验相关程序，熟悉进口检验的实际应用案例分析，掌握进口结汇和进口检验的模拟操作过程。

学习要求

知识要点	能力要求	相关知识
进口结汇	（1）熟悉信用证方式进口结汇 （2）熟悉托收方式进口结汇 （3）掌握进口结汇模拟操作过程	（1）付款交单（D/P） （2）承兑交单（D/A）
进口检验	（1）熟悉进口检验相关程序 （2）掌握进口检验的模拟操作过程 （3）熟悉进口检验的实际应用案例分析	（1）《中华人民共和国进出口商品检验法实施条例》

主要概念

信用证方式进口结汇　托收方式进口结汇　付款交单（D/P）　承兑交单（D/A）　进口检验

第一节　进口结汇

所谓进口结汇，是指将应付的进口货款结付给银行，由银行转换成外汇，通过银行或自行支付给国外出口商。由于付款方式不同，结汇的程序也不同。

一、信用证方式进口结汇

（1）国外出口商按信用证规定将货物装运后，向其押汇银行办妥押汇手续，押汇文件转寄至开证银行，开证银行必须先审查确认单据与信用证内容相符，再填寄到单通知给进口商。

（2）进口商收到通知后，于规定期限内，携带有关证件前往开证银行付款或承兑，缴付有关费用，凭此领取货运单据。

（3）进口商赎单后取得全套单据，在船公司通知到货后，进口商须持提单（B/L）至船公司换**取提货单（Delivery Order，D/O）**。如以 FOB 条件自国外进货，则需付清运费。

二、托收方式进口结汇

（一）付款交单（D/P）

（1）国内代收银行收到国外托收银行寄送的货运单据与即期汇票后，立即发送到单通知给进口商。

（2）进口商接到该通知书后，应携通知书及有关证件，前往银行缴付汇票金额及相关手续费。

（3）领取货运单据。

（二）承兑交单（D/A）

（1）进口商收到到单通知后，携该通知书及有关证件，前往代收银行办理承兑汇票取得货运单据。

（2）待远期汇票到期后，再到银行办理结汇手续。

模拟操作提示 18-1

在 SimTrade 实习平台中，货物进口结汇由进口商在“业务中心”页面中完成，具体步骤为：单击标志为“进口地银行”的建筑物，选择“付款”，支付款项，再选“取回单据”，即完成相关货运单据的领取，可在单据列表中查看（汇付方式下出口商直接寄单，无须取回）。

第二节　进口检验

根据我国现行《中华人民共和国进出口商品检验法实施条例》和其他相关法规的规定，列入法定检验范围的进口商品必须按规定由国家质量监督检验检疫总局施行强制性检验。需要实施检验的商品必须检验合格领得证书后，才能办理通关提货。对不属于法定检验的进口商品，检验机构可以抽样检验并实施监督管理。

进口检验相关程序为：

1. 报检

（1）应施行进口检验的商品，由进口商填具入境货物报检单并备齐有关进口证件，向进口港所在地的检验机构申请检验。

（2）缴交检验费。

2. 取样

（1）依规定按国家标准取样。

（2）在未检验通过之前，未经获准不得移动货品。

3. 检验

(1) 必须经检验检疫机构检验的进口商品以外的进口商品的收货人，发现进口商品质量不合格或残损短缺，需要由检验检疫机构出证索赔的，应当向检验检疫机构申请检验出证。

(2) 对重要的进口商品和大型的成套设备，收货人应该依据对外贸易合同约定在出口国装运前进行预检验、监造或者监装，检验检疫机构根据需要可以派出检验人员参加。

4. 发证

商品检验合格后，报检人可以办理海关的通关手续。

模拟操作提示 18-2

在 SimTrade 实习平台中，交易商品是否需要出口检验，须在淘金网的“税率查询”页，输入商品对应的海关编码进行查询，可查到相对应的监管条件，单击代码符号，各代码的意义均列明于其中。若适用规定为必须申请进口检验取得入境货物通关单者（代码“A”），应依规定办理进口检验。

进口检验的办理在“业务中心”页面中完成，具体步骤为：

(1) 单击标志为“出口商”的建筑物，再单击“添加单据”，添加“出境货物报检单”，并到单据列表中进行填写；

(2) 填写完成后，回到“业务中心”，单击标志为“检验机构”的建筑物，再单击“申请报检”，选择所需单据（如“销货合同、商业发票、装箱单、入境货物报检单、提货单”等）后，单击“报检”，即可完成报检手续，检验机构签发“相关检验证书”。

应用案例分析 18-1

进口商卡特贸易公司（Carters Trading Company, LLC）向检验机构申请进口检验（见表 18-1）。

主要栏目填写说明如下：

1. 报检单位、登记号、联系人、电话

此栏填写报检单位全称并加盖公章或报检专用章，并准确填写本单位报检登记代码、联系人及电话；代理报检的应加盖代理报检机构在检验机构备案的印章。其中报检单位登记号即单位的海关代码，可在公司基本资料中查找。

2. 编号

本栏目由出入境检验检疫机关填写。

3. 报检日期

此栏应在检验检疫机构受理报检日现场由报检人填写。

4. 收货人

此栏填写合同上的买方或信用证的开证人，可只填英文。

5. 企业性质

根据收货人的性质勾选。

表 18-1　　入境货物报检单

出入境检验检疫

入境货物报检单

报检单位（加盖公章）：Carters Trading Company, LLC　　*编　号 STIPC000006

报检单位登记号：9133201000000(　联系人：Carter　电话：0016137893503 报检日期：2019 年 4 月 8 日

收货人	（中文）		企业性质(划"√")	□ 合资 □ 合作 □ 外资
	（外文）	Carters Trading Company, LLC		
发货人	（中文）	宏昌国际股份有限公司		
	（外文）	GRAND WESTERN TRADING CORP.		

选择	货物名称（中/外文）	H.S.编码	原产国(地区)	数/重量	货物总值	包装种类及数量
○	女式T恤衫 WOMEN'S T-SHIRT	6109100022	中国	15000PC	USD450000	750CARTON

[添 加][修 改][删 除]

运输工具名称号码	Ryndam/DY100-08			合同号	Contract001
贸易方式	一般贸易	贸易国别(地区)	中国	提单/运单号	STBLN000002
到货日期	2018-06-20	起运国家(地区)	中国	许可证/审批号	
卸毕日期	2018-06-20	起运口岸	南京港	入境口岸	多伦多
索赔有效期至	2018-06-30	经停口岸		目的地	多伦多
集装箱规格、数量及号码					
合同订立的特殊条款以及其他要求				货物存放地点	
				用途	

随附单据（划"√"或补填）		标记及号码	*外商投资财产(划"√") □ 是 □ 否	
☑ 合同	□ 到货通知	CARTERSCO	*检验检疫费	
☑ 发票	☑ 装箱单	CONTRACT001		
☑ 提/运单	□ 质保书	CANADA	总金额（人民币元）	
□ 兽医卫生证书	□ 理货清单	1/750		
□ 植物检疫证书	□ 磅码单		计费人	
□ 动物检疫证书	□ 验收报告			
□ 卫生证书	□ 无木质包装证明		收费人	
□ 原产地证	□ 报检委托书			
□ 许可/审批文件	□ 合格保证			

报检人郑重声明： 1.本人被授权报检。 2.上列填写内容正确属实。 签名：Carter	领取证单	
	日期	
	签名	

注：有"*"号栏由海关填写

[打印预览] [保存] [退出]

6. 发货人

此栏填写合同上的卖方或信用证上的受益人，要求用中文、英文，填写时要一致。

7. 增加商品明细

在商品明细栏中点“添加”，逐项填写商品资料（见表 18-2）。

表 18-2 商品明细表

产品编号：	01005		
货物名称：	甜玉米罐头 CANNED SWEET CORN		
H.S.编码：	2005800000		
产 地：	中国		
数/重量：	800	计量单位：	CARTON
数 量：	800	包装单位：	CARTON
货币单位：	USD	总金额(元)：	11200

8. 产品编号

此栏需与合同上的产品编号相一致。

在 SimTrade 中，产品编号必须填写，否则无法保存商品明细。

9. 货物名称（中/外文）

按贸易合同或发票所列货物名称，对照国家检验检疫机构制定公布的《出入境检验检疫机构实施检验检疫的进出境商品目录》所列的货物名称填写。

10. H. S. 编码

H. S. 编码指货物对应的海关商品代码，填写 10 位数。

在 SimTrade 中，海关编码请在商品基本资料中查找。

11. 原产国（地区）

原产国（地区）指货物的原始的生产/加工的国家或地区的名称。

12. 数/重量

此栏填写报检货物的数/重量（SimTrade 中的货物都以销售数量计），并注明计量单位，如：×××PC。注意该数量和计量单位既要与实际装运货物情况一致，又要与信用证要求一致。

13. 货物总值

此栏按本批货物合同或报关单上所列的总值填写（以美元计），如同一报检单报检多批货物，需列明每批货物的总值（注：如申报货物总值与国内、国际市场价格有较大差异，检验检疫机构保留核价权力）。

14. 包装种类及数量

包装种类及数量指本批货物运输包装的种类及件数。

15. 运输工具名称号码

此栏填写货物实际装载的运输工具类别名称（如船、飞机、货柜车、火车等）及运输工具编号（船名、飞机航班号、车牌号码、火车车次）。请在出口商发来的装船通知中查找。

16. 合同号

合同号指贸易双方就本批货物而签订的书面贸易合同编号。

17. 贸易方式

成交的方式有一般贸易、三来一补、边境贸易、进料加工及其他贸易等，通常都为一般贸易。

18. 贸易国别（地区）

贸易国别（地区）指本批货物贸易的国家或地区，即出口国（用中文填写）。各国家中文名称可在淘金网“运费查询”页查询。

19. 提单/运单号

提单/运单号指本批货物对应的提单/运单号的编号。

在 SimTrade 中，进口商可在向船公司换回的提货单里查找到相应的提单号。

20. 到货日期

此栏按货物到货通知单所列的日期填写。

21. 起运国家（地区）

起运国家（地区）指装运本批货物进境的交通工具的起运国家（地区），即出口国（用中文填写）。各国家中文名称可在淘金网“运费查询”页查询。

22. 许可证/审批号

对国家出入境检验检疫局已实施《实施进口商品质量许可制度目录》下的货物和卫生注册、检疫、环保许可制度管理的货物，报检时填写安全质量许可编号或审批单编号 ，一般商品可不填。

23. 卸毕日期

此栏按货物实际装卸完毕的日期填写。在货物还未卸毕前报检的，可暂不填写，待卸毕后再填写。

24. 起运口岸

起运口岸指本批货物进境的交通工具的起运口岸，即出口国港口（用中文填写）。各港口中文名称可在淘金网“运费查询”页查询。

25. 入境口岸

入境口岸指装运本批货物的交通工具进境时首次停靠的口岸（用中文填写）。各港口中文名称可在淘金网“运费查询”页查询。

26. 索赔有效期至

此栏按合同规定的日期填写，特别要注明截止日期。

27. 经停口岸

经停口岸指本批货物在起运后，到达目的地前中途停靠的口岸名称。

28. 目的地

目的地指本批货物预定最后抵达的交货港（地）。

29. 集装箱规格、数量及号码

此栏填写装载本批货物的集装箱规格以及分别对应的数量和集装箱号码全称，可参照配舱通知。若集装箱太多，可用附单形式填报。

30. 合同订立的特殊条款以及其他要求

合同订立的特殊条款以及其他要求指贸易合同中双方对本批货物特别约定而订立的质量、卫生等条款和报检单位对本批货物的检验检疫有其他特别的要求。

31. 货物存放地点

货物存放地点指本批货物卸货时存放的仓储位置，在 SimTrade 中可不填。

32. 用途

用途指本批货物的用途，如食用、观赏或演艺、实验、药用、饲用、加工等，一般用途明确的商品也可不填。

33. 随附单据

随附单据指实际向检验检疫机构提供的单据，在对应的"□"打"√"，通常合同、发票、提/运单、装箱单等单据是必须提交的。

34. 标记及号码

此栏按货物实际运输包标记填写，如没有标记，填写 N/M，标记填写不下时可用附页填写。

35. 检验检疫费

此栏目由出入境检验检疫机关填写。

36. 报检人郑重声明

此栏必须有报检人的亲笔签名。

37. 领取证单

此栏应在检验检疫机构受理报检日现场由报检人填写。

取消"出入境货物通关单"，扣检后不再签发"入境货物通关单"，报关也不需提交"入境货物通关单"。

第十九章

进口通关与提货

学习目标

通过对本章的学习，学生应熟悉分别就进口商和海关而言的进口货物的通关程序，熟悉进口提货的三种形态，熟悉进口货物通关程序和进口提货的应用案例分析，掌握进口货物通关程序和进口提货的模拟操作过程。

学习要求

知识要点	能力要求	相关知识
进口通关程序	(1) 熟悉分别就进口商和海关而言的进口货物的通关程序 (2) 熟悉进口货物通关程序的实际应用案例分析 (3) 掌握进口货物通关程序的模拟操作过程	(1)《中华人民共和国海关法》 (2) 进口关税
进口提货	(1) 熟悉进口提货的三种形态 (2) 熟悉进口提货的实际应用案例分析 (3) 掌握进口提货的模拟操作过程	提货单证

主要概念

进口通关程序　申报进境　缴纳税费　凭单提货　增值税　消费税　监管手续费　进口提货

第一节　进口通关程序

进口货物的通关程序，就进口商而言，一般可分为申报进境、交验货物、缴纳税费及凭单提货四个步骤；而就海关而言，则可分为接受申报、审单查验、征税、结关放行四个步骤（见图 19-1）。

一、申报进境

进口货物到港后，进口企业或其代理人就可按照国家海关法令规定，向海关申报验放。

（一）申报时限

《中华人民共和国海关法》规定，进口货物的报关时限为自运输工具申报进境之日起

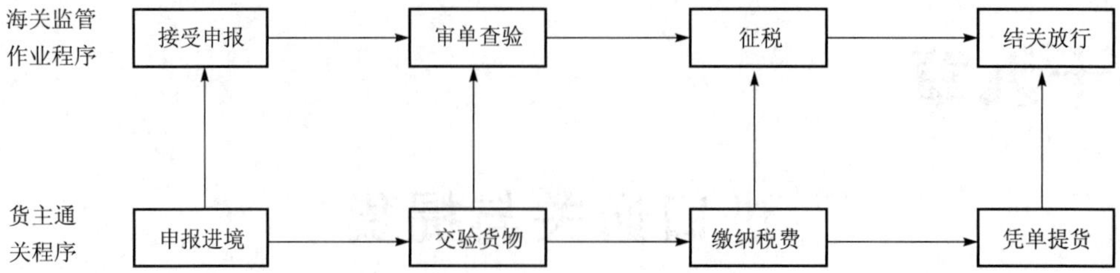

图 19-1　进口通关程序

14 天内；过期申报的，海关会根据过期时长按进口货物的 CIF 或 CIP 价格征收一定比例的滞报金；超过 3 个月还未申报的，海关可以将其变卖，所得款项在扣除运输、装卸、储存等费用及税款后，如尚有余款，自货物变卖起 1 年内，还给已申请的收货人，超期无人申请的则上缴国库。

（二）报关单的填写

进口企业或其代理人在法定期限内办理进口报关时，需要如实填写“进口货物报关单”。

（三）交验单证

申报的有关单证是指与所报货物相对应的，凭以支持报关单填报的单据和证件。除报关单外，报关单证可分为基本单证、特殊单证、预备单证三大类。

（1）基本单证是因进口交易而产生的货物成交、包装、运输、结算和保险等商业单据，主要包括发票、装箱单、提单等。

（2）特殊单证是国家规定实行特殊管制的证件，主要包括进口货物许可证及其他各类特殊管理证件。

（3）预备单证是在办理进口货物手续时，海关可能需要查阅或收取的证件，主要包括合同、原产地证等。

二、审单查验

（一）报关单的审核

海关对报关单证的审核是进口报关的核心环节。在实际业务中，海关先对报关单证做初步审查，再从形式上和内容上进行全面、详细的审核。

（二）进口货物的查验

除海关批准免验的进口货物外，其他货物都必须接受海关的查验，而且必须在海关规定的时间和场所进行。海关确定查验后，由现场接单的海关员打印“查验通知单”。海关查验时，进口货物的收货人或其代理人必须在场，并按照要求配合海关进行查验工作。查验结束后，由陪同人员在“查验记录单”上签名、确认。

三、缴纳税费

我国实行普通与优惠两栏的复式税则制。税则商品分类目录采用国际实行的商品分类目录，在税则适用的原则上采用国际通行的原产地原则。

（一）进口关税的类别

（1）最惠国关税，适用于原产于世界贸易组织成员或从与我国签订有相互给予最惠国待遇条款的双边贸易协定的国家（地区）进口的货物。

（2）协定关税，适用于从我国参加的含有关税优惠条款的区域性贸易协定的有关缔约国（地区）进口的货物。

（3）特惠关税，适用于从与我国签订有特殊优惠关税协定的国家（地区）进口的货物。

（4）普通关税，适用于从上述国家（地区）以外的国家（地区）进口的货物。

（二）海关代征税

海关代征税是指由国内其他税法所规定，由海关代其他机关在进出境环节征收的税项。代征税代征的是国内税。目前，根据不同的征税对象，海关代征税有增值税、消费税、船舶吨税。

（1）增值税。增值税是以商品流通或提供劳务中的增值额为课税对象的一种税。征税对象为在我国境内销售货物或者提供加工、修理修配劳务以及进口货物的单位和个人。根据目前《中华人民共和国增值税暂行条例》的规定，纳税人销售货物、劳务、有形动产租赁服务或者进口货物除特殊规定外，税率为17%；纳税人销售或进口粮食、自来水、图书、饲料等货物，税率为11%。

（2）消费税。消费税是以消费品或消费行为的流转额为课税对象的一种税。消费税的纳税人为在我国境内生产、委托加工和进口国家规定应征消费税的商品的单位和个人。

（3）船舶吨税。船舶吨税是对进入我国港口的外国船舶征收的税种。征税对象为进出我国港口的外国籍船舶的经营人，期租中国籍船舶进出我国港口的外国经营人，中外合资经营以及我国租用外国籍船舶在国际、国内沿海航行进出我国港口的经营人。

（三）其他税费

海关除征收关税和代征税外，还征收监管手续费、反倾销税、反补贴税等其他税费。

（四）进口货物关税

海关根据《中华人民共和国海关进出口税则》的规定，对进口货物和从境外采购进口的原产于中国境内的货物征收进口关税。

四、结关放行

海关在前期审单和验货后，没有发现不正常的情况，在放行前，再派专人对该票进口货物的全部单证及查验货物记录等进行全面的复合审查，确认报关单位手续齐全、单证齐全、货物合法，并已按章纳税，便在货运单据上签章放行，或者由海关签发提货单予以放行，以示海关同意货物进境。但海关对享受特定减免税待遇进口的货物，在放行后仍要进行后续监管。海关放行后，进口商即可提货。

模拟操作提示 19-1

在 SimTrade 实习平台中，进口货物通关由进口商在“业务中心”页面中完成，具体步骤为：

（1）查询进口关税：进入“淘金网”的“产品展示”页，查询对应商品的海关编码，再到“税率查询”页面，输入交易商品对应的海关编码，可查到对应商品的各项税率。

（2）单击“出口商”，添加“进口货物报关单”，并进行填写。

（3）单击标志为“海关”的建筑物，选择“报关”业务，选择相应单据［如“销货合同、商业发票、装箱单、提货单、入境货物通关单（不需进口检验的商品可免附）、进口货物报关单”等］前的复选框，单击“报关”。完成后，海关加盖放行章后返还提货单与进口报关单。

（4）单击“报关”旁边的“缴税”，缴纳税款。

应用案例分析 19-1

进口商卡特贸易公司（Carters Trading Company，LLC）持填制进口货物报关单，向海关申报（见表 19-1）。

主要栏目说明如下：

1. 预录入编号

预录入编号指预录入单位预录入报关单的编号，用于申报单位与海关之间引用其申报后尚未接受申报的报关单。

预录入编号由接受申报的海关填写。报关单录入凭单的编号规则由申报单位自行填写。

在 SimTrade 中，本栏可以不填。

2. 海关编号

海关编号指海关接受申报时给予报关单的编号，应标识在报关单的每一联上。此栏报关单位不用填写。

3. 进口口岸

进口口岸指货物实际进入我国关境口岸海关的名称。

本栏目应根据货物实际进出关境的口岸海关填报“关区代码表”中相应的口岸海关名称及代码。

进口转关运输货物应填报货物进境地海关名称及代码，出口转关运输货物应填报货物出境地海关名称及代码。按转关运输方式监管的跨关区深加工结转货物，出口报关单填报转出地海关名称及代码，进口报关单填报转入地海关名称及代码。

在不同出口加工区之间转让的货物，填报对方出口加工区海关名称及代码。

其他无实际进出境的货物，填报接受申报的海关名称及代码。

4. 备案号

备案号指进出口企业在海关办理加工贸易合同备案或征、减、免税审批备案等手续时，海关给予进料加工登记手册、来料加工及中小型补偿贸易登记手册、外商投资企业履行产品出口合同进口料件及加工出口成品登记手册、电子账册及其分册（以下均简称《加工贸易手册》）、进出口货物征免税证明（以下简称“征免税证明”）或其他有关备案审批文件的编号。

一份报关单只允许填报一个备案号。备案号栏目为 12 位字符，其中第 1 位是标记代码。

无备案审批文件的报关单，本栏目免予填报。

表 19-1　　进口货物报关单

<u>进口货物报关单</u>

预录入编号：　　海关编号：　　页码/页数：

境内收货人 Carters Trading Company, LLC 913320100000001340	进境关别 多伦多		进口日期 2019-06-15		申报日期 2019-06-15	备案号
境外发货人 GRAND WESTERN TRADING CORP.	运输方式 江海运输		运输工具名称及航次号 Ryndam/DY100-08		提运单号 STBLN000002	货物存放地点
消费使用单位 Carters Trading Company, LLC 913320100000001340	监管方式 一般贸易		征免性质 一般征税		许可证号	起运港 南京港
合同协议号 Contract001	贸易国（地区） 中国		起运国（地区） 中国		经停港 南京港	入境口岸 多伦多
包装种类 CARTON	件数 750	毛重（千克） 9750	净重（千克） 8250	成交方式 CIF	运费　保费　杂费 [ ][ ][ ][ ][ ][ ]	
随附单据及编码						
标记唛码及备注　CARTERSCO CONTRACT001 CANADA 1/750						

选择	项号	商品编号	商品名称及规格型号	数量及单位	单价	总价	币制	原产国(地区)	最终目的国(地区)	境内目的地	征免
○	1	6109100022	女式T恤衫 每箱20件，颜色：黑色，面料成份：全棉	15000PC	30	450000	USD	中国	加拿大	多伦多	照章征税

[添 加][修 改][删 除]

报关人员　Carter	报关人员证号　　电话	兹申明对以上内容承担如实申报、依法纳税之法律责任 海关批注及签章
申报单位　Carters Trading Company, LLC 913320100000001340		申报单位（签章）

[打印预览][保存][退出]

具体填报要求如下：

（1）加工贸易合同项下货物，除少量低价值辅料按规定不使用《加工贸易手册》外，其余必须填报《加工贸易手册》编号。

（2）涉及征、减、免税备案审批的报关单，填报“征免税证明”编号。

（3）出入出口加工区的保税货物，应填报标记代码为“H”的电子账册备案号；出入出口加工区的征免税货物、物品，应填报标记代码为“H”、第六位为“D”的电子账册备案号。

（4）使用异地直接报关分册和异地深加工结转出口分册在异地口岸报关的，本栏目应填报分册号；本地直接报关分册和本地深加工结转分册限制在本地报关，本栏目应填报总册号。

（5）加工贸易成品凭“征免税证明”转为享受减免税进口货物的，进口报关单填报“征免税证明”编号，出口报关单填报《加工贸易手册》编号。

（6）对减免税设备及加工贸易设备之间的结转，转入和转出企业分别填制进、出口报关单，在报关单“备案号”栏目分别填报《加工贸易手册》编号、“征免税证明”编号或免予填报。

（7）优惠贸易协定项下实行原产地证书联网管理的货物，应填报原产地证书代码“Y”和原产地证书编号；未实行原产地证书联网管理的货物，本栏目免予填报。

在 SimTrade 中，货物进出口不属于加工贸易类的，无备案审批文件，因此本栏可免予填报。

5. 进口日期

进口日期指运载所申报货物的运输工具申报进境的日期。本栏目填报的日期必须与相应的运输工具进境日期一致。

进口申报时无法确知相应的运输工具的实际进境日期时，本栏目免予填报。

在 H883/EDI 通关系统中，本栏目为 6 位数，顺序为年、月、日各 2 位；在 H2000 通关系统中，本栏目为 8 位数字，顺序为年（4 位）、月（2 位）、日（2 位）。

6. 申报日期

申报日期指海关接受进出口货物的收、发货人或受其委托的报关企业申请的日期。

以电子数据报关单方式申报的，申报日期为海关计算机系统接受申报数据时记录的日期。以纸质报关单方式申报的，申报日期为海关接受纸质报关单并对报关单进行登记处理的日期。

在 H883/EDI 通关系统中，本栏目为 6 位数，顺序为年、月、日各 2 位；在 H2000 通关系统中，本栏目为 8 位数字，顺序为年（4 位）、月（2 位）、日（2 位）。

7. 经营单位

经营单位指对外签订并执行进出口贸易合同的本国境内企业、单位或个体工商户。

本栏目应填报经营单位名称及经营单位编码。经营单位编码是经营单位在海关办理注册登记手续时，海关给予的注册登记 10 位编码。在 SimTrade 中，该经营单位海关代码请在公司基本资料中查找。

特殊情况下确定经营单位原则如下：

（1）援助、赠送、捐赠的货物，填报直接接受货物的单位。

（2）进出口企业之间相互代理进出口的，填报代理方名称。

（3）外商投资企业委托进出口企业进口投资设备、物品的，填报外商投资企业，并在标记唛码及备注栏注明“委托某进出口企业进口”。

（4）有代理报关权的进出口企业在本企业进出口或代理其他企业进出口时，填报本企业的经营单位编码；代理其他企业办理进出口报关手续时，填报委托方经营单位编码。

8. 运输方式

运输方式指载运货物进出关境所使用的运输工具的分类，包括实际运输方式和海关规定的特殊运输方式。

本栏目应根据实际运输方式按海关规定的“运输方式代码表”选择填报相应的运输方式。

特殊情况下运输方式的填报原则如下：

（1）非邮政方式进出口的快递货物，按实际运输方式填报。

（2）进出境旅客随身携带的货物，按旅客所乘运输工具填报。

（3）进口转关运输货物，按载运货物抵达进境地的运输工具填报；出口转关运输货物，按载运货物驶离出境地的运输工具填报。

（4）出口加工区与区外之间进出的货物，区内企业填报“9”，区外企业填报“Z”。

（5）其他无实际进出境的，根据实际情况选择填报“运输方式代码表”中的运输方式：“0”代表非保税区运入保税区和保税区退区，“1”代表境内存入出口监管仓库和出口监管仓库退仓，“7”代表保税区运往非保税区，“8”代表保税仓库转内销，“9”代表其他运输。

（6）同一出口加工区内或不同出口加工区的企业之间相互结转、调拨的货物、出口加工区与其他海关特殊监管区域之间、不同保税区之间、同一保税区内不同企业之间、保税区与出口加工区等海关特殊监管区域之间转移、调拨的货物，填报“9”（其他运输）。

在 SimTrade 中，货物统一通过江海方式运输，在“运输方式代码表”中对应的代码为2，因此本栏可填“江海运输”或代码“2”。

9. 运输工具名称

运输工具名称指载运货物进出境的运输工具的名称或运输工具编号。

本栏目填报内容应与运输部门向海关申报的载货清单所列相应内容一致。

一份报关单只允许填报一个运输工具名称。

具体填报要求如下：

第一，直接在进出境地办理报关手续的报关单具体填报要求。

（1）H883/EDI 通关系统

① 江海运输填报船名或船舶呼号（来往港澳小型船舶填报监管簿编号）+“/”+航次号。

② 公路运输填报该跨境运输车辆的国内行驶车牌号+“/”+进出境日期〔8位数字，顺序为年（4位）、月（2位）、日（2位），下同〕。

③ 铁路运输填报车次（或车厢号）+“/”+进出境日期。

④ 航空运输填报航班号+进出境日期+“/”+总运单号。

⑤ 邮政运输填报邮政包裹单号+“/”+进出境日期。

⑥ 其他运输填报具体运输方式的名称，如管道、驮畜等。

（2）H2000 通关系统

① 江海运输填报船舶编号（来往港澳小型船舶填报监管簿编号）或者船舶英文名称。

② 公路运输填报该跨境运输车辆的国内行驶车牌号，深圳提前报关模式填报国内行驶车牌号+“/”+“提前报关”（4 个汉字）。

③ 铁路运输填报车厢编号或交接单号。

④ 航空运输填报航班号。

⑤ 邮政运输填报邮政包裹单号。

⑥ 其他运输填报具体运输方式的名称，如管道、驮畜等。

⑦ 对于“清单放行，集中报关”的货物填报“集中报关”（4 个汉字）。

第二，转关运输货物进口报关单填报要求。

（1）H883/EDI 通关系统

① 江海运输：直转填报“@”+16 位转关申报单预录入号（或 13 位载货清单号）；中转填报进境英文船名（必须与提单、转关单填写完全一致）+“/”+“@”+进境船舶航次。

② 铁路运输：直转填报“@”+16 位转关申报单预录入号；中转填报车厢编号+“/”+“@”+8 位进境日期。

③ 航空运输：直转填报“@”+16 位转关申报单预录入号；中转填报 8 位分运单号，无分运单的免予填报。

④ 公路及其他各类运输：填报“@”+16 位转关申报单预录入号（或 13 位载货清单号）。

⑤ 以上各种运输方式使用广东地区载货清单转关的提前报关填报“@”+13 位载货清单号；其他地区提前报关免予填报。

（2）H2000 通关系统

① 江海运输：直转、提前报关填报“@”+16 位转关申报单预录入号（或 13 位载货清单号）；中转填报进境英文船名。

② 铁路运输：直转、提前报关填报“@”+16 位转关申报单预录入号；中转填报车厢编号。

③ 航空运输：直转、提前报关填报“@”+16 位转关申报单预录入号（或 13 位载货清单号）；中转填报“@”。

④ 公路及其他各类运输：填报“@”+16 位转关申报单预录入号（或 13 位载货清单号）。

⑤ 以上各种运输方式使用广东地区载货清单转关的提前报关货物填报“@”+13 位载货清单号；其他地区提前报关货物免予填报。

第三，无实际进出境货物报关单。

（1）H883/EDI 通关系统

加工贸易深加工结转及料件结转货物，加工贸易成品凭“征免税证明”转为享受减免税进口的货物，保税区与区外之间进出的货物、同一保税区内或不同保税区的企业之间转移（调拨）的货物、出口加工区与区外之间进出的货物，同一出口加工区内或不同出口加工区的企业之间相互结转、调拨的货物，应先办理进口报关，并在出口报关单本栏目填报转入方关区代码（前两位）及进口报关单号，即“转入××（关区代码）×××××××××（进口报关单/备案清单号）”。按转关运输货物办理结转手续的，按转关运输有关规定填报。

（2）在H2000通关系统下，本栏目免予填报。

上述规定以外无实际进出境的，本栏目免予填报。

在SimTrade中，运输工具名称填船名+“/”+航次号，船名及航次号可参照出口商在Shipping Advice中填写的具体内容。

10. 提运单号

提运单号指进出口货物提单或运单的编号。

本栏目填报的内容应与运输部门向海关申报的载货清单所列相应内容一致。

一份报关单只允许填报一个提运单号，一票货物对应多个提运单时，应分单填报。

具体填报要求如下：

第一，直接在进出境地办理报关手续的报关单。

（1）H883/EDI通关系统

① 江海运输：填报进口提单号。

② 公路运输：免予填报。

③ 铁路运输：填报运单号。

④ 航空运输：填报分运单号，无分运单的填报总运单号。

⑤ 邮政运输：免予填报。

⑥ 无实际进出境的，本栏目免予填报。

（2）H2000通关系统

① 江海运输：填报进出口提运单号。如有分提运单的，填报进出口提运单号+“*”+分提运单号。

② 公路运输：免予填报。

③ 铁路运输：填报运单号。

④ 航空运输：填报总运单号+“_”（下划线）+分运单号，无分运单的填报总运单号。

⑤ 邮政运输：填报邮运包裹单号。

⑥ 无实际进出境的，本栏目免予填报。

第二，转关运输货物进口报关单。

（1）H883/EDI通关系统

① 江海运输：直转、中转填报提单号，提前报关免予填报。

② 铁路运输：直转货物填报11位总运单号+“/”+8位分运单号，无分运单号的填报11位总运单号，中转填报“@”+总运单号，提前报关免予填报。

③ 航空运输：直转货物填报11位总运单号+“/”+8位分运单号，无分运单号的填报11位总运单号；中转填报“@”+总运单号，提前报关免予填报。

④ 其他运输方式，本栏目免予填报。

⑤ 以上各种运输方式进境货物，在广东省内用公路运输转关的，填报车牌号。

（2）H2000 通关系统

① 江海运输：直转、中转填报提单号，提前报关免予填报。

② 铁路运输：直转、中转填报铁路运单号，提前报关免予填报。

③ 航空运输：直转、中转货物填报总运单号+“_ ”+分运单号、提前报关免予填报。

④ 其他运输方式，本栏目免予填报。

⑤ 以上各种运输方式进境货物，在广东省内用公路运输转关的，填报车牌号。

在 SimTrade 中，进口商可在向船公司换回的提货单里查找到相应的提单号。

11. 收货单位

收货单位指已知的进口货物在境内的最终消费、使用单位，包括：

（1）自行从境外进口货物的单位。

（2）委托有外贸进出口经营权的企业进口货物的单位。

本栏目应填报收货单位的中文名称或其海关注册编码，同“经营单位”栏。

加工贸易报关单的收、发货单位应与《加工贸易手册》中的“货主单位”一致；减免税货物报关单的收、发货单位应与“征免税证明”中的“申请单位”一致。

12. 贸易方式

本栏目应根据实际情况，并按海关规定的“贸易方式代码表”选择填报相应的贸易方式简称或代码。

出口加工区内企业填制的“出口加工区进（出）境货物备案清单”应选择填报适用于出口加工区货物的监管方式简称或代码。

一份报关单只允许填报一种贸易方式。

加工贸易报关单特殊情况的填报要求如下：

（1）少量低值辅料（即 5 000 美元以下，78 种以内的低值辅料）按规定不使用《加工贸易手册》的，辅料进口报关单填报“低值辅料”。使用《加工贸易手册》的，按《加工贸易手册》上的贸易方式填报。

（2）外商投资企业按内外销比例为加工内销产品而进口的料件或进口供加工内销产品的料件，进口报关单填报“一般贸易”。

外商投资企业为加工出口产品全部使用国内料件的出口合同，成品出口报关单填报“一般贸易”。

（3）加工贸易料件结转或深加工结转货物，按批准的贸易方式填报。

（4）加工贸易料件转内销货物（及按料件补办进口手续的转内销成品、残次品、半成品）应填制进口报关单，本栏目填报“（来料或进料）料件内销”；加工贸易成品凭“征免税证明”转为享受减免税进口货物的，应分别填制进、出口报关单，本栏目填报“（来料或进料）成品减免”。

（5）加工贸易出口成品因故退运进口及复出口、加工贸易进口料件因换料退运出口及复运进口的，填报与《加工贸易手册》备案相应的退换监管方式简称或代码。

（6）备料《加工贸易手册》中的料件结转入加工出口《加工贸易手册》的，填报相应的来料或进料加工贸易方式。

（7）保税工厂加工贸易进出口货物，根据《加工贸易手册》填报相应的来料或进料加工贸易方式。

（8）加工贸易边角料内销和副产品内销，进口报关单应填报“（来料或进料）边角料内销”。

（9）加工贸易料件或成品放弃，进口报关单应填报“（进料料件或成品）放弃”。

在 SimTrade 中，货物进出口通常都为一般贸易，在“贸易方式代码表”中对应的代码为 0110，因此本栏可填“一般贸易”或代码“0110”。

13. 征免性质

征免性质指海关对进出口货物实施征、减、免税管理的性质类别。

本栏目应按照海关核发的“征免税证明”中批注的征免性质填报，或根据实际情况按海关规定的“征免性质代码表”选择填报相应的征免性质简称或代码。

加工贸易报关单本栏目应按照海关核发的“登记手册”中批注的与征免性质填报相应的征免性质简称或代码。特殊情况的填报要求如下：

（1）保税工厂经营的加工贸易，根据《加工贸易手册》填报“进料加工”或“来料加工”。

（2）外商投资企业按内外销比例为加工内销产品而进口料件，填报“一般征税”或其他相应征免性质。

（3）加工贸易转内销货物，按实际应享受的征免性质填报（如一般征税、科教用品、其他法定等）。

（4）料件退运出口、成品退运进口货物填报“其他法定”（代码 0299）。

（5）加工贸易结转货物本栏目为空。

一份报关单只允许填报一种征免性质。

在 SimTrade 中，货物通常都适用于一般征税，在“征免性质代码表”中对应的代码为 101，因此本栏可填“一般征税”或代码“101”。

14. 征税比例

征税比例仅用于“非对口合同进料加工”（代码 0715）贸易方式下进口料件的进口报关单，此栏填报海关规定的实际应征税比率，如 5% 填报“5”，15% 填报“15”。一般报关单可以不填。

15. 许可证号

应申领进口许可证的货物，必须在此栏目填报商务部及其授权发证机关签发的进口货物许可证的编号，不得为空。

一份报关单只允许填报一个许可证号。

在 SimTrade 中本栏可以不填。

16. 起运国（地区）

起运国（地区）指进口货物直接运抵或者在运输中转国（地）未发生任何商业性交易的情况下运抵进口国的起始发出的国家（地区）。

对发生运输中转的货物，如中转地未发生任何商业性交易，则起运地不变，如中转地发生商业性交易，则以中转地作为起运国（地区）填报。

本栏目应按海关规定的“国别（地区）代码表”选择填报相应的起运国（地区）中文名称或代码。

无实际进境的，本栏目填报“中国”（代码“142”）。

在 SimTrade 中，本栏须填写起运国中文名称。各国家中文名称可在淘金网“运费查询”页查询。

17. 装货港

装货港指进口货物在运抵我国关境前的最后一个境外装运港，即出口港。

本栏目应根据实际情况按海关规定的“港口航线代码表”选择填报相应的港口中文名称或代码。

无实际进境的，本栏目填报“中国境内”（代码“0142”）。

在 SimTrade 中，本栏须填写装货港中文名称。各国家中文名称可在淘金网“运费查询”页查询。

18. 境内目的地

境内目的地指已知的进口货物在国内的消费地、使用地或最终运抵地（在 SimTrade 中可以不填）。

本栏目应根据进口货物的收货单位所属国内地区，并按海关规定的“国内地区代码表”选择填报相应的国内地区名称或代码。

19. 批准文号

本栏目用于填报“进口付汇核销单”编号。

20. 成交方式

本栏目应根据实际成交价格条款按海关规定的“成交方式代码表”选择填报相应的成交方式代码。无实际进境的，填报 CIF 价。

在 SimTrade 中，有三种成交方式可用，它们在“成交方式代码表”中对应的代码分别为：

CIF 代码：1

CFR 代码：2

FOB 代码：3

21. 运费

本栏目用于成交价格中不包含运费的进口货物，应填报该份报关单所含全部货物的国际运输费用。可按运费单价、总价或运费率三种方式之一填报，同时注明运费标记，并按海关规定的“货币代码表”选择填报相应的币种代码。

运保费合并计算的，运保费填报在本栏目内。

运费标记“1”表示运费率，“2”表示每吨货物的运费单价，“3”表示运费总价。

第一，H883/EDI 通关系统。

（1）运费率：直接填报运费率的数值，如 5% 的运费率填报“5”。

（2）运费单价：填报运费币值代码+“/”+运费单价的数值+“/”+运费单价标记，如 24 美元的运费单价填报“502/24/2”。

（3）运费总价：填报运费币值代码+“/”+运费总价的数值+“/”+运费总价标记，如7 000美元的运费总价填报“502/7000/3”。

第二，H2000通关系统。

（1）运费标记填写在运费标记处。

（2）运费价格填写在运费价格处。

（3）运费币制填写在运费币制处。

在SimTrade中，本栏统一以运费总价填报，填写格式为：币种+金额。计算方法请参照在线帮助中“预算表的填写”。

22. 保费

本栏目用于成交价格中不包含保险费的进口货物，应填报该份报关单所含全部货物国际运输的保险费用。可按保险费总价或保险费率两种方式之一填报，同时注明保险费标记，并按海关规定的“货币代码表”选择填报相应的币种代码。

运保费合并计算的，运保费填报在运费栏目中。

保险费标记“1”表示保险费率，“3”表示保险费总价。

第一，H883/EDI通关系统。

（1）保费率：直接填报保费率的数值，如3‰的保险费率填报“0.3”。

（2）保费总价：填报保费币值代码+“/”+保费总价的数值+“/”+保费总价标记，如10 000港元保险费总价填报“110/10 000/3”。

第二，H2000通关系统。

（1）保费标记填写在保费标记处。

（2）保费总价填写在保费总价处。

（3）保费币制填写在保费币制处。

在SimTrade中，本栏统一以保险费总价填报，填写格式为：币种+金额。计算方法请参照在线帮助中“预算表的填写”。

23. 杂费

杂费指成交价格以外的、应计入完税价格或应从完税价格中扣除的费用，如手续费、佣金、回扣等，可按杂费总价或杂费率两种方式之一填报，同时注明杂费标记，并按海关规定的“货币代码表”选择填报相应的币种代码。

应计入完税价格的杂费填报正值或正率，应从完税价格中扣除的杂费填报负值或负率。

杂费标记“1”表示杂费率，“3”表示杂费总价。

第一，H883/EDI通关系统。

（1）杂费率：直接填报杂费率的数值，如：应计入完税价格的1.5%的杂费率填报“1.5”，应从完税价格中扣除的1%的回扣率填报“-1”。

（2）杂费总价：填报杂费币值代码+“/”+杂费总价的数值+“/”+杂费总价标记，如：应计入完税价格的500英镑杂费总价填报“303/500/3”。

第二，H2000通关系统。

（1）杂费标记填写在杂费标记处。

（2）杂费总价填写在杂费总价处。

（3）杂费币制填写在杂费币制处。

在 SimTrade 中，本栏统一以杂费总价填报，填写格式为：币种+金额。如没有，可不填。

24. 合同协议号

本栏目应填报进（出）口货物合同（协议）的全部字头和号码。

25. 件数

本栏目应填报有外包装的进口货物的实际件数。特殊情况的填报要求如下：

（1）舱单件数为集装箱（TEU）的，填报集装箱个数。

（2）舱单件数为托盘的，填报托盘数。

本栏目不得填报零，裸装货物填报 1。

在 SimTrade 中，本栏应填入包装总件数，计算方法请参照在线帮助中“了解产品的基本特点”。

26. 包装种类

本栏目应根据进口货物的实际外包装种类，按海关规定的“包装种类代码表”选择填报相应的包装种类代码。

在 SimTrade 中，货物包装种类请在商品详细资料中查找。

27. 毛重（千克）

毛重（千克）指货物及其包装材料的重量之和。

本栏目填报进口货物实际毛重，计量单位为千克，不足 1 千克的填报 1。

在 SimTrade 中，总毛重计算方法请参照在线帮助中“了解产品的基本特点”。

28. 净重（千克）

净重（千克）指货物的毛重减去外包装材料后的重量，即商品本身的实际重量。

本栏目填报进口货物的实际净重，计量单位为千克，不足 1 千克的填报 1。

在 SimTrade 中，总净重计算方法请参照在线帮助中“了解产品的基本特点”。

29. 装箱号

集装箱号是在每个集装箱箱体两侧标示的全球唯一的编号，在 SimTrade 中可不填。

本栏目用于填报和打印集装箱编号及数量。集装箱数量四舍五入填报整数，非集装箱货物填报 0。

第一，H883/EDI 通关系统。

填报：一个集装箱号+“＊”+集装箱数+“（折合标准集装箱数）”。

如：TEXU3605231＊1（1）表示 1 个标准集装箱。

EXU3605231＊2（3）表示 2 个集装箱，折合为 3 个标准集装箱，其中 1 个箱号为 TEXU3605231。

在多于 1 个集装箱的情况下，其余集装箱编号打印在备注栏或随附清单上。

第二，H2000 通关系统。

在集装箱表中，1 个集装箱填 1 条记录，分别填报集装箱号、规格和自重。

30. 随附单据

随附单据指随进口货物报关单一并向海关递交的单证或文件，合同、发票、装箱单、许可证等必备的随附单证不在本栏目填报。

第一，H883/EDI 通关系统。

本栏目按海关规定的“监管证件名称代码表”选择填报相应证件的代码，证件编号填报在“标记唛码及备注”栏后半部分。

第二，H2000 通关系统。

本栏目分为随附单据代码和随附单据编号两项，其中代码栏应按海关规定的“监管证件名称代码表”选择填报相应证件的代码填报，编号栏应填报许可证件编号。

第三，优惠贸易协定项下进出口货物。

“Y”为原产地证书代码。优惠贸易协定代码选择“01”“02”“03”或“04”填报：

“01”为“曼谷协定及中巴优惠贸易安排”项下的进口货物；

“02”为“中国与东盟全面经济合作框架协定项下‘早期收获’方案”（简称“中国东盟早期收获”），包括“中泰蔬菜水果协定”项下的进口货物以及对原产于老挝、柬埔寨、缅甸的进口货物；

“03”为“内地与香港关于建立更紧密经贸关系的安排”项下的进口货物；

“04”为“内地与澳门关于建立更紧密经贸关系的安排”项下的进口货物。

具体填报要求如下：

（1）实行原产地证书联网管理的，H2000 通关系统下，在本栏随附单证代码项下填写“Y”，在随附单证编号项下的“<>”内填写优惠贸易协定代码。例如，中国香港 CEPA 项下进口商品，应填报“Y”和“<03>”；H883/EDI 通关系统下，此栏不填报原产地证书相关内容。

（2）未实行原产地证书联网管理的，H2000 通关系统下，在报关单“随附单据”栏随附单证代码项下填写“Y”，在随附单证编号项下“<>”内填写优惠贸易协定代码+“：”+需证商品序号。例如，《亚太经社会发展中成员国之间贸易谈判第一协定》（简称《曼谷协定》）项下进口报关单中第 1 项到第 3 项和第 5 项为优惠贸易协定项下商品，应填报“<01：1-3，5>”；H883/EDI 通关系统下，此栏不填报原产地证书相关内容。

优惠贸易协定项下货物，本栏目填报原产地证书代码和编号。

31. 用途

应根据进口货物的实际用途按海关规定的“用途代码表”选择填报相应的用途代码，如“以产顶进”填报“13”。

在 SimTrade 中，货物通常都用于自营内销，在“用途代码表”中对应的代码为 01，因此本栏可填“外贸自营内销”或代码“01”。

32. 标记唛码及备注

标记唛码及备注应与合同相关内容一致，请参照“Shipping Mark”栏。

第一，H883/EDI 通关系统。

（1）本栏目上部用于打印以下内容，具体填报如下：

① 标记唛码中除图形以外的文字、数字。

② 受外商投资企业委托代理其进口投资设备、物品的进出口企业名称。

③ 加工贸易结转货物及凭“征免税证明”转内销货物，其对应的备案号应填报在本栏

目，即“转至（自）××××××××××××手册”。

④ 实行原产地证书联网管理的优惠贸易协定项下进口货物，填写“<”+“协”+“优惠贸易协定代码”+“>”，如中国香港 CEPA 项下进口报关单应填“<协 03>”；未实行原产地证书联网管理的优惠贸易协定项下进口货物，填写“<”+“协”+“优惠贸易协定代码”+“:”+“需证商品序号”+“>”，如《曼谷协定》项下进口报关单中第 1 项到第 3 项和第 5 项为优惠贸易协定项下商品，应填“<协 01：1-3，5>”。

⑤ 其他申报时必须说明的事项。

（2）本栏目下部供填报随附单据栏中监管证件的编号，具体填报如下：

① 监管证件代码+“:”+监管证件号码。一份报关单多个监管证件的，连续填写。

② 一票货物多个集装箱的，在本栏目打印其余的集装箱号（最多 160 个字节，其余集装箱号手工抄写）。

第二，H2000 通关系统。

（1）标记唛码中除图形以外的文字、数字。

（2）受外商投资企业委托代理其进口投资设备、物品的进出口企业名称。

（3）与本报关单有关联关系的，同时在业务管理规范方面又要求填报的备案号，如加工贸易结转货物及凭“征免税证明”转内销货物，其对应的备案号应填报在“关联备案”栏。

（4）与本报关单有关联关系的，同时在业务管理规范方面又要求填报的报关单号，应填报在“关联报关单”栏。

加工贸易结转类的报关单，应先办理进口报关，并将进口报关单号填入出口报关单的“关联报关单”栏。

33. 增加商品明细

在商品明细栏中点“添加”，逐项填写商品资料（见表 19-2）。

表 19-2　　　　商品明细表

项次序号：	1		
产品编号：	01005		
商品编号（H.S.编码）：	2005800000		
商品名称：	甜玉米罐头		
商品规格：	每箱6罐，每罐3 060克		
数　　量：	800	计量单位：	CARTON
目的国(地区)：	加拿大	征　　免：	照章征税
币　　制：	USD	单　　价：	14
		总金额：	11200

34. 项号

本栏目分两行填报及打印。

第一行打印报关单中的商品排列序号。

第二行专用于加工贸易等已备案的货物，填报和打印该项货物在《加工贸易手册》中的项号。

加工贸易合同项下进出口货物，必须填报与《加工贸易手册》一致的商品项号，所填报项号用于核销对应项号下的料件或成品数量。特殊情况的填报要求如下：

(1) 深加工结转货物，分别按照《加工贸易手册》中的进口料件项号和出口成品项号填报。

(2) 料件结转货物（包括料件、成品和半成品折料），出口报关单按照转出《加工贸易手册》中进口料件的项号填报；进口报关单按照转进《加工贸易手册》中进口料件的项号填报。

(3) 料件复出口货物（包括料件、边角料、来料加工半成品折料），出口报关单按照《加工贸易手册》中进口料件的项号填报；料件退换货物（包括料件、不包括半成品），出口报关单按照《加工贸易手册》中进口料件的项号填报。

(4) 成品退运货物，退运进境报关单和复运出境报关单按照《加工贸易手册》原出口成品的项号填报。

(5) 加工贸易料件转内销货物（及按料件补办进口手续的转内销成品、半成品、残次品）应填制进口报关单，本栏目填报《加工贸易手册》进口料件的项号。加工贸易边角料、副产品内销的，本栏目填报《加工贸易手册》中对应的料件项号。当边角料或副产品对应一个以上料件项号时，填报主要料件项号。

(6) 加工贸易成品凭“征免税证明”转为享受减免税进口货物的，应先办理进口报关手续。进口报关单本栏目填报“征免税证明”中的项号，出口报关单本栏目填报《加工贸易手册》原出口成品项号，进、出口报关单货物数量应一致。

(7) 加工贸易料件、成品放弃的，本栏目应填报《加工贸易手册》中的项号。半成品放弃的应按单耗折回料件，以料件放弃申报的，本栏目填报《加工贸易手册》中对应的料件项号。

(8) 加工贸易副产品退运出口、结转出口或放弃的，本栏目应填报《加工贸易手册》中新增的变更副产品的出口项号。

(9) 经海关批准实行加工贸易联网监管的企业，对按海关联网监管要求企业需申报报关清单的，应在向海关申报货物进出口（包括形式进出口）报关单前，向海关申报“清单”。一份报关清单对应一份报关单，报关单商品由报关清单归并而得。加工贸易电子账册报关单中项号、品名、规格等栏目的填制规范比照《加工贸易手册》。

优惠贸易协定项下实行原产地证书联网管理的报关单分两行填写。第一行填写报关单中商品排列序号，第二行填写对应的原产地证书上的“商品项号”。

在 SimTrade 中，本栏请依序填列商品项目，有几项填几项。如果只有单项商品，仍要列明项目“1”；如果商品品名有多项，则必须按“1、2、3……”分行列出。

35. 产品编号

产品编号指按海关规定的商品分类编码规则确定的进口货物的商品编号。

《加工贸易手册》中商品编号与实际商品编号不符的，应按实际商品编号填报。

在 SimTrade 中，本栏应与合同中的“Product No.”项相一致。

36. 商品编号

商品编号即商品的海关编码，按《商品分类及编码协调制度》8位数字填写，如皮革服装的H. S. 编码为42031000。

在SimTrade中，海关编码请在商品基本资料中查找。

37. 商品名称、规格型号

本栏目分两行填报及打印。

第一行打印进口货物规范的中文商品名称，第二行打印规格型号，必要时可加注原文。

具体填报要求如下：

（1）商品名称及规格型号应据实填报，并与所提供的商业发票相符。

（2）商品名称应当规范，规格型号应当足够详细，以能满足海关归类、审价及许可证件管理要求为准。根据商品属性，本栏目填报内容包括品名、牌名、规格、型号、成分、含量、等级、用途、功能等。

（3）加工贸易等已备案的货物，本栏目填报录入的内容必须与备案登记中同项号下货物的名称与规格型号一致。

（4）对需要海关签发“货物进口证明书”的车辆，商品名称栏应填报“车辆品牌+排气量（注明cc）+车型（如越野车、小轿车等）”。进口汽车底盘可不填报排气量。车辆品牌应按照“进口机动车辆制造厂名称和车辆品牌中英文对照表”中“签注名称”一栏的要求填报。规格型号栏可填报“汽油型”等。

（5）同一收货人使用同一运输工具同时运抵的进口货物应同时申报，视为同一报检状态，据此确定其归类。成套设备、减免税货物如需分批进口，货物实际进口时，应按照实际报检状态确定归类。

（6）加工贸易边角料和副产品内销、边角料复出口的，本栏目应填报其报检状态的名称和规格型号。属边角料、副产品、残次品、受灾保税货物且按规定需加以说明的，应在本栏目中填注规定的字样。

38. 数量及单位

数量及单位指进口商品的实际数量及计量单位，如9 530PC。

本栏目分三行填报及打印。

具体填报要求如下：

（1）进出口货物必须按海关法定计量单位填报，法定第一计量单位及数量打印在本栏目第一行。

（2）凡海关列明第二计量单位的，必须填报该商品第二计量单位及数量，打印在本栏目第二行。无第二计量单位的，本栏目第二行为空。

（3）成交计量单位及数量应当填报并打印在第三行。

（4）法定计量单位为“千克”的数量填报，特殊情况的填报要求如下：

① 装入可重复使用的包装容器的货物，按货物的净重填报，如罐装同位素、罐装氧气及类似品等，应扣除其包装容器的重量。

② 使用不可分割包装材料和包装容器的货物，按货物的净重填报（即包括内层直接包装的净重重量），如采用供零售包装的酒、罐头、化妆品及类似品等。

③ 按照商业惯例以公量重计价的商品，应按公量重填报，如未脱脂羊毛、羊毛条等。

④ 采用以毛重作为净重计价的货物，可按毛重填报，如粮食、饲料等价格较低的农副产品。

⑤ 成套设备、减免税货物如需分批进口，货物实际进口时，应按照实际报检状态确定数量。

⑥ 根据 H.S. 归类规则，零部件按整机归类的，法定第一数量填报“0.1”，有法定第二数量的，按照货物实际净重申报。

⑦ 具有完整品或制成品基本特征的不完整品、未制成品，按照 H.S. 归类规则应按完整品归类的，申报数量按照构成完整品的实际数量申报。

（5）加工贸易等已备案的货物，成交计量单位必须与《加工贸易手册》中同项号下货物的计量单位一致，加工贸易边角料和副产品内销、边角料复出口的，本栏目应填报其报检状态的计量单位。

39. 原产国（地区）

原产国（地区）指进出口货物的生产、开采或加工制造国家（地区）。

本栏目应按海关规定的“国别（地区）代码表”选择填报相应的国家（地区）名称或代码。

加工贸易报关单特殊情况的填报要求如下：

（1）料件结转货物，出口报关单填报“中国”（代码 0142），进口报关单填报原料件生产国。

（2）深加工结转货物，进出口报关单均填报“中国”（代码 0142）。

（3）料件复运出境货物，填报实际最终目的国；加工出口成品因故退运境内的，填报“中国”（代码 0142），复运出境时填报实际最终目的国。

（4）加工贸易转内销时，最终目的国（地区）需区分两种情况：

① 料件内销时，原产国（地区）按料件的生产国（即料件进口时的原产国）填报；

② 加工成品转内销时，填报“中国”（代码 0142）。

（5）料件内销货物，属加工成品、半成品、残次品、副产品状态内销的，进口报关单内栏目均填报“中国”（代码 0142）。属剩余料件状态内销的，进口报关单填报原料件生产国。

在 SimTrade 中，本栏须填写原产国的中文名称。各国家中文名称可在淘金网“运费查询”页查询。

40. 单价

本栏目应填报同一项号下进口货物实际成交的商品单位价格。

无实际成交价格的，本栏目填报货值。

41. 总价

本栏目应填报同一项号下进口货物实际成交的商品总价。

海关估价时，应在 H2000 通关系统“海关总价”栏修改。

无实际成交价格的，本栏目填报货值。

42. 币制

币制指进口货物实际成交价格的币种。

本栏目应根据实际成交情况按海关规定的“货币代码表”选择填报相应的货币名称或代码，如“货币代码表”中无实际成交币种，需转换后填报。

43. 征免

征免指海关对进口货物进行征税、减税、免税或特案处理的实际操作方式。

本栏目应按照海关核发的“征免税证明”或有关政策规定，对报关单所列每项商品选择填报海关规定的“征减免税方式代码表”中相应的征减免税方式。

加工贸易报关单应根据《加工贸易手册》中备案的征免规定填报。

不能按备案的征免规定填报，而应填报“全免”。

在 SimTrade 中，货物通常都适用于照章征税，因此本栏可填“照章征税”。

44. 税费征收情况

本栏目供海关批注进口货物税费征收及减免情况。

45. 录入员

本栏目用于记录预录入操作人员的姓名并打印。

46. 录入单位

本栏目用于记录并打印电子数据报关单的录入单位名称。

47. 申报单位、报关员、单位地址、邮编、电话

本栏目指报关单左下方用于填报申报单位有关情况的总栏目。

申报单位是指对申报内容的真实性直接向海关负责的企业或单位。自理报关的，应填报进口货物的经营单位名称及代码；委托代理报关的，应填报经海关批准的专业或代理报关企业名称及代码。

本栏目还包括报关单位地址、邮编和电话等分项目，由申报单位的报关员填报。

48. 制单日期

制单日期指报关单的填制日期。预录入和 EDI 报关单的制单日期由计算机自动打印生成。

（1）在 H883/EDI 通关系统中，本栏目为 6 位数字，顺序为年、月、日，各 2 位。

（2）在 H2000 通关系统中，本栏目为 8 位数字，顺序为年（4 位）、月（2 位）、日（2 位）。

49. 海关审单批注及放行日期（签章）

本栏目指供海关内部作业时签注的总栏目，由海关关员手工填写在预录入报关单上。

其中“放行”栏填写海关对接受申报的进出口货物做出放行决定的日期。

第二节　进口提货

进口商取得货运单据后，即可携提单（B/L）至船公司换领小提单（D/O）后提货。

提货的方式有仓库提货、集装箱提货及船边提货三种形式。

一、仓库提货

进口商办妥报关、缴税及放行手续后，即可备妥货车，凭提货单与海关放行单向仓库管理人员核章，缴纳相关费用后办理提领货物出库手续，并将货物装车运走。

二、集装箱提货

（1）进口商接到船公司到货通知后，若为整箱货，则前往集装箱堆场（CY）提货，用拖车将集装箱运走。

（2）若为拼箱货，则前往集装箱集散站（CFS）提货，雇卡车运走。

三、船边提货（Take Delivery at Ship's Side）

进口货品如为危险品、易腐品、活动物、数量庞大无法进仓的货品，应采用此种方式。进口商将小提单（D/O）交给船长或大副，直接以船上的吊杆将货物吊到货主的货车或驳船上，经海关查验后运走。

模拟操作提示 19-2

在 SimTrade 实习平台中，货物完成进口报关后即可提货（事先需先到船公司凭提单换领提货单），提货的具体步骤为：单击标志为“海关”的建筑物，选择“提货”业务，即可完成提货。

应用案例分析 19-2

进口商卡特贸易公司（Carters Trading Company，LLC）持提单（B/L）向船公司换领提货单（D/O）（见表 19-3）。

表 19-3　　　　　　　　　　　　提货单

中国外运江苏公司

SINOTRANS JIANGSU CORP.

提　货　单

DELIVERY ORDER

No. STBLO000003

收货人： Carters Trading Company, LLC　　　　致：＿＿＿＿＿＿＿＿港区、场、站

下列货物已办妥手续，运费结清，准予交付收货人。

收货人开户银行帐号	SIM-dst022		
船名 Volendam	航次 DY100-07	起运港 Nanjing	目的地 Toronto
提单号 STBLN000004	交付条款	到付海运费 到付	合同号 Contract01
卸货地点 Toronto	抵港日期 2019-09-28	进库场日期 2019-09-28	第一程运输

货名		集装箱号/铅封号	
集装箱数	20' X 1	GVDU2027764/201344	
件数	800CARTON		
重量	16157KGS		
体积	21M3		
标　志			

请核对发货。

收货人章 1	海关章 2	3	4
5	6	7	8

第二十章

进口付汇核销

学习目标

通过对本章的学习，学生应熟悉进口付汇核销的概念、对象和范围，了解进口付汇核销方式，掌握进口付汇核销流程的实务模拟操作过程。

学习要求

知识要点	能力要求	相关知识
进口付汇核销	（1）熟悉进口付汇核销的概念和制度 （2）熟悉进口付汇核销的对象 （3）熟悉进口付汇核销的范围	（1）进口付汇核销制度 （2）进口付汇核销的对象 （3）进口付汇核销的范围
进口付汇核销程序	（1）了解进口付汇核销方式 （2）熟悉进口付汇核销流程 （3）掌握进口付汇核销的实务模拟操作过程	（1）进口付汇核销方式 （2）进口付汇核销的流程

主要概念

付汇核销　同步核销　跟踪核销　核销流程　核销单证

第一节　进口付汇核销的概念、对象和范围

进口付汇核销就是进口商将货款付出后，国家外汇管理局对其相应的到货付汇等进行核销的行为。

一、进口付汇核销制度的概念

简单地说，进口付汇核销制度就是外汇管理局在海关的配合和外汇指定银行的协助下，对进口单位的进口付汇直至报关到货的全过程进行监管、核查的一种外汇管理制度。

二、进口付汇核销的对象

进口付汇核销的对象为经商务部或其授权单位批准的经营进口业务的企业、事业单位和

外商投资企业，简称进口单位。

三、进口付汇核销的范围

进口单位以通过国家指定银行购汇或从现汇账户划账的方式，向境外（包括保税区）支付有关进口商品的货款、预付款、尾款等，均需办理核销手续。

（一）进口商品货款

进口商品货款主要包括进口货物及用于转口贸易而对外支付的外汇款项。

（二）预付款

预付款是不超过合同总值15%或绝对金额不超过10万美元的预付外汇货款。

（三）尾款及其他

因多次付汇造成的余款，是原进口付汇总额的一部分。

（四）下列情况不在核销范围内

1. 非贸易项下的付汇
2. 无须付汇而到货的
3. 保税区内进口单位的付汇

第二节　进口付汇核销的程序

进口商必须在到货（具体为办理有关货物进口报关后）1个月内，通过网上申报向所在地的外汇管理局办理进口到货付汇核销。

一、核销方式

（一）同步核销

货到付款项下的进口付汇核销，是由进口单位通过网上申报，向外汇指定银行办理进口付汇的同时，视为已办妥核销手续。外汇指定银行在报关单上标注“已供汇”字样，并将正本报关单留存。

（二）跟踪核销

在信用证、托收、预付货款结算方式项下，进口单位在指定银行办理付汇后，凭进口付汇核销单、备案表正本、进口货物报关单通过网上申报向外汇管理局办理核销报审手续。

（三）其他核销

转口贸易项下的进口付汇，进口单位凭转口所得的有关结汇水单通过网上申报向外汇管理局办理核销手续。

二、核销流程

（一）报送的单证

如实填写“贸易进口付汇到货核销表”“贸易进口付汇未到货核销单”进口单位应在办理有关进口货物报关手续后的1个月内，根据当月实际到货和未到货情况，通过网业申报将有关单证、操作员IC卡，及时送往所在地的外汇管理局审查。

报送的单证有：

（1）“贸易进口付汇到货核销表”（一式三联，并且均加盖公章）或“贸易进口付汇未到货核销表”；

（2）“贸易进口付汇核销单”第二联；

（3）“进口付汇备案表”第二联（若有）；

（4）“进口货物报关单”（付汇证明联）。

（二）核销单证的审查

外汇管理局的工作人员审查企业所交单证及IC卡，若审核无误，则在“贸易进口付汇核销表”或“贸易进口付汇未到货核销表”、“贸易进口付汇核销单”第二联、“进口付汇备案表”第二联、“进口货物报关单”正本上加盖“已报审”章，并将上述单据与其他随附单据和IC卡一起退交进口企业（其中“贸易进口付汇到货核销表”或“贸易进口付汇未到货核销表”均只退其中一联）。

模拟操作提示 20-1

在 SimTrade 实习平台中，进口付汇核销在“业务中心”页面中完成，具体步骤为：

（1）单击“出口商”，添加“贸易进口付汇到货核销表”进行网上申报填写；

（2）单击“外管局”的建筑物，再单击“付汇核销”，选择需要提交的单据（如进口付汇核销单、进口付汇到货核销表、进口货物报关单），再单击“付汇核销”的按钮即完成核销。

应用案例分析 20-1

进口商卡特贸易公司（Carters Trading Company，LLC）填制的“进口付汇核销单”见表20-1，“进口付汇到货核销表”见表20-2。

进口付汇核销单主要栏目说明如下。

1. 印单局代码

印单局代码为印制本核销单的六位外汇局代码（在 SimTrade 中可不填）。

2. 核销单编号

此栏由各印制本核销单的外汇局自行编制。

3. 单位代码

此栏应根据国家技术监督局颁发的组织机构代码填写。

在 SimTrade 中，单位代码请在公司基本资料中查找。

4. 所在地外汇局名称

所在地外汇局名称指付汇单位所在地外汇局名称（在 SimTrade 中可不填）。

5. 付汇银行名称

付汇银行名称通常为进口地银行。

6. 收汇人国别

收汇人国别指该笔对外付款的实际收款人常驻国家，即出口国家。

7. 交易编码

交易编码应根据本笔对外付汇交易的性质，对应“国家外汇管理局国际收支交易编码表”填写。

表 20-1　　　　　　　　　　　　进口付汇核销单

贸易进口付汇核销单（代申报单）

印单局代码： 320000　　　　　　　　　　　　　　　核销单编号： STICA000001

单位代码 00000005-8	单位名称 Carters Trading Company, LLC	所在地外汇局名称
付汇银行名称 THE CHARTERED BANK	收汇人国别 China	交易编码 0101
收款人是否在保税区：是 ☐ 否 ☑	交易附言	

对外付汇币种 USD　　　　对外付汇总额 11200.00

其中：购汇金额 11200.00　　　　现汇金额　　　　其他方式金额

人民币账号 066420123005214　　　　外汇帐号

付汇性质

☑ 正常付汇

☐ 不在名录　　☐ 90天以上信用证　　☐ 90天以上托收　　☐ 异地付汇

☐ 90天以上到货　　☐ 转口贸易

备案表编号

预计到货日期 19/10/2019	进口批件号	合同/发票号 Contract01/STINV000001

结算方式

信用证	90天以内 ☑　90天以上 ☐	承兑日期　/　/	付汇日期　/　/	期限	天
托收	90天以内 ☐　90天以上 ☐	承兑日期　/　/	付汇日期　/　/	期限	天

汇款	预付货款 ☐	货到付汇（凭报关单付汇） ☐		付汇日期　/　/
	报关单号	报关日期　/　/	报关单币种	金额
	报关单号	报关日期　/　/	报关单币种	金额
	报关单号	报关日期　/　/	报关单币种	金额
	报关单号	报关日期　/　/	报关单币种	金额
	报关单号	报关日期　/　/	报关单币种	金额
	（若报关单填写不完，可另附纸。）			

其他 ☐　　　　付汇日期　/　/

以下由付汇银行填写

申报号码：

业务编号：　　　　审核日期：　/　/　　（付汇银行签章）

0101　一般贸易

0102　国家间、国际组织无偿援助和赠送的物资

0103　华侨、港澳台同胞、外籍华人捐赠物资

0104　补偿贸易

0105　来料加工装配贸易

0106　进料加工装配贸易

0107　寄售代销贸易

0108　边境小额贸易

0109　来料加工装配进口的设备

0111　租赁贸易

0112　免税外汇商品

0113　出料加工贸易

0114　易货贸易

0115　外商投资企业进口供加工内销的料、件

0116　其他

0201　预付货款

在 SimTrade 中，都为一般贸易。

8. 交易附言

交易附言是付款人对该笔对外付款用途的描述，可不填。

9. 对外付汇币种、报关单币种

此栏应按币种的英文缩写填写。

10. 对外付汇总额、购汇金额、现汇金额、其他方式金额、汇款中报关单金额

此栏应用阿拉伯数字填写。

11. 人民币账号、外汇账号

此栏应根据如下规定填报：如所付款项系从现汇账户中支出，则在“外汇账号”栏填写该现汇账户的账号；如所付款项系从银行购得的外汇，则在“人民币账号”栏填写其用于购汇的人民币账户的账号。

12. 付汇性质

此栏应在适当的付汇性质上打“√”。其中，“正常付汇”系指除不在名录、90 天以上信用证、90 天以上托收、异地付汇、90 天以上到货、转口贸易、境外工程使用物资、真实性审查以外无须办理进口付汇备案业务的付款业务；“90 天以上信用证”及“90 天以上托收”均系指付汇日期距承兑日期在 90 天以上的对外付汇业务；除“正常付汇”之外的各付汇性质在标注“√”时，均须对应填写备案表编号。

13. 结算方式

此栏应在适当的结算方式上打“√”。其中，90 天以内信用证、90 天以内托收的付汇日期距该笔付汇的承兑日期均小于 90 天且含 90 天；90 天以上信用证、90 天以上托收的付汇日期距该笔付汇的承兑日期均大于 90 天；结算方式为“货到付汇”时，应同时填写对应的“报关单号、报关日期、报关单币种、金额”。

14. 申报号码

申报号码共 22 位。第 1 位至第 6 位为地区标识码，第 7 位至第 10 位为银行标识码，第 11 位和第 12 位为金融机构顺序号，第 13 位至第 18 位为该笔贸易进口付汇的付汇日期或该笔对外付汇的申报日期，最后 4 位为银行营业部门的当日业务流水码。

15. 其他各栏

此栏按栏目提示对应填写。

进口付汇到货核销表主要栏目说明如下。

1. 进口单位名称

此栏按报关单上的“经营单位”填写单位的中文全称。

2. 进口单位编码

此栏根据实际情况填写单位的企业代码。

3. 核销表编号

此栏在 SimTrade 中由系统自动生成。

表 20-2　　　　进口付汇到货核销表

2019 年　9 月贸易进口付汇到货核销表

进口单位名称：Carters Trading Company, LLC　　进口单位编码：00000005-8　　核销表编号：STICE000001

付汇情况							报关到货情况								
序号	核销单号	备案表号	付汇币种金额	付汇日期	结算方式	付汇银行名称	应到货日期	报关单号	到货企业名称	报关币种金额	报关日期	与付汇差额 退汇	与付汇差额 其他	凭报关单付汇	备注
1	STICA00000		[USD][11200	2019-09-22	L/C	THE CHARTERED BANK	2019-09-22	STIAC00000	Carters Trading Company,	[USD][11200]	2019-09-23				

付汇合计笔数：1	付汇合计金额：[USD][11200]	到货报关合计笔数：1	到货报关合计金额：[USD][11200]	退汇合计金额：[ ][ ]	凭报关单付汇合计金额：[ ][ ]
至本月累计笔数：	至本月累计金额：[ ][ ]	至本月累计笔数：	至本月累计金额：[ ][ ]	至本月累计金额：[ ][ ]	至本月累计金额：[ ][ ]

填表人：Carter　　负责人：Carter　　填表日期：2019 年 9 月 22 日

第二联：进口单位留存　　本核销表内容无讹。

4. 序号

此栏依次填写核销笔数“1、2、3……”。

5. 核销单号

此栏填写到货对应的核销单编号。

6. 备案表号

此栏填写备案表编号（在 SimTrade 中可不填）。

7. 付汇币种金额

此栏按核销单上的“对外付汇总额”填写。

8. 付汇日期

此栏填写核销单上的付汇日期。

9. 结算方式

结算方式有 L/C、D/P、T/T 等。

10. 付汇银行名称

此栏填写核销单上的“付汇银行名称”。

11. 应到货日期

此栏按报关单上的“进口日期”填写。

12. 报关单号

此栏按报关单编号填写。

13. 到货企业名称

此栏按报关单上的“收货单位”填写单位的中文全称。

14. 报关币种金额

此栏按核销单上的“对外付汇总额”填写。

15. 报关日期

此栏按报关单的“申报日期”填写。

16. 退汇

此栏写报关单上金额和核销单上付汇金额的差额。

17. 付汇合计笔数

此栏根据“贸易进口付汇到货核销表”总共核销笔数填写。

18. 付汇合计金额

付汇合计金额是“贸易进口付汇到货核销表”每笔付汇金额总和。

19. 到货报关合计笔数

到货报关合计笔数是本表内报关总笔数。

20. 到货报关合计金额

到货报关合计金额是本表内报关金额总和。

21. 退汇合计金额

退汇合计金额是本表内退汇金额总和。

第四篇

跨境电子商务和国际贸易单一窗口

第二十一章

跨境电子商务

学习目标

通过对本章的学习，学生应熟悉跨境电子商务的概念、特征、种类和模式，熟悉跨境电子商务平台的种类和模式。借助跨境电子商务实训平台，学校可构建理实一体化、生动的人机交互课堂教学模式，全面对接真实的跨境电商运营决策过程，帮助学生建立系统性的跨境电商思维，深度理解跨境电商零售及批发业务的商业模式，完善跨境电商操作实务，以培养学生的自学能力、创新精神和实践能力。

学习要求

知识要点	能力要求	相关知识
跨境电商概念	(1) 了解跨境电商的概念 (2) 熟悉跨境电商的种类 (3) 熟悉跨境电商的特征	电子商务的概念和特征
跨境电商模式	(1) 熟悉跨境电商的模式 (2) 熟悉跨境电商的案例分析	阿里巴巴、速卖通、eBay、Wish 等跨境电商案例
跨境电商平台	(1) 熟悉跨境电商平台的种类 (2) 熟悉跨境电商平台的模式 (3) 熟悉跨境电商务平台操作案例 (4) 了解跨境电商平台的应用策略	跨境电商平台操作
跨境电商的发展	(1) 了解跨境电商的发展现状 (2) 熟悉跨境电商发展的交易规模及未来预测	国内外跨境电商的发展历程

续表

知识要点	能力要求	相关知识
跨境电商综合实训	(1) 熟悉世格跨境电商综合实训课程建设内容 (2) 掌握世格跨境电商综合技能实训与竞赛平台操作	跨境电商实训体系、操作

主要概念

跨境电子商务、互联网、商业模式、跨境电子商务平台、海外代购、无纸贸易

第一节　跨境电子商务的基本概念

一、跨境电子商务的概念

跨境电子商务（Cross Border E-commerce），简称跨境电商，是指分属不同关境的交易主体，通过互联网电子商务平台，从商品展示到买家下单、付款，卖家发货、达成交易，进行支付结算，并通过跨境物流送达商品，完成交易的一种国际商业活动（见图 21-1）。

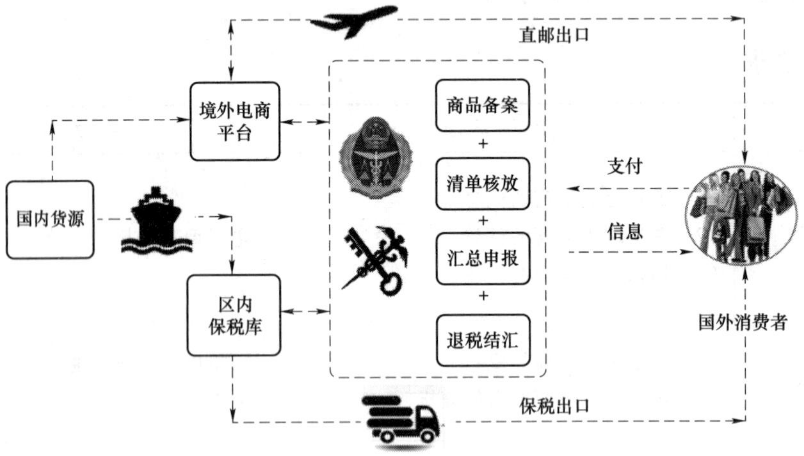

图 21-1　跨境电子商务示意图

二、跨境电子商务的特征

跨境电子商务是基于网络发展起来的，网络空间相对于物理空间来说是一个新空间，是一个由网址和密码组成的虚拟但客观存在的世界。网络空间独特的价值标准和行为模式深刻地影响着跨境电子商务，使其不同于传统的交易方式而呈现出自己的特点。

跨境电子商务具有如下特征（基于网络空间）。

（一）全球性

网络是一个没有边界的媒介体，具有全球性和非中心化的特征。依附于网络发生的跨境电子商务也因此具有了全球性和非中心化的特性。

（二）无形性

网络的发展使数字化产品和服务的传输盛行。而数字化传输是通过不同类型的媒介，例如数据、声音和图像在全球化网络环境中集中而进行的，这些媒介在网络中是以计算机数据代码的形式出现的，因而是无形的。电子商务是数字化传输活动的一种特殊形式，其无形性的特性使得税务机关很难控制和检查销售商的交易活动。

（三）匿名性

由于跨境电子商务的非中心化和全球性的特性，因此很难识别电子商务用户的身份和其所处的地理位置，在线交易的消费者往往不显示自己的真实身份和自己的地理位置。

（四）即时性

对于网络而言，传输的速度和地理距离无关。传统交易模式，信息交流方式如信函、电报、传真等，在信息的发送与接收上，存在着长短不同的时间差。而电子商务中的信息交流，无论实际时空距离远近，一方发送信息与另一方接收信息几乎是同时的，就如同生活中面对面交谈。某些数字化产品（如音像制品、软件等）的交易，还可以即时清结，订货、付款、交货都可以在瞬间完成。

（五）无纸化

电子商务主要采取无纸化操作的方式，这是以电子商务形式进行交易的主要特征。在电子商务中，电子计算机通信记录取代了一系列的纸面交易文件，用户只需发送或接收电子信息。由于电子信息以比特的形式存在和传送，整个信息发送和接收过程实现了无纸化。无纸化带来的积极影响是使信息传递摆脱了纸张的限制，但由于传统法律的许多规范是以规范“有纸交易”为出发点的，因此，无纸化带来了一定程度上法律的混乱。

（六）快速演进

互联网的网络设施和相应的软件协议的未来发展具有很大的不确定性，正在以前所未有的速度和无法预知的方式不断演进。基于互联网的电子商务活动也处在瞬息万变的过程中，短短的几十年中电子交易经历了从 EDI 到电子商务零售业兴起的过程，而数字化产品和服务更是花样出新，不断地改变着人们的生活。

三、跨境电子商务的模式

我国跨境电子商务主要分为企业对企业（即 B2B）、企业对消费者（即 B2C）的贸易模式和海外代购模式（即 C2C）。

（一）跨境电子商务 B2B

1. 跨境电子商务 B2B 的概念

跨境电子商务 B2B 指商家对商家的跨境电子商务，即不同国家企业与企业之间通过互联网进行产品、服务及信息的交换。进行电子商务交易的供需双方都是不同国家的商家（或企业、公司），使用互联网的技术或各种商务网络平台，完成商务交易的过程。

2. 跨境电子商务 B2B 的模式

（1）垂直模式（2）平台模式（3）自建模式（4）关联模式。

（二）跨境电子商务 B2C

1. 跨境电子商务 B2C 的概念

跨境电子商务 B2C 是跨境电子商务中一种非常重要的商业模式，是指一国企业通过互联网和电子信息技术向国外消费者提供商品和服务的商务活动。

2. 海外代购的模式

（1）直发/直运平台模式。

（2）自营 B2C 模式

① 综合型自营跨境 B2C 平台

② 垂直型自营跨境 B2C 平台

3. 跨境 B2C 的优劣势

（1）跨境 B2C 的优势

① 跨境 B2C 使得中间商变为零售商、推销员变为采购员。

② 跨境 B2C 促进商业模式更快转型。

③ 跨境 B2C 使得单一出口变为全球出口。

④ 跨境 B2C 价格竞争力强且利润空间大。

⑤ 跨境 B2C 符合定制消费趋势。

⑥ 跨境 B2C 使得企业资金周转快且汇率风险小。

（2）跨境 B2C 的劣势

① 开展跨境 B2C 的物流成本高昂。

② 跨境 B2C 会对产品类别产生一定的限制。

③ 跨境 B2C 售后服务缺失。

④ 跨境 B2C 综合型人才缺乏。

（三）海外代购模式（C2C）

1. 海外代购模式的概念

海外代购简称“海代”，是继“海淘”之后第二个被消费者熟知的跨国网购概念，即身在海外的人/商户为有需求的另一国家的消费者在当地采购所需商品，并通过跨国物流将商品送达消费者手中的模式。

2. 海外代购模式的类型

（1）海外代购平台。

（2）微信朋友圈海外代购。

3. 海外代购平台——洋码头

（1）卖家属性

卖家属性有两种：一种是海外商家，一种是个人买手。如果在洋码头平台上找不到需要的商品，可以找买手进行采购。根据其创始人描述，目前在洋码头平台上，海外商家与个人买手大约各占 50%。洋码头官网显示，其买手有严格的认证程序，以美国为例，买手在入驻洋码头之前，需提供其在美国的住址、个人信用卡账单及各项缴费账单，资料齐备后，洋码头将寄送认证函至买手所填写的美国地址，从而完成最终的身份验证。

（2）代购流程

由美国代购买手或零售商家在洋码头网站上提供各类商品的信息，消费者在网站上自主选择并下单，由美国零售商或代购买手提供货品，运送至洋码头自建物流——贝海国际速递，商品运回中国后，再经中国海关通过其他快递公司送达消费者手中，如果商品有问题，顾客可以选择退换货，至此，一次完整的美国购物体验便完成了。

（3）消费群体、产品定位

跨境电子商务的消费群体是以具有一定购买能力的白领和家庭主妇为主，她们对生活品质有更高的要求，对身体健康的关注超过了普通群体，有孩子的家庭主妇更关注孩子的健康状况，因此她们对营养保健品的需求很高，而目前国内营养保健品质量参差不齐。基于这个状况，洋码头将保健品作为主要产品，其中又以婴幼儿营养保健品为首。

（4）购物模式

洋码头购物模式是 C2C 模式，产品价格由零售商或者买手自己决定。代购产品的价格通常由产品成本、代购费用或卖家自定利润和运费构成。代购费用或利润都是由卖家自己决定的。代购费用原则上是按照产品实际价格的 10%收取的，但买手或商家可以自己决定在这一行为中获得的利润。C2C 模式让消费者可以比较各供货商的价格，寻找最适合自己的商家或买手。

（5）物流

洋码头自建贝海国际物流，在美国设立了 4 个物流仓库，与中国多家航空公司合作，利用航空物流飞机返回中国时的空档资源配送货物，大大降低了国际航空物流的成本，缩短了消费者的购物时间。消费者在洋码头购物，通过洋码头国际物流运输，消费者可以随时追踪物流信息，并且可以在线解决关税问题。在物流价格上实现突破，成为洋码头在价格上的一大优势。

（6）营销渠道

① 洋码头海外购物社区。

② 洋码头扫货神器 APP。

第二节 跨境电子商务平台

跨境电子商务发展离不开跨境电子商务平台的支持和辅助。因此，随着我国跨境电子商务的快速发展，必然会产生一些在行业激烈竞争中脱颖而出的优质跨境电子商务平台。

一、跨境电子商务平台含义

从服务或交易内容看，跨境电子商务平台是一种基于电子平台的新型贸易中间商。跨境电子商务平台是分属于不同国界或地区的交易主体交换信息、达成交易并完成跨境支付结算的虚拟场所，具有电子化、全球化、开放性和低成本等特征，其显著提高了跨境贸易的交易效率，使得中小外贸企业有可能拥有与大企业一样的信息资源和竞争优势。跨境电子商务是基于互联网进行的跨境贸易，受到网络虚拟性和交易主体虚拟化的制约，跨境交易主体的行为模式和价值标准都较传统交易方式有所不同，涉及的交易主体较多、产业链较长、交易环节烦杂、相关税收法律政策不统一，而通过跨境电子商务平台进行交易，在物流运输、通关检验和退税结汇等方面能够获得较完善的服务，所以跨境电子商务平台成了当前外贸企业和个人开展跨境贸易的主要途径。

二、跨境电子商务平台分类

（1）以交易主体分类，跨境电子商务平台可分为跨境 B2B 电子商务平台、跨境 B2C 电子商务平台、跨境 C2C 电子商务平台。

（2）以服务类型分类，跨境电子商务平台可分为信息服务平台、在线交易服务平台。

（3）以经营商品品类分类，跨境电子商务平台可分为垂直型跨境电子商务平台、综合型电子商务平台。

（4）以平台运营方分类，跨境电子商务平台可分为第三方开放平台、自营型平台。

（5）以商品流动方向分类，跨境电子商务平台可分为跨境进口型电子商务平台、跨境出口型电子商务平台。

三、跨境电子商务平台主要模式

跨境电子商务平台的主要模式有以下几种。

（1）“保税进口+海外直邮”模式，典型案例为天猫、1 号店。

（2）“直营+招商”模式，典型案例为苏宁。

（3）“直营”模式，典型案例为聚美优品。

（4）支付平台模式，典型案例为银联海购。

（5）渠道延伸模式，典型案例为环球资源（Global Source）。

（6）社交网站引流模式，典型案例为小红书、什么值得买、小桃酱。

（7）海外买手模式，典型案例为淘宝全球购、淘世界、洋码头扫货神器、海外买手。

（8）返利导购模式，典型案例为么嗖、Hai360、海猫季跨境电子商务。

（9）代运营模式，典型案例为蜜淘。

（10）特卖会模式，典型案例为唯品会、考拉海淘。

四、中国市场四大主流跨境平台

（1）阿里全球速卖通（Aliexpress）。阿里全球速卖通是阿里巴巴国际化重要的战略产品，有阿里巴巴做后盾，近年来，平台不仅商品品类众多，流量也比较大。

（2）亚马逊（Amazon）。作为全球电子商务鼻祖，亚马逊对于整个世界的影响力是巨大的，中国外贸人选择跨境 B2C 平台首先认识的也是亚马逊，那时还没有速卖通等其他新兴平台。

（3）eBay。对于 ebay 的理解，基本上可以等同于国内的淘宝，淘宝就是在中国市场挤掉 eBay 以后才真正统治中国的。对于从事国际零售的外贸人来说，eBay 的潜力还是巨大的，因为 eBay 的核心市场在美国和欧洲，这些是比较成熟的市场。

（4）Wish。Wish 是这几年刚刚兴起的基于 App 的跨境平台，主要靠价廉物美吸引客户，在美国市场有非常高的人气，核心品类包括服装、珠宝、手机、礼品等，大部分都是从中国发货。Wish 的主要吸引力是价格便宜，加上 Wish 平台独特的推荐方式，产品品质也比较好，这也是它短短几年发展起来的核心因素。

五、欧洲市场主流跨境电子商务平台

（1）Cdiscount。Cdiscount 在中国大陆有招商，仅限企业入驻。Cdiscount 为法国购物网站，拥有 1 600 万买家，平台经销范围涉及文化产品、食品、IT 产品等众多品类，商品远销南美、欧洲、非洲等地。

（2）BingaBinga。在中国有招商，个人、企业均可入驻。BingaBinga 是面向英国以及欧洲中高端人群的购物平台。平台上的物品有新意，懂创新，够品味，很精致，符合英国人的审美，能给购买者一种全新的体验。

（3）La Redoute。法国时尚平台 LaRedoute（乐都特）创建于 1837 年，1995 年开始从事网络销售，现覆盖 120 多个国家，拥有 70 多个品牌。

（4）Vente-Privée。Vente-privée 是法国最大的时尚电子商务网站，堪称闪购鼻祖，运营模式为会员制限时抢购。其跨境业务主要分布在欧美地区，该网站提供的产品包括服饰、鞋包、化妆品、奢侈品、婴儿用品等。

（5）Mankind。Mankind 是一家专门销售男士护理用品的美妆电子商务网站，与 HQhair、BeautyExpert、Lookfantastic 一同被誉为“英国美妆电子商务四大家”，可运至大洋洲、北美洲、亚洲、南美洲、非洲等多国，并几乎覆盖了整个欧洲地区。

（6）La Redoute。La Redoute（香格里拉福）成立于 2010 年，是法国领先的在线零售商、欧洲第三大电子商务市场，聚集超过 1 000 个销售商和 1 000 万客户，范围覆盖 26 个国家。

（7）Otto（奥托集团）。Otto 是来自德国领先的电子商务解决方案及服务提供商，在全球综合 B2C 排名中，仅次于亚马逊排在第二位，同时也是全球最大在线服装、服饰和生活用品零售渠道商。其网店出售的商品品种多达上百万种。出售商品涵盖男女服饰、家用电器、家居用品、运动器材、电脑、电玩等。出售品牌范围极广，市面上看得到的品牌基本可以在 Otto 的网店里面找到。除此之外 Otto 还有其自供品牌，性价比非常高。

（8）Net-a-Porter。Net-a-Porter 主打全球奢侈品网上专卖，该网站所售奢侈品品牌众多，包括古驰、华伦天奴等。

六、跨境电子商务平台操作案例

（一）阿里巴巴国际站操作案例

阿里巴巴国际站（www. aibaba. com）成立于 1999 年 9 月，是目前全球最大的 B2B 交易平台。据中国电子商务研究中心监测数据显示，2016 年中国 B2B 电子商务平台市场份额排名情况（按企业营收排名）如下：阿里巴巴占比 43%、慧聪网占比 7.5%、环球资源占比 4.1%、焦点科技占比 2.6%、上海钢联占比 1.4%、生意宝占比 1.2%、环球市场占比 1%、其他占比 39.2%。

阿里巴巴国际站的首页与人们所熟知的国内 B2B 电子商务平台的首页功能类似，能够清晰地向访问者展示搜索、产品目录、各项基本服务和增值服务，同时也有一些有价竞争的区块，为供应商提供商品展示和推送。

阿里巴巴国际站充分体现了国际特性，在首页上有按照国家分类的明确的模块，浏览者可以根据自己所需商品的来源国家进行专有国家相关商品的咨询或根据自己产品的目标国进行有效推送。

进入阿里巴巴国际站首页，通过单击阿里巴巴首页右上角的 My Alibaba 链接，进入账号登录页面。

已注册过淘宝账号的用户可直接输入账号和密码，即登录名和密码；若还未注册过，则单击免费注册，按页面提示要求完成注册即可。

在中国注册的阿里巴巴国际站免费会员不可以发布产品，需要成为付费会员后才可以发布产品。用国外 IP 注册的免费会员是可以发布产品的。

产品的发布前期需要准备好关键词、产品名称、产品图片以及产品的参数表和相应的描述性文字。待所有的资料准备齐全之后，就进入产品发布阶段。

第一步：登录 www. alibaba. com 网站。

第二步：进入后台，在左边蓝色导航栏中将出现“产品管理”选项，单击产品管理中的“发布产品”链接，进入类目页面。

第三步：首先需要正确选择类目，这里有两种方法。

（1）在“搜索类目”下的搜索框中输入关键字，利用关键字搜索对应类目。系统会推荐 3 个对应类目。

（2）在“您经常使用的类目”中选择，选择好类目后单击“我已阅读如下规则，现在发布产品”按钮即可。

第四步：选择正确的类目之后，就进入产品发布的信息填写页面，基本信息包括产品名称、关键词和产品图片，并将产品放入对应的产品分组。

第五步：在对应信息栏中填入完整信息后，开始进入产品属性。产品属性需填写的是“自定义属性”和“交易信息”。

第六步：检查所有信息是否有误，完整度是否为 100%，然后点击“提交”按钮，等待审核通过，那么产品就发布成功，正式上线了。

（二）全球速卖通操作案例

速卖通平台（AliExpress）于 2010 年 4 月正式上线，历经 8 年已高速发展，日趋成熟，是阿里巴巴旗下唯一面向全球市场打造的在线交易平台，是中国最大的出口 B2C 电子商务平台，被广大卖家称为国际版“淘宝”，中小企业及个体工商户可以直接与全球的消费者在线交易。目前，速卖通已经覆盖全球 230 个国家和地区，主要交易市场为俄罗斯、美国、西班牙、巴西、法国等国，并且支持 18 种语言站点，海外成交买家数量突破 1 亿人。

全球速卖通平台是为中国供应商（生产厂家、国际贸易公司）和国际中小采购商提供在线交易服务的互联网平台。其首页功能与阿里巴巴国际站类似。

速卖通从 2016 年起提高平台入驻要求：一是必须是企业身份，不再允许个人（包括个体工商户）卖家入驻。现在新卖家入驻必须要有企业身份，申请类目准入也要有企业身份的账号。二是从 2016 年 4 月份起分行业逐渐对卖家售卖的商品提出品牌资质要求。卖家还要准备好注册全球速卖通所需的材料，即一个国际通用邮箱以及企业相关资料等。

1. 速卖通注册步骤

（1）了解入驻须知和招商政策

打开速卖通网址 https：//www. aliexpress. com/，将鼠标移到“卖家入口”，在下拉菜单中单击“入驻须知”按钮，了解最新的招商政策（比如关于卖家的经营、收费、经营过程考核、年费结算等），了解速卖通类目招商及运营考核标准等。对于特殊资质的类目需要提供相关材料及证明等，特殊类目如手机整机、平板、笔记本等。

（2）开始注册卖家账号

在“卖家入口”下拉菜单中单击“卖家频道”按钮。直接打开 seller. aliexpress. com，单击“我要开店”按钮，进行注册。要经过设置用户名（输入电子邮箱并验证）、填写账号信息和注册成功三个具体操作程序才能完成。

（3）等待速卖通审核

平台 15 日内给出审核结果，可以通过“卖家后台—账户及认证—类目招商准入”查看申请进度。

（4）在线与速卖通电子商务平台签署服务协议

在签约完成后，企业应缴纳技术服务年费，发布商品，开始网上经营。

2. 速卖通产品选择及发布

（1）产品选择

选择产品直接关系到卖家的利润。速卖通的选品和实体店选品相比既有不同的地方，也有相同的地方。选品的目的都是为了能够打造爆款，卖得越多越好。但是速卖通上有一些规则，规定一些产品不能在平台上销售。

（2）产品发布

单击“我的速卖通—产品管理—产品发布”，输入相应的产品信息，写好标题定好价格，设置好运费模块，即可单击“发布产品”，产品进入审核阶段。待平台审核结束，即可在“管理产品”中看到审核不通过的产品，审核通过的产品显示在“正在销售”的列表上，但是还需要用户单击产品右边“编辑”下拉按钮，选择“上架”，将产品上架，此时进入“我的店铺”即可看到上架销售的产品。

七、跨境电子商务平台应用策略

（一）跨境电子商务平台搭建准备工作

（1）跨境电子商务平台搭建准备工作一：企业备案。

（2）跨境电子商务平台搭建准备工作二：商品备案。

（3）跨境电子商务平台搭建准备工作三：技术对接。

（二）跨境电子商务平台搭建步骤

（1）看自己适合搭建一个什么样的跨境电子商务平台。

（2）自己开发搭建一个跨境电子商务平台。

（3）需要办理一个跨境电子商务平台的许可证。

（4）需要与电子支付平台合作。

（5）需要与其他跨境电子商务平台合作共同搭建。

（6）以店铺的形式搭建一个跨境电子商务平台。

（7）产品的供应系统要完善和合理。

（8）完善的好用的客户使用系统。

第三节　我国跨境电子商务的发展

我国已将跨境电商的发展作为对外贸易增长的新形式、新业态，随着我国跨境电商市场规模的不断发展壮大，跨境电商已逐渐成为我国对外贸易新的增长点。

“一带一路”倡议为中国跨境电商卖家提供了快速布局沿线国家市场的机会，专业分析师认为，质量越来越受到海淘用户的重视，用户对高品质的跨境电商需求逐渐增加，同时高频次海淘购物为跨境电商企业带来更多发展机遇。

一、中国进口贸易交易规模持续扩大

据相关数据显示，2014—2018 年，中国进口贸易交易规模持续扩大，2018 年进口贸易总值约为 14.1 万亿元，比 2017 年全年增加了 1.6 万亿元，成为拉动今年外贸增长的重要动力，如图 21-2 所示。

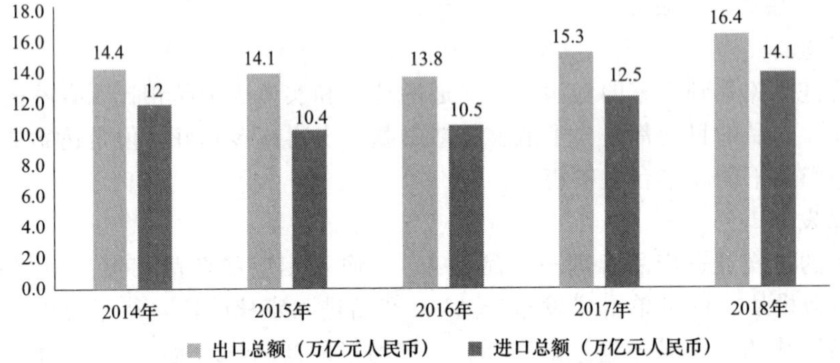

图 21-2　2014—2018 年中国进出口贸易交易规模

二、中国跨境电商交易规模持续上涨

据中国电子商务研究中心数据显示，2018 年以来，跨境电商行业迎来利好，中国国际进口博览会及相关政策出台促进了行业发展。据相关数据显示，2018 年中国出口跨境电商交易规模为 9.1 万亿元，同比增长了 12.7%，用户规模超过 1 亿人。随着中国消费者购买力提升，消费结构不断升级，个性化、高品质的消费需求突显，海外留学、海外旅游、海外文化输入等都为新一代海淘创造了文化环境。2018 年，30.7%的海淘用户因海外商品质量好而选择海淘，比 2018 年上半年增长了 7.8%，超五成用户每月购物一次。据相关数据显示，2018 年中国跨境电商交易规模达到 9.1 万亿元。专业分析师认为，电商法和跨境电商系列新政的出台将进一步规范中国跨境电商市场，促进跨境电商行业健康发展，同时全球化趋势、消费升级将推动中国跨境电商交易规模持续增长，如图 21-3 所示。

跨境电商是“互联网+”大环境下国际贸易的新发展、新方式，格局还未完全定型，相关的新知识、新概念层出不穷，本身需要有个认知的过程，所以跨境电商人才的培养具有国际性、前沿性、综合性和创新性等诸多特性。跨境电商的教学内容涉及国际贸易、电子商务、市场营销、国际物流等多门学科，在教学上要特别注意跨学科复合型技能人才的培养，只有这样才能满足跨境电商对人才的需求。

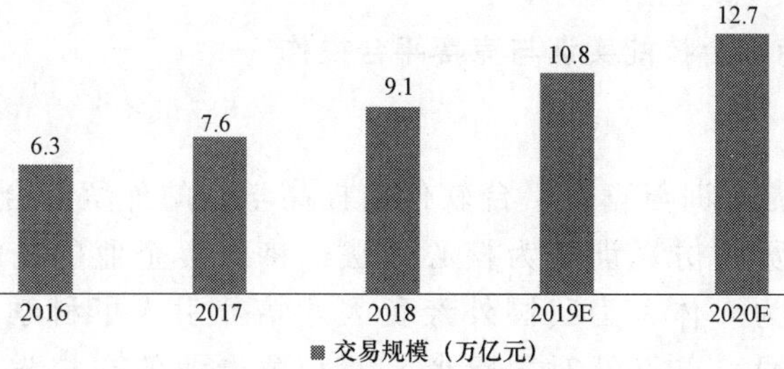

图 21-3　2016—2020 年中国跨境电商交易规模及预测

数据来源：中华人民共和国海关总署

第四节　跨境电子商务综合实训

跨境电商综合实训已成为当前国贸专业跨境电子商务实践教学发展的一个主要方向，也是缩小院校实践教学内容与跨境电商企业实际岗位需求差距，培养符合当前经济社会发展所需人才的重要手段，为工学结合等新教学模式的探索奠定了硬件、软件基础。

一、世格跨境电商综合实训课程建设内容

世格跨境电商综合实训课程体系见表 21-1。

表 21-1　南京世格跨境电商综合实训课程体系

序号	软件名称、型号、规格	对应实践/课程	涉及专业	对应知识点
1	世格跨境电商营销与运行决策模拟沙盘软件	跨境电商运营	电子商务/国际贸易/市场营销	（1）经济学理论中关于需求、成本、利润、风险、运营战略等知识理论的运用 （2）经济学、营销、会计、财务、库存、电子商务的各种模型的实践与运用 （3）大卫库博、体验圈原理的实际应用 （4）从 5W1H 角度理解和实践各种决策的执行 （5）贸易运营中的市场细分、细分市场、定位、定价、促销、渠道等知识点的运用 （6）跨境电商平台运营与决策的知识点运用
2	世格跨境电商视觉营销教学实训软件	跨境电商营销商品学	电子商务/国际贸易/市场营销	
3	世格跨境电商综合技能实训与竞赛平台软件	跨境电商 B2B 实务	电子商务/国际贸易	
4	世格跨境电商实务理实一体化教学平台软件	跨境电商实务	电子商务/国际贸易	
5	世格 SimALE 跨境电商理实一体化教学平台软件	跨境电商 B2C 实务	电子商务/国际贸易	
6	世格 SimAMZ 跨境电商理实一体化教学平台软件	跨境电商 B2C 实务	电子商务/国际贸易	
7	世格移动跨境电商理实一体化教学平台软件	跨境电商 B2C 实务	电子商务/国际贸易	
8	世格 PECE 跨境电商英语理实一体化教学平台软件	跨境电商英语	电子商务/国际贸易/商务英语	
9	世格跨境电商题库与测试平台软件	跨境电商概论	电子商务	

二、世格跨境电商综合技能实训与竞赛平台操作

（一）介绍

跨境电商综合技能实训与竞赛平台软件以提高学员的外贸综合业务技能为目标，创新教学模式，以国际贸易仿真训练为核心方法，将外贸企业的岗位培训和相关院校的人才实践教学环节融为一体，为我国外经贸人才培养引入了科学、创新、高效和务实的教学方法和培训手段，重点针对国际贸易及相关专业的在校学生进行实训，并对其专业能力水平进行测评。

软件设有比赛管理功能，可创建和管理比赛，可为各省市外贸类竞赛、校内赛提供软件支撑。

（二）模块

1. 管理员模块

管理员模块内容包括创建教师账号、查看课程、比赛信息等。

2. 教师模块

教师模块内容最多，包括以下方面。

（1）课程管理：创建、修改、删除、禁用课程。

（2）班级管理：查询、添加、修改、删除、启用、禁用班级。

（3）学生管理：查询、为参加实习的学生创建账号、修改学生信息、重置密码、删除、启用、禁用学生账号等。

（4）分数查询：可查看、导出所有学生的分数与使用总结，全部、部分计算学生成绩。

（5）邮件评分：可查看学生的邮件，并对邮件进行人工评分。

（6）参数设置：调整参数设置难易程度，包括设置语言、设置汇率、添加产品、修改产品、调整产品价格、调整办理业务时间等。

（7）比赛管理：创建比赛，添加比赛队伍、成员，设置比赛参数等。

（8）POCIB 证书：对于成绩合格且符合条件的学生，老师可向 POCIB 全国培训中心申请商务部中国国际贸易学会颁发的 POCIB 外贸从业能力合格证书。

3. 学生模块

按照老师的课程安排，用账号及密码登录客户端进行具体业务操作。

（三）特色

（1）设定了 10 个国家、52 个大类（超 200 种）的产品，其中每个国家有自己的特色产品。商品类别有食品饮料、服装、玩具、化妆品、瓷制品、箱包、化工产品、烟草、贵金属、宝石等。各国都有自己的特色产品。例如：中国的代表商品为瓷器、传统手工工艺品；古巴代表商品为雪茄；南非代表商品为钻石。产品的生产成本价及市场收购价会适时调整，更加符合现实的市场规律。

（2）采用图形化界面，提供鸟瞰式城市地图。通过城市地图中建筑物可以进入包括银行、海关、外汇管理局、出入境检验检疫局、税务局、国际货运公司海运部、国际货运公司空运部、保险公司、化学材料测试中心、国际贸易促进委员会、邮局、市场、国内工厂、广告公司、仲裁委员会 15 个外贸相关机构。动态真实模拟了汇率、运费、进出口税率、退税率、产品价格等业务信息。每个机构都有自己的专业网站，可供学习者查询各个机构的相关

信息，如机构简介、办事指南、费用查询、相关法律法规知识等。

（3）高仿真模拟阿里巴巴国际站，相关内容包括以下方面。

① 建站管理：管理公司信息、A&V 认证信息、管理能力评估报告、管理全球旺铺。

② 产品管理：发布产品（选择大类、填写产品详情），搜索、查看、管理产品，管理认证产品与橱窗产品，编辑产品分组与排序，查看图片银行。

③ B2B 店铺：每位学习者都拥有 B2B 店铺，可搜索店铺，查看所有店铺的资料，按照产品分组查看店铺内的产品，个性化装修店铺。

④ 采购直达：可搜索、查看、编辑、关闭采购需求。

⑤ 我的外贸服务：可完成金品诚企申请。

⑥ 营销：可发布公司广告，推广自己的公司。

⑦ 收藏夹功能：可收藏产品与店铺。

（4）涵盖 45 种贸易流程组合，包括 5 种结算方式（L/C、全款 T/T、前 T/T+后 T/T、D/P、D/A）、6 种贸易术语（CIF、FOB、CFR、CIP、FCA、CPT）、2 种运输方式（海运、空运）。

（5）包括超过 50 种的进出口单据，单据与现实业务中所用单据一致，提供每张单据参考样本和详细填写说明。

（6）采用现实国际贸易公司预算方法，涉及的费用计算部分有 30 多项，强化学习者成本费用和利润核算的能力。

（7）引入时间机制，将现实中的办理业务等待天数转换为小时，可练习管理多笔同时履约的业务，学会合理安排时间。

（8）专业的帮助，包括操作指南、进出口报价、成本核算方法和实例、函电书写方法和范例、单据的样本和填写说明、履约流程操作示例等，以及外贸实务的相关知识，可以指导学习者完成业务。

第二十二章

国际贸易“单一窗口”

学习目标

通过对本章的学习，学生应熟悉国际贸易“单一窗口”的概念和发展现状，熟悉国际贸易“单一窗口”的三大类别和模式，了解《中国国际贸易单一窗口标准版》的7个用户手册的使用内容，了解中国国际贸易“单一窗口”的应用列表，掌握中国国际贸易“单一窗口”的办事窗口服务流程，了解各省市国际贸易“单一窗口”的发展情况。

学习要求

知识要点	能力要求	相关知识
国际贸易“单一窗口”的概念	(1) 了解国际贸易“单一窗口”的概念 (2) 熟悉国际贸易“单一窗口”的种类	国际贸易实务流程、通关流程
国际贸易“单一窗口”的模式	(1) 熟悉国际贸易“单一窗口”的模式 (2) 熟悉国际贸易“单一窗口”的案例	国际贸易“单一窗口”的模式、案例
中国国际贸易“单一窗口”的服务窗口	(1) 熟悉中国国际贸易“单一窗口”的服务内容 (2) 熟悉中国国际贸易“单一窗口”的应用列表 (3) 熟悉中国国际贸易“单一窗口”的服务流程	中国国际贸易“单一窗口”平台
中国电子口岸	(1) 熟悉中国电子口岸的基本情况 (2) 了解部分省市国际贸易“单一窗口”的发展情况	中国电子口岸平台

主要概念

国际贸易“单一窗口”、国际贸易“单一窗口”标准版、应用列表，服务流程，中国电子口岸数据综合服务网、通关水平、入世承诺。

第一节 国际贸易“单一窗口”的概念和发展现状

一、国际贸易“单一窗口”的概念

借助中国国际贸易“单一窗口”，申报人通过电子口岸平台实现一点接入、一次性提交满足口岸管理和国际贸易相关部门要求的标准化单证和电子信息，相关部门通过电子口岸平台可共享数据信息，实施职能管理，处理状态（结果）统一通过“单一窗口”反馈给申报人。通过持续优化整合，目前“单一窗口”功能范围已覆盖到国际贸易链条的各个主要环节，逐步成为企业面对口岸管理相关部门的主要接入服务平台。“单一窗口”提高了国际贸易供应链各参与方系统间的相互操作，优化了通关业务流程，提高了申报效率，缩短了通关时间，降低了企业成本，促进了贸易便利化（见图 22-1）。国际贸易“单一窗口”已被各国视作贸易便利化的重要手段。国际贸易“单一窗口”统一信息平台的建设水平和通关效率，代表了一个国家国际贸易通关便利化水平。目前，国际贸易“单一窗口”已被视为提升一国对外贸易竞争力的突破口。

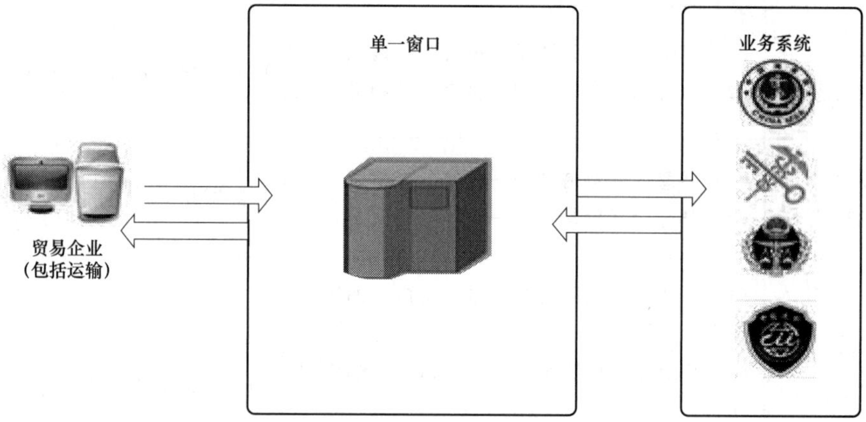

图 22-1 单一窗口流程图

二、中国国际贸易“单一窗口”的发展现状

目前国内东部地区特别是上海、广东等沿海城市的国际贸易“单一窗口”发展较成熟，西北五省“单一窗口”的发展相对较慢。

（一）中国东部地区国际贸易“单一窗口”的发展现状

2014 年中国建设上海自贸区国际贸易“单一窗口”，至今已在全国范围内实现覆盖，而东部地区发展相对成熟。

2014 年上海市开始了对“单一窗口”的试点，如今上海市“单一窗口”3.0 版本已包含货物申报、运输工具、资质许可、支付结算、快件物品、人员旅客、信息查询、自贸专区等多个功能板块，承包了上海市 95%的货物申报业务、100%的船舶申报业务。广东省的国际贸易“单一窗口”在全国率先实现省内地市全覆盖，累计总申报量长期保持全国第一。厦门国际贸易“单一窗口”与海上“一带一路”对接，形成了对台湾省服务的贸易特色，实现了“一次申报，一次查验，一次放行”的“三个一”通关模式。天津国际贸易“单一窗口”具有平行进口车管理等特色业务。中国国际贸易“单一窗口”功能对比见表22-1。

表 22-1　　中国国际贸易“单一窗口”功能对比

名称	主营业务			其他附加业务					
中国国际贸易“单一窗口”	货物申报	运输工具申报	舱单申报	/	/	/	/	/	/
上海国际贸易“单一窗口”	货物申报	运输工具	快件物品	人员旅客	支付结算	资质许可	信息查询	自贸专区	政务公开
广州国际贸易“单一窗口”	货物申报	运输工具申报	舱单申报	原产地证明	危险品申报	市场采购	物流服务	企业资质	口岸通关时效系统
	跨境电子服务	国际会展	国际邮件快件	进出口许可	三互作业	支付结算	信息查询	加工贸易	智能运维
厦门国际贸易“单一窗口”	货物申报	运输工具申报	关检三个一	政务服务	金融服务	对台服务	贸易许可	港口物流	公共查询
天津国际贸易“单一窗口”	货物进出口	运输工具	舱单申报	电子分拨	在线办公	跨境电商进口	信息查询	平行进口汽车	/

数据来源：中国海关

从主要业务来看，标准版的中国国际贸易“单一窗口”涵盖了货物申报、运输工具申报、舱单申报三项内容。

(二) 西北五省国际贸易“单一窗口”的发展现状

随着“一带一路”倡议的实施，我国西北地区已大力开展国际贸易“单一窗口”的建设。

为加快陕西省对外贸易建设，陕西省于2017年5月全面启动国际贸易“单一窗口”试点工作。陕西省全面承接国际贸易“单一窗口”标准版的推广应用，并拓展国际贸易“单一窗口”的服务功能，实现与机场、铁路、公路等物流信息节点，以及金融保险、电商等企业的系统对接和信息共享，为企业单位提供更加便捷、高效服务。同时，陕西省还积极提升国际贸易“单一窗口”的企业应用率，并推出具有陕西特色的应用项目，如出口水果电子监管系统。

甘肃省为加强对外贸易发展，于2017年6月在兰州市正式启动国际贸易“单一窗口”标准版，现在申报人可通过电子口岸平台实现一点接入、一次性提交标准化、格式化单证和电子信息，大大提高了申报效率，缩短了通关时间，促进了贸易便利化发展。甘肃省国际贸易“单一窗口”的使用，减少了企业45%的申报项目，节省了企业50%的候查时间，整体报关成本可减少50%，通关时间可从3天缩短至两小时。

宁夏回族自治区国际贸易“单一窗口”建设分两个阶段进行，历时2.5年。第一阶段为2017年至2018年，主要完成“单一窗口”门户、进出口货物申报、进出口舱单申报、运输工具申报、数据交换中心等功能设计和实施。第二阶段为2019年至2020年，主要完成企业资质办理、贸易许可申领、原产地证书申领、出口退税申报、税费支付、查询统计等功能的设计和实施。

青海省为加快国际贸易建设，于2017年年底落成国际贸易“单一窗口”标准版。青海省国际贸易“单一窗口”的建成提高了通关效率，有效降低了省内外贸企业交易成本，促进了青海省长期低迷的国际贸易发展。青海省国际贸易“单一窗口”的建设是提升青海省对外开放、促进全省经济增长的有效途径。

新疆维吾尔自治区国际贸易“单一窗口”标准版货物申报功能正式上线运行后，可进一步简化通关程序，实现真正一个门户入网、一次认证登录和一站式通关服务，为用户减少30%以上的关检重复申报项目，节省出口货物通关时间2至4小时，节省进口货物通关时间7至10小时。推广和运行国际贸易“单一窗口”标准版是新疆维吾尔自治区进一步提升贸易便利化、提高通关效率、降低通关成本的有效方法，国际贸易“单一窗口”的建设可有效促进新疆维吾尔自治区经济增长。

第二节　国际贸易“单一窗口”的类别和模式

目前，国际上主要有三种“单一窗口”模式，分别是瑞典的“单一机构”模式、美国的“单一系统”模式、新加坡的“公共平台”模式。

一、瑞典的“单一机构”模式

“单一机构”模式是指一个政府部门来处理国际贸易，接收国际贸易申报资料，再由此部门将数据资料传输给相关政府部门，最后由此部门统一反馈处置结果。“单一机构”模式职权集中、协调高效、处置迅速。

瑞典的“单一机构”模式中，瑞典海关扮演着极其重要的角色：海关信息系统实现了与瑞典国家贸易委员会、瑞典农业局、战略产品国家检查局、瑞典国家债务局、瑞典农业委员会、瑞典统计局、瑞典警方、瑞典国家债务办公室等政府管理部门的数据交换和对接，并与挪威海关、俄罗斯海关和欧盟等国际海关进行数据对接。

例如，瑞典国家统计局需要国际贸易交易数据时，只需到“单一窗口”信息系统中提取；国际贸易企业要交纳税金时，只需通过“单一窗口”向海关支付税金；个人携带需要经过申报的物品出入境时，也只需通过“单一窗口”办理相关手续即可。因此无论是政府、企业还是个人都从中获得不少便利。另外“单一窗口”是政府向公众提供的公共服务，不收取任何费用。

二、美国的“单一系统”模式

“单一系统”模式由单一的自动化系统收集和传播信息，指国际贸易经营方和运输方一次性向系统输入标准化资料，由系统分发给相关政府部门处理，再将处理结果反馈给申报人，该系统只允许交易商提交一次数据。

美国的“单一系统”模式不仅将政府监管部门、贸易代理商和其他贸易服务部门连接起来，还极大减少了数据收集环节和政府管理的成本，节约了贸易企业的经营成本，提高了国际贸易中申报数据的准确性。

三、新加坡的“公共平台”模式

“公共平台”模式即单一自动化信息处理平台。通过公共平台实现申报数据的收集和反馈，企业仅需要填制一张电子表格就可以向不同的政府部门申报，申报内容经政府部门业务系统处理后，自动反馈结果到企业的计算器中。这一模式代替了原来贸易商必须通过纸面提交单证的烦杂程序，减少不必要的拖延，多机构协调运作，以“单一窗口”的形式给贸易商提供一站式服务，之前需要一周的时间才能批准的申请，改革之后只需 10 分钟，大大简化了进出口通关手续，节约了成本，提高了效率。

四、三种国际贸易“单一窗口”模式比较

“单一机构”模式适合口岸监管单一的国家，由指定的政府部门领头，处理所有进出口监管业务。其优点是机构单一、协调力大、权责清晰、效率较高。其缺点是对口岸监管制度要求非常高，实施起来有一定难度。

“单一系统”模式适合国际贸易信息化系统与政府管理系统成熟且形式单一的国家。其优点是：由单一系统处理数据，免于过多开发相应系统，提高数据传输和处理效率；企业提交数据的方式较简单。其缺点是对口岸管理制度和国际贸易信息化系统要求较高。

“公共平台”模式适合国际贸易信息化系统和口岸管理不单一的国家。该平台负责接收、分发、反馈源数据和结果数据。其优点是环境适应性强。其缺点是效率低、精度低、协调性低。

按便利化程度排序是“单一机构”>“单一系统”>“公共平台”。各国在选择其“单一窗口”时需要考虑自己国家的实际情况。

中国口岸监管还未达到瑞典、美国的单一化程度，可借鉴新加坡的“公共平台”模式，但是由于中国地广人多的国情，中国建立国家“单一窗口”模式必须从中国现有建设的基础出发，不能完全照搬新加坡的建设经验。

第三节　中国国际贸易“单一窗口”

一、中国国际贸易单一窗口标准版

《中国国际贸易单一窗口标准版》是为了响应联合国倡导的国际贸易便利通关号召，落实国务院口岸工作部际联席会议办公室《关于国际贸易“单一窗口”建设的框架意见》，提升中国国际贸易通关水平及履行中国“入世”承诺，按照国务院统一安排和部署，在国家口岸管理办公室的直接领导下，依托中国电子口岸平台，各口岸管理和国际贸易相关部门共同参与建设的国家“十三五”重大项目。该项目于 2016 年 12 月启动建设，2017 年 5 月试

点，目前已在全国范围推广上线。“单一窗口”标准版用户手册包括：“单一窗口”标准版服务目录、“单一窗口”标准版用户手册（通关无纸化协议签约）、“单一窗口”标准版用户手册（智能卡口散杂货）、“单一窗口”标准版用户手册（金融保险服务）、“单一窗口”标准版用户手册（出口许可证申请）、“单一窗口”标准版用户手册（公自用物品申报）、“单一窗口”标准版用户手册（转关单）。

二、中国国际贸易“单一窗口”应用列表

（1）企业资质：对外贸易经营者备案、海关企业注册备案、行政相对人统一管理。

（2）许可证件：农药进出口登记管理放行通知单、野生动植物进出口证书、出口许可证、机电产品自动进口许可证、非机电产品自动进口许可证、进口广播电影电视节目带（片）提取单申请、援外项目任务通知单申请、音像制品（成品）进口批准单申请、民用爆炸物品进出口审批单申请、有毒化学品进出口环境管理放行通知单。

（3）原产地证：海关原产地证申请、贸促会原产地证申请、原产地证书自助打印。

（4）运输工具：船舶、航空器、公路、列车。

（5）舱单申报：海运、空运、公路、铁路。

（6）货物申报：货物申报、集中申报、报关代理委托、预约通关、减免税、减免税后续、转关单、通关无纸化协议。

（7）加工贸易：加工贸易手册（金二）、加工贸易账册（金二）、海关特殊监管区域（金二）、保税物流管理（金二）、保税担保管理（金二）、保税货物流转（金二）、委托授权（金二）、出境加工。

（8）税费办理：税费支付、船舶吨税执照申请。

（9）出口退税：进口申报、出口申报、公共服务。

（10）物品通关：展览品、快件通关、公自用物品。

（11）出口退税：出口退税（外贸版）、出口退税（生产版）。

（12）查询统计：查询统计。

（13）口岸物流：监管场所动态管理系统、智能卡口散杂货。

三、中国国际贸易“单一窗口”业务培训和业务操作

为帮助企业及个人，快速了解“单一窗口”标准版相关业务流程、系统操作和常见问题，快速办理相关业务，中国国际贸易“单一窗口”设置了业务培训和业务操作的视频链接。

单击：中国国际贸易“单一窗口”—标准版应用—培训，可链接下列视频进行业务培训和业务操作。

（一）注册指南、标准版应用培训

1. 用户管理和统一认证—业务培训

2. 用户管理和统一认证—操作培训

（二）企业资质培训

1. 企业资质申请—操作培训

2. 企业资质申请—业务培训

（三）许可证件培训

1. 农药进出口放行通知单申请—业务培训
2. 商务部出口许可证—操作培训
3. 商务部出口许可证—业务培训
4. 非机电许可证申请—操作培训
5. 非机电许可证申请—业务培训
6. 机电许可证申请—操作培训

（四）原产地证培训

1. 贸促会原产地证书申请—操作培训
2. 贸促会原产地证书申请—业务培训
3. 原产地证书申报—操作培训
4. 原产地证书申报—业务培训
5. 原产地证书自助打印—业务培训
6. 原产地证书自助打印—操作培训

（五）运输工具培训

1. 运输工具（铁路）申报—操作培训
2. 运输工具申报—操作培训
3. 运输工具申报—业务培训

（六）舱单申报

1. 舱单（铁路）申报—操作培训
2. 舱单（公路）申报—操作培训
3. 舱单（空运）申报—操作培训
4. 舱单（水运）申报—业务培训
5. 舱单（水运）申报—操作培训

（七）货物申报

1. 货物申报—业务培训
2. 货物申报—操作培训

（八）加工贸易

（九）税费支付—操作培训

（十）出口退税

（十一）查询统计

（十二）跨境电商

1. 跨境电商进出口申报—操作培训
2. 跨境电商（出口）申报—业务培训
3. 跨境电商（进口）申报—业务培训

（十三）物品通关

展览品申报—操作培训

四、中国国际贸易“单一窗口”服务窗口

（一）银行服务

银行服务的内容包括银行签约、开户预约、用户绑定、国际结算、融资贷款和汇总征税保函。

（二）保险服务

保险服务的内容包括货运保险、关税保证保险和信用保险。

（三）出口信用

出口信用内容包括服务签约、小微投保、索赔申请、投保咨询和买方资信。

五、中国国际贸易“单一窗口”办事窗口服务流程

1. 预录入系统数据交换接口申请网上办理
2. 中国国际贸易单一窗口自动导入客户端申请
3. 中国电子口岸用户入网身份认证服务

第四节　中国电子口岸

一、中国电子口岸

中国电子口岸（www. chinaport. gov. cn）是国务院有关部委将分别掌管的进出口业务信息流、资金流、货物流等电子底账数据集中存放到口岸公共数据中心，为各行政管理部门提供跨部门、跨行业的行政执法数据联网核查，并为企业及中介服务机构提供网上办理进出口业务服务的数据交换平台。

二、中国部分省市国际贸易“单一窗口”的发展情况

目前，黑龙江、吉林、辽宁、河北、山东、江苏、浙江、安徽、河南、山西、陕西、甘肃、湖北、江西、福建、湖南、贵州、四川、云南、青海、海南、上海、重庆、天津、北京、内蒙古、广西、新疆、西藏、广东、宁夏、香港、台湾、澳门都已建设和使用国际贸易“单一窗口”。

（1）中国（上海）国际贸易“单一窗口”由上海市口岸服务办公室牵头，22 家部门共同参与建设，自 2014 年 2 月启动试点以来，先后完成 1.0 版、2.0 版、3.0 版上线。截至 2016 年底，形成了“监管+服务”的 9 个功能板块（货物申报、运输工具、资质许可、支付结算、自贸专区、人员旅客、快件物品、信息查询、政务公开），对接 22 个政府部门，覆盖口岸通关各个环节。

目前，上海口岸 95%以上的货物申报、100%的船舶申报都通过“单一窗口”办理，企业免费使用“单一窗口”的各项申报功能。

中国（上海）国际贸易“单一窗口”已全面覆盖口岸通关执法领域，正在深度融合贸易监管功能和营造商业环境，有效打破了信息孤岛，消除了系统堵点，实现了系统集成和流程优化，帮助进出口企业提效降本，同时为政府监管部门之间实现“三互”提供平台支撑。

（2）中国（天津）国际贸易“单一窗口”由天津市政府口岸服务办公室牵头，天津海关、天津海事局、天津边检总站、天津港集团、天津滨海国际机场共同参与建设，2015 年 7 月 1 日正式上线运行。

目前已建成 8 项通关服务功能（包括进出口货物报关报检、出入境船舶联检核放、出入境团体旅客网上申报、出入境航空器“一次录入、分别报送”、空港口岸进口货物电子分拨、国际贸易“单一窗口”信息化综合服务、平行进口汽车政府监管服务、检验检疫放行信息交换功能）、9 项港口服务功能（包括综合查询、线上无水港、随行订舱、线上自贸区、港口一站通、随行金融、随行物流、航运圈、跨境商务功能）和在线查询及办事服务功能，有效降低了企业通关成本，提高了口岸通关效率。

天津“单一窗口”建设具有以下意义：一是实现了“互联网+”口岸服务，企业可在互联网上办理通关和港口相关业务；二是降低了通关成本；三是促进了口岸大通关，为企业提供综合一体化口岸服务；四是促进了京津冀协同发展，京津冀地区企业在天津口岸均可享受单一窗口的便利和红利。

（3）中国（河北）国际贸易“单一窗口”由河北省政府口岸办牵头，河北省电子口岸公司、石家庄海关等 14 个单位共同参与建设。

目前电子检验检疫申报、原产地证、边检行政预约、三个一、综合查询、企业诚信功能已开发上线，并具备了船舶申报、货物报关、运输工具、舱单申报等功能，可为省内外贸企业节省通关时间，提高贸易效率，降低贸易成本。

（4）中国（宁波）国际贸易“单一窗口”由宁波市政府牵头，市口岸打私办、市发改委、市国资委、市财政局、市经信委、市商务委、市交通委、市场监管局、市质监局、宁波海关、宁波海事局、宁波国税局、宁波外汇管理局、驻甬各边检站、宁波舟山港集团等相关部门共同参与建设，于 2015 年 9 月 1 日正式上线运行。

中国（宁波）国际贸易“单一窗口”建设了口岸通关、跨境贸易、贸易合作、资质认证、数据应用、资讯中心、一带一路、物流服务八大功能板块，涵盖货物进出口通关、运输工具进出境、跨境电子商务、人员进出境、资质认证备案等各类进出口业务办理。

中国（宁波）国际贸易“单一窗口”聚集口岸通关及贸易服务资源，拓展对外合作互联，为政府、企业及社会组织提供口岸通关贸易的政务、商务“一站式”服务，已成为宁波通向世界，优化营商环境，促进贸易合作和口岸通关的崭新窗口。

（5）中国（山东）国际贸易“单一窗口”由山东省政府牵头，青岛海关、济南海关、山东省公安边防总队、山东海事局等部门联合共建，于 2015 年 10 月 13 日正式上线运行。

目前，中国（山东）国际贸易“单一窗口”已建成货物进出口系统、进出境交通运输工具联检系统、舱单申报系统、国际贸易“单一窗口”通关服务平台、山东旅游购物管理服务平台、市场采购贸易联网信息平台、集装箱查验统计系统七项功能。

中国（山东）国际贸易“单一窗口”实现了与 11 个政府机构的信息共享，企业通过“单一窗口”可减少 60%的纸质单据，大幅缩短吊柜开箱次数和船舶在港时间，有效提升通关效率，降低通关成本。

（6）中国（福建）国际贸易“单一窗口”由福建省政府口岸工作办公室牵头，海关、海事、边检等驻闽口岸管理单位和 30 多个政府相关部门共同参与建设，2015 年 4 月在福建省自贸试验区厦门片区上线试运行，2015 年 8 月在福建省自贸试验区福州片区和平潭片区上线试运行。

中国（福建）国际贸易“单一窗口”有效实现与海关、海事、边检等多家口岸管理相关部门的信息共享，实现电子化审批和无纸化监管，大大缩短了申报时间，实现通关提速。

（7）中国（江苏）国际贸易“单一窗口”由江苏省商务厅（省电子口岸办）牵头，南京海关、江苏海事局、江苏省公安边防总队共同参与建设，江苏省电子口岸有限公司作为建设主体承担系统建设工作。现已开发运输工具进出口岸申报、货物进出口申报、人员出入境申报等功能。

中国（江苏）国际贸易“单一窗口”运输工具申报系统完成了与海关、海事、边防等查验单位的系统对接，大大提高了通关效率。

（8）中国（浙江）国际贸易“单一窗口”由浙江省海洋港口发展委员会牵头，浙江省发展改革委员会、浙江省财政厅、浙江省交通运输厅、浙江省商务厅、浙江省外汇管理局、浙江省边防总队、杭州海关、宁波海关、浙江海事局等口岸监管部门联合共建，于 2016 年 6 月 1 日正式上线运行。

中国（浙江）国际贸易“单一窗口”紧紧围绕国家发展战略，立足企业实际需求，通过制度创新和技术创新，着力打造浙江省外贸进出口一站式服务和管理平台。目前已上线备案登记、货物申报、船舶申报、综合查询等平台服务，服务对象覆盖一般贸易企业、特殊监管区域企业、运输企业、货物和船舶代理企业等。

（9）中国（云南）国际贸易“单一窗口”由云南省商务厅（云南省人民政府办公室）牵头，昆明海关、云南省公安边防总队、云南省交通运输厅等单位共同参与建设，于 2017 年 8 月 28 日正式上线运行。

目前，中国（云南）国际贸易“单一窗口”已经建成应用项目 11 个，其中部署国家标准版货物申报、运输工具申报、舱单申报、原产地证书、企业资质办理、许可证申领、税费支付、出口退税、公共查询 9 个项目，建设了地方特色应用边民互市贸易系统和跨境自驾游管理系统两个项目。

中国（云南）国际贸易“单一窗口”初步实现了统一认证、统一管理、一次录入、数据共享，极大缩短了通关时间，提高了通关效率，减少了企业的运营成本。

（10）中国（海南）国际贸易“单一窗口”由海南省海防与口岸办公室牵头，海南省工信厅、海南省财政厅、海南省商务厅、海口海关、海南海事局、海口出入境边防检查总站、海南省公安边防总队和洋浦开发区管委会共同参与建设，2016 年 10 月 20 日正式上线运行。

目前已建成应用项目有船舶进出口岸申报系统、海港货物申报查验放行系统、危险货物进出港申报系统、检验检疫出入境船舶管理系统、查验单位应用系统接口开发等。

（11）中国（广西）国际贸易“单一窗口”由广西壮族自治区商务厅（口岸办）牵头，南宁海关、广西公安边防总队、广西海事局、广西壮族自治区交通运输厅等部门共同参与建设，于 2015 年 12 月 30 日正式上线运行。

中国（广西）国际贸易“单一窗口”初步实现了“单一平台接入、一次性递交、跨系统共享”的新型通关模式，进一步提升了通关无纸化水平，减轻了企业负担。目前已建成应用项目有货物进出口一次申报系统、口岸物流联动系统、船舶联检核放系统、车辆进出境联检核放管理系统。

（12）中国（湖南）国际贸易“单一窗口”由湖南省人民政府口岸办公室会同长沙海关等部门共同参与建设，湖南电子口岸服务中心具体负责项目开发和运行维护，于2017年8月7日正式上线运行。

中国（湖南）国际贸易“单一窗口”的推广应用，积极响应了国家“一带一路”倡议、长江经济带战略、自贸区建设、口岸“三互”改革等部署，有效服务了监管部门和外贸企业。目前已建成应用项目有货物申报、运输工具申报、舱单申报、原产地证书、企业资质办理、许可证申领（农药、有毒化学品、野生动植物、机电产品）、查询统计、税费支付、出口退税9个项目；已建成地方特色应用项目有水运物流服务、铁路物流服务、公路口岸平台、空港信息平台、危爆品监管平台、综合查询等。

（13）中国（湖北）国际贸易“单一窗口”是由湖北省商务厅（口岸办）牵头，武汉海关、长江海事局、湖北省公安厅边防管理局、湖北省税务局、国家外汇管理局湖北省分局等相关单位共同参与建设的“一站式”贸易服务平台。

（14）中国（贵州）国际贸易“单一窗口”由贵州省政府口岸办公室牵头，贵阳海关等共同参与建设，于2014年12月31日正式上线运行。

中国（贵州）国际贸易“单一窗口”简化了进出口企业申报数据流程，降低了企业通关通检时耗，加快了贵州外贸发展。

第五篇

SimTrade 实习平台软件(V6.0)的操作

学习目标

通过对本章的学习，学生应熟悉 SimTrade 操作软件，掌握模拟操作实习内容，掌握出口商、进口商、工厂的实务模拟操作流程，掌握出口地银行和进口地银行实务模拟操作的流程。

学习要求

知识要点	能力要求	相关知识
认识 SimTrade	(1) 熟悉 SimTrade 操作软件 (2) 掌握模拟操作实习内容 (3) 学会扮演各种角色的实务模拟操作	(1) SimTrade 软件体系 (2) 实习内容 (3) 角色扮演
操作流程说明	(1) 掌握出口商实务模拟操作的流程 (2) 掌握进口商实务模拟操作的流程 (3) 掌握工厂实务模拟操作的流程 (4) 掌握出口地银行实务模拟操作的流程 (5) 掌握进口地银行实务模拟操作的流程	(1) 交易准备 (2) 交易磋商 (3) 签订合同与接收信用证 (4) 履行合同 (5) 创建银行 (6) 结汇单据 (7) 议讨单据

主要概念

SimTrade 操作软件　角色模拟　出口商　进口商　工厂　出口地银行　进口地银行　交易准备　交易磋商　签订合同与接收信用证　履行合同　结汇单据　议讨单据

第二十三章

认识 SimTrade

第一节　SimTrade 简介

实习是专业教学的一个重要实践性教学环节，实习可使学生熟悉与了解外贸实务的具体操作程序，从而增强感性认识，并从中进一步了解、巩固与深化已学过的理论和操作方法，提高发现问题、分析问题及解决问题的能力。

随着经济全球化趋势的加强和我国加入世界贸易组织，我国的国际贸易活动日益普及和频繁。由此造成，一方面适应形势发展需要的优质专业外贸人才需求剧增，而另一方面，由于诸多原因相应的教学却跟不上形势发展的需要，专业人才的培养面临诸多困难。如何丰富教学内容、创新教学方法、提升学生的学习热情和实践能力，从而为国家和社会培养合格的具有较高专业素质的学生，是众多国际贸易专业院校面临的问题。

SimTrade 外贸实习平台在很大程度上解决了学生实习难的问题。

它涵盖了教学资源、教学课程、练习和专业实习。它包括 SimTrade 外贸实习平台、外贸实务教学系统、TrainingOnline 外贸模拟练习系统和外贸单证教学系统系列产品。

学生在网上进行国际货物买卖实务的具体操作，能很快地熟练运用进出口的成本核算、询价、报价、还价等各种基本技巧，熟悉国际贸易的物流、资金流与业务流的运作方式，体会国际贸易中不同当事人的不同地位、面临的具体工作与互动关系，学会外贸公司利用各种方式控制成本以达到利润最大化的方法，了解供求平衡、竞争等经济现象，并且学会合理地加以利用。老师通过在网站上发布新闻，调整商品成本与价格，调整汇率、业务费用、海运费及保险费率等方式对国际贸易环境实施调控，让学生在实习中充分发挥主观能动性，真正掌握并吸收课堂中所学的知识，为将来进行国际贸易的实践操作打下良好基础。

第二节　功 能 简 介

SimTrade 是模拟贸易实务操作平台，每个参与 SimTrade 外贸实习的学生都将按照实习计划扮演进出口业务流程中的不同当事人，共同组成模拟贸易环境。通过这样相互竞争和协作的角色扮演，他们将面对出口商、进口商、工厂、银行的日常工作，从而熟练掌握各种业务技巧。

一、实习内容

SimTrade 的实习内容如下：

（1）独立进行业务规划。

（2）利用网络发布广告，搜索信息。
（3）同交易对象建立合作关系。
（4）进出口成本核算。
（5）询盘、发盘、还盘、接受。
（6）外销合同的签订。
（7）信用证的开立。
（8）信用证的审核和修改。
（9）国内购销合同的签订。
（10）租船订舱。
（11）进出口货物保险。
（12）进出口报检事宜。
（13）缮制报关单据。
（14）办理进出口报关。
（15）缮制结汇单据。
（16）银行处理议讨结汇。
（17）各种贸易条件和付款方式的具体应用。

二、角色分类

SimTrade除管理员、指导老师外，分五个角色，分别为出口商、进口商、工厂、出口地银行和进口地银行，其功能描述如下。

（一）管理员

管理所有参与实习的班级资料、指导老师资料和实习通知内容。

（二）指导老师

（1）设定实习计划，为参加实习的学生分配角色。
（2）在网站发布通知，安排学生的实习。
（3）调整商品的生产成本和销售价格，调整汇率、业务费用、保险费率和海运费率。
（4）对于贸易中发生的纠纷进行仲裁。
（5）设定实习评分标准，实时监控学生的操作，并最终利用评分系统对学生的实习成果给予评定。

（三）出口商

（1）作为独立的经营单位，出口商自主制定销售策略并且负责实施。
（2）同工厂、进口商建立业务关系，并就一个或者多个项目进行贸易磋商。
（3）灵活应用各种贸易条件及付款方式完成业务，获得利润。
（4）随时掌握公司的业务、库存和资金状况，以便对出现的问题做出正确判断和合理解决。

（四）进口商

（1）紧跟本国消费市场和国际贸易市场的变化，合理调配有限的资金，不断变化思路，凭借敏锐的感觉，选择最有利润的项目，加快公司的资金周转率。
（2）从选择可靠的交易对象开始，逐步完成具体的事务。

（五）工厂

工厂通过生产产品并且出售产品获得利润，所以对他们来说，生产出符合市场需求的产品是最重要的。盲目生产产品会面临巨大的风险，而准确预测市场变化又有很大的困难，以销定产是一个很好的方式，但需要有广泛且稳定的客户资源。

（六）出口地银行、进口地银行

出口地银行和进口地银行一起向各经营者提供金融服务，包括贷款融资、信用证结算、国际汇款、国际托收业务等。

三、使用简介

（一）出口商

出口商可随时了解公司的业务、库存和资金状况，通过电子邮件进行商务磋商，通过业务中心签订出口合同和采购合同，履行合同，通过单证中心缮制所需单据（见表 23-1）。

表 23-1　　出口商工作流程、相关角色及具体操作

出口商工作流程	相关角色	具体操作
1. 签订合同	进口商	操作步骤： （1）进入“业务中心”，单击标志“进口商”的建筑物。 （2）在弹出页面中单击“起草合同”，输入合同号、对应的进口商编号和办理相关业务的出口地银行编号，并勾选选项“设置为主合同”。 （3）单击“确定”，弹出合同进行填写。 （4）填写完成后单击“保存”，并在业务画面中单击“检查合同”，确认合同填写无误。 （5）制作出口预算表。单击“添加单据”，选中“出口预算表”，单击“确定”。 （6）在“查看单据列表”中单击出口预算表对应的单据编号，弹出表单进行填写。 （7）填写完成后，再单击“合同送进口商”。 注意：在收到进口商的确认通知后，签订外销合同的工作才算完成。
2. 审核信用证	出口地银行	操作步骤： 收到出口地银行发来的信用证通知的消息后，进入“业务中心”，单击“出口地银行”，再单击“接受信用证”，进入信用证列表画面，单击信用证编号即可审核其内容。审核无误后，再单击“接受”。 注意：非信用证方式下，此步骤省略。
3. 备货	工厂	操作步骤： （1）进入“业务中心”，单击标志“工厂”的建筑物。 （2）在弹出页面中单击“起草合同”，输入合同号、对应的工厂编号，并勾选选项“设置为主合同”，单击“确定”，填写合同。 （3）单击“检查合同”，确认合同填写无误后，再单击“合同送工厂”。 注意：在收到工厂的确认通知后，签订国内买卖合同的工作才算完成。

续表

出口商工作流程	相关角色	具 体 操 作
4. 租船订舱	船公司	操作步骤： （1）添加“货物出运委托书”并准确填写。 （2）在“业务中心”，单击标志“船公司”的建筑物。 （3）首先单击“指定船公司”，选中“世格国际货运代理有限公司”，单击“确定”。 （4）指定完成后再单击“洽订舱位”，选择集装箱类型并填入装船日期，再单击“确定”，订舱完成。 注意：FOB 条件下由进口商负责租船，由出口商负责订舱。
5. 出口报检	海关检验机构	操作步骤： （1）分别添加“出境货物报检单”“商业发票”和“装箱单”，并进行准确填写。 （2）在“业务中心”，单击标志“海关（检验检疫）”的建筑物，再单击“申请报检”。 （3）选择提交相应的单据，单击“报检”。 注意：非法检的商品不需报检。
6. 出口保险	保险公司	操作步骤： （1）添加“货物运输保险投保单”并进行准确填写。 （2）在“业务中心”，单击标志“保险公司”的建筑物，再单击“办理保险”。 （3）选择提交相应的单据，单击“办理保险”。 注意：FOB、CFR 条件下由进口商负责投保。
7. 备案	外管局、海关	操作步骤： （1）在“业务中心”，单击标志“外管局”的建筑物，再单击“申领核销单”，然后到单据列表中填写核销单。 （2）填写完成后，单击标志“海关”的建筑物，选择“备案”，即凭填好的出口收汇核销单办理备案。
8. 出口报关	海关	操作步骤： （1）在“业务中心”，单击标志“海关”的建筑物。 （2）单击“送货”，将货物送到海关指定地点。 （3）添加“出口货物报关单”并进行准确填写。 （4）填写完成后，单击标志“海关”的建筑物，再选择“报关”。 （5）选择提交相应的单据，单击“报关”，同时货物自动完成出运。
9. 取回提单并发送装船通知	船公司、进口商	操作步骤： （1）在“业务中心”，单击标志“船公司”的建筑物。 （2）单击“取回提单”，将提单取回。 （3）添加“Shipping Advice”。 （4）单击“船公司”建筑物，再单击“发送装船通知”。

续表

出口商工作流程	相关角色	具体操作
10. 制单交单	进口商、出口地银行	操作步骤： （1）添加产地证明书并进行准确填写，再到相关机构申请产地证。 （2）添加“汇票”并填写。 （3）在“业务中心”，单击标志“进口商”或“出口地银行”的建筑物，直接将单据送进口商，或选择银行的“押汇”“托收”等业务。 注意：T/T 方式下，出口商交单给进口商；非 T/T 方式（如 L/C、D/P）下，出口商交单到出口地银行。
11. 结汇	出口地银行	操作步骤： （1）在“业务中心”，单击标志“银行”的建筑物。 （2）单击“结汇”项，结收货款。
12. 退税	国税局	操作步骤： （1）在“业务中心”，单击标志“国税局”的建筑物。 （2）选择提交相应的单据，单击“退税”。

（二）进口商

进口商可以随时了解公司的业务、库存和资金状况，通过电子邮件进行商务磋商，通过业务中心签订进口合同，履行合同，销售产品（见表 23-2）。

表 23-2　　进口商工作流程、相关角色及具体操作

进口商工作流程	相关角色	具体操作
1. 签订合同	出口商	操作步骤： （1）进入“业务中心”，单击标志“出口商”的建筑物，在弹出画面的左边首先单击“切换”，将需要确认的合同设置为主合同。 （2）添加进口预算表并填写。 （3）单击“修改合同”，在弹出合同的左下方签字。 （4）再到业务画面，单击“确认合同”。 （5）输入合同编号和本地银行编号，单击“确定”，成功确认合同。

续表

进口商工作流程	相关角色	具 体 操 作
2. 申请开信用证	进口地银行	操作步骤： (1) 在“业务中心”，单击标志“进口地银行”的建筑物，再单击“申领核销单”，然后到单据列表中填写领取的进口付汇核销单。 (2) 单击标志“进口地银行”的建筑物，选择“信用证”业务。 (3) 单击“添加信用证申请书”，并详细填写。 (4) 填写完成后，选中该申请书，单击“发送申请书”，将申请书发送到进口地银行。 (5) 进口地银行开证后，再确认是否接受信用证。 注意：非 L/C 方式下，此步骤省略。L/C 方式下，需在开证前申领核销单；其他方式下，则在付款前领单。
3. 租船	船公司	操作步骤： (1) 在“业务中心”，单击标志“船公司”的建筑物。 (2) 单击“指定船公司”项，选中“世格国际货运代理有限公司”，单击“确定”。 注意：CIF、CFR 条件下，由出口商负责租船订舱。
4. 进口保险	保险公司	操作步骤： (1) 添加“货物运输保险投保单”并进行准确填写。 (2) 在“业务中心”，单击标志“保险公司”的建筑物，再单击“办理保险”。 (3) 选择提交相应的单据，单击“办理保险”。 注意：FOB、CFR 条件下由进口商负责投保。
5. 接收单证、付款赎单	出口商、进口地银行	T/T 方式下，出口商直接寄单给进口商；其他方式下，需在进口地银行付款赎单。故不同的方式操作也有差别。 操作步骤（T/T 方式）： (1) 在“业务中心”，单击标志“出口商”的建筑物。 (2) 单击“查看单据列表”项，即可查看出口商寄来的单证。 操作步骤（其他方式）： (1) 在“业务中心”，单击标志“进口地银行”的建筑物。 (2) 单击“付款”项或“承兑”（D/A 方式下），再单击“取回单据”。 (3) 单击标志“出口商”的建筑物，再单击“查看单据列表”，即可查看议付单证。

续表

进口商工作流程	相关角色	具体操作
6. 进口报检	检验机构	操作步骤： （1）在“业务中心”，单击标志“船公司”的建筑物，再单击“换提货单”。 （2）添加“入境货物报检单”并进行准确填写。 （3）单击标志“检验机构”的建筑物，再单击“申请报检”。 （4）选择提交相应的单据，单击“报检”。
7. 进口报关	海关	操作步骤： （1）添加“进口货物报关单”并进行准确填写。 （2）在“业务中心”，单击标志“海关”的建筑物，再单击“报关”。 （3）选择提交相应的单据，单击“报关”。
8. 提货	海关	操作步骤： （1）在“业务中心”，单击标志“海关”的建筑物。 （2）单击“缴税”项，缴纳税款。 （3）再单击“提货”项，完成进口提货。此时查看库存状况，可看到库存量增加。
9. 外汇监测系统网上申报	外管局	操作步骤： （1）添加“进口付汇到货核销表”并进行准确填写。 （2）在“业务中心”，单击标志“外管局”的建筑物，再单击“外汇监测系统网上申报”。 （3）选择提交相应的单据，单击“外汇监测系统网上申报”。
10. 销货	市场	操作步骤： （1）在“业务中心”，单击标志“市场”的建筑物。 （2）单击“销货”项，选择相应的商品，单击“确定”，即完成销货。此时查看库存状况，可看到库存量减少。

（三）工厂

工厂可以随时了解公司的业务、库存和资金状况，通过电子邮件进行商务磋商，通过业务中心签订买卖合同，安排生产，履行合同（见表23-3）。

表23-3　　工厂工作流程、相关角色及具体操作

工厂工作流程	相关角色	具体操作
1. 签订合同	出口商	操作步骤： （1）进入“业务中心”，单击标志“出口商”的建筑物，在弹出画面的左边首先单击“切换”，将需要确认的合同设置为主合同。 （2）单击“修改合同”，在弹出合同的左下方签字。 （3）再到业务画面，单击“确认合同”。

续表

工厂工作流程	相关角色	具体操作
2. 组织生产	市场	操作步骤： （1）在“业务中心”，单击标志“市场”的建筑物。 （2）单击“查看市场”项，选择商品，单击“组织生产”。 （3）输入生产数量后，单击“确定”，即完成生产。 注意：若库存足够，此步骤可省略。
3. 放货	出口商	操作步骤： （1）在“业务中心”，单击标志“出口商”的建筑物。 （2）单击“放货”项，将货物送到出口商处，同时收取货款。同时，与此合同相关商品的库存量减少。
4. 缴税	国税局	操作步骤： （1）在“业务中心”，单击标志“国税局”的建筑物。 （2）单击“缴税”项，缴纳税款。

（四）出口地银行

出口地银行主要向各经营者提供贷款还贷、信用证结算、国际汇款、国际托收等金融服务（见表 23-4）。

表 23-4　出口地银行工作流程、相关角色及具体操作

出口地银行工作流程	相关角色	具体操作
1. 接收信用证，通知出口商	进口地银行、出口商	操作步骤： （1）接收进口地银行发来的通知消息。 （2）进入“信用证”画面，选中该信用证，单击“制作通知书”，并根据信用证进行填写。 （3）选择该通知书，单击“通知受益人”，系统即将信用证发送给出口商。 注意：非 L/C 方式下，此步骤省略。
2. 接收出口商交来的议付单证，寄单到进口地银行	出口商、进口地银行	操作步骤： （1）在“结汇单据”中，选择该笔合同。 （2）逐一检查单据，如检查无误，单击“送进口地银行”，系统即将议付单证寄到进口地银行。 注意：T/T 方式下，因出口商直接寄单给进口商，故无此步骤。

续表

出口地银行工作流程	相关角色	具体操作
3. 接收进口地银行的付款，通知出口商已结汇	进口地银行、出口商	收到进口地银行的汇款后，出口地银行自动将款项汇入出口商账户，并通知出口商可以结汇。

（五）进口地银行

进口地银行主要向各经营者提供贷款还贷、信用证结算、国际汇款、国际托收等金融服务（见表23-5）。

表23-5 进口地银行工作流程、相关角色及具体操作

进口地银行工作流程	相关角色	具体操作
1. 接收进口商的开证申请，开立信用证，并通知出口地银行	进口商、出口地银行	操作步骤： （1）在“信用证”中，查看申请书内容。 （2）选择该申请书，单击“开证”，并根据申请书详细填写信用证。 （3）选择该信用证，单击“送进口商”，等待进口商确认。 （4）进口商确认后，再选择该信用证，单击“送出口地银行”。 注意：非L/C方式下，此步骤省略。
2. 接收出口地银行的议付单证	出口地银行、进口商	操作步骤： 在“结汇单据”中，选择该笔合同，再单击“发送进口商”，系统即将结汇单据发送给进口商。 注意：T/T方式下，无此步骤，出口商直接寄单给进口商。其他方式下，在发送结汇单据时，自动通知进口商付款赎单。
3. 接收进口商付款，付款到出口地银行	进口商、出口地银行	进口商付款赎单后，进口地银行自动将款项汇入出口地银行。 注意：L/C方式下，审核单证无误即按信用证规定付款；其他方式下，在进口商付款赎单后方付款到出口地银行。

第二十四章

操作流程说明

本套操作流程说明为一套完整的 SimTrade 实际业务操作，五个角色相互配合，交易方式为L/C+CIF，由于不同交易方式下贸易流程不尽相同，本例中的数据资料仅供参考，请依具体情况来完成实际操作。

第一节　出口商操作流程说明

一、交易准备阶段

1. 登录系统

学生以出口商角色登录，输入用户名（如 xyz），在“选择用户类型”下拉框中选择“出口商”，单击“登录系统”，进入出口商业务主页面。

2. 创建公司

（1）单击“资料”，可查看公司注册资金、账号、单位代码、邮件地址等资料，其他逐项填写如下：

公司全称（中文）：宏昌国际股份有限公司

公司全称（英文）：GRAND WESTERN FOODS CORP.

公司简称（中文）：宏昌

公司简称（英文）：GRAND

企业法人代表（中文）：刘铭华

企业法人代表（英文）：Minghua Liu

电话：86-25-23501213

传真：86-25-23500638

邮政编码：210005

网址：http://www.desunsoft.net

公司地址（中文）：南京市北京西路嘉发大厦2501室

公司地址（英文）：Room 2501，Jiafa Mansion，Beijing West road，Nanjing 210005，P. R. China

公司介绍：我们是一家专营食品的公司，长期以来致力于提高产品质量，信誉卓著，欢迎来函与我公司洽谈业务！

可自由添加图片

注意事项：最好使用 GIF 或 JPG 格式的图片，尺寸建议在 120×120（像素）左右。

（2）填写完毕后，单击“确定”。

3. 发布广告

单击“业务中心”，再单击标志为“广告公司”的建筑物，在弹出页面中单击“发布广告”，逐项填写如下：

输入标题：我公司经营罐头食品

输入关键字：罐头

选择发布类型为“公司广告”

输入内容：我公司长期经营罐头食品，信誉卓著，欢迎来函来电洽谈！邮箱：xyz1@simtrade

填写完毕后，单击“确定”，成功发布公司广告。

（进口商发布购买信息后）

4. 寻找商机

单击“淘金网”，进入查询页面，在首页上查看通知以及各类市场信息与供求信息，其中在进口商发布信息中可找到卡特贸易公司（Carters Trading Company，LLC）发布的求购甜玉米罐头的信息。

5. 查看交易对手资料

单击“公司库”，可看到所有公司，输入关键词“Carters”，选择类别为“进口商”，单击“搜索”，找到对应的公司，再单击“详细情况”，查看公司具体资料。

6. 查看交易商品资料

单击“产品展示”，可看到所有产品，输入关键词“甜玉米罐头”，单击“搜索”，找到对应的产品，再单击“详细情况”，查看商品具体资料。

二、交易磋商阶段

7. 与进口商建立业务关系

回到出口商业务主页面，单击“邮件”，进入邮件系统，单击“新建”，填写邮件内容后，单击“发送”。

注：建立业务关系的邮件可由出口商发送，也可由进口商发送。

（进口商回复询价邮件后）

8. 收取进口商询价邮件

进入邮件系统，单击新邮件名称，查看邮件内容。

9. 发布信息

（1）在“业务中心”里单击“出口商”，再单击“发布信息”，逐项填写如下（其中“发布时间”与“用户编号”由系统自动填写）：

输入标题：急购大量甜玉米罐头

输入内容：我公司因客户需要，急购大量甜玉米罐头，有意者请与我公司联系！

输入关键词：甜玉米罐头

（2）填写完毕后，单击“保存”，成功发布信息。

（工厂发送联系邮件后，或出口商主动发送联系邮件）

10. 收取工厂希望建立业务关系的邮件

注：建立业务关系的邮件可由工厂发送，也可由出口商发送。

11. 向工厂询价

（工厂回复报价邮件后）

12. 收取工厂报价邮件

13. 根据工厂的报价，核算出成本与利润后，再向进口商发盘

（进口商回复接收邮件后）

14. 收取进口商接受发盘的邮件

三、签订合同与接收信用证

15. 起草合同

（1）退出邮件页面，单击“业务中心”里标志为“进口商”的建筑物，在弹出页面中单击“起草合同”。

（2）输入合同号（如“Contract 01”），输入对应的进口商编号（如 xyz），再输入办理相关业务的出口地银行编号（如 xyz），并勾选选项“设置为主合同”，再单击“确定”，弹出合同表单，填写外销合同（填写说明可点击表头名称蓝色字体处查看）。

（3）填写完成后单击“保存”，再在业务画面中单击“检查合同”，确认合同填写无误。

注：合同既可由出口商起草，也可由进口商起草。

16. 填写预算表

（1）单击“添加单据”，选中“出口预算表”前的单选钮，单击“确定”。

（2）在“查看单据列表”中单击出口预算表对应的单据编号（以后添加与填写单据都用此方法），弹出表单（计算方法请参照在线帮助中的“出口预算表的填写”），填写完成后单击“保存”。

17. 发送合同给进口商

回到业务画面中，单击“合同送进口商”。

（进口商确认合同后）

18. 收取进口商确认合同的通知邮件

（出口地银行转发信用证后）

19. 接收信用证

（1）收取信用证已开立的通知邮件。

（2）回到“业务中心”，单击“出口地银行”，再单击“接收信用证”，进入信用证列表界面，查看信用证内容无误后，单击“接收”。

四、履行合同阶段

20. 接受工厂报价

回复工厂报价的邮件，表示接受。

21. 起草国内买卖合同

（1）在“业务中心”里单击标志为“工厂”的建筑物，在弹出页面中单击“起草合同”。

（2）输入合同号“Order 01”，输入对应的工厂编号（如 xyz），并勾选选项“设置为主合同”，单击“确定”，再单击“修改合同”，填写完成后单击“保存”。

注：此合同既可由出口商起草，也可由工厂起草。

22. 发送合同给工厂

回到业务界面，单击“检查合同”，确认合同填写无误后，再单击“合同送工厂”。

（工厂确认合同并生产放货后）

23. 收取工厂放货通知

24. 查看库存

退出邮件系统，单击“库存”，可看到所订购的货物已在库存列表中，备货完成。

25. 租船订舱

（1）添加“货物出运委托书”，在单据列表中单击“货物出运委托书”，逐项填写。

（2）填写完成后，在“业务中心”里单击“船公司”，首先单击“指定船公司”，选中“世格国际货运代理有限公司”，单击“确定”。

（3）指定完成后再单击“洽订舱位”，选择集装箱为“20”，填入装船日期“09/10/2007”，再单击“确定”，订舱完成。系统将返回“配舱通知”。

（4）单击标志为“进口商”的建筑物里的“查看单据列表”，可查看“配舱通知”的内容。

26. 申请出口检验

在SimTrade中，交易商品是否需要出口检验，须在淘金网的“税率查询”页，输入商品的海关编码进行查询，可查到相对应的监管条件，单击代码符号，各代码的意义均列明于其中。若适用规定为必须申请出口检验取得出境货物通关单者，则应依规定办理。

（1）添加“出境货物报检单”，填写完成后单击“保存”。

（2）再分别添加“商业发票”与“装箱单”并填写。

（3）回到“业务中心”，单击“检验机构”，再单击“申请报检”，选择单据“销货合同、信用证、商业发票、装箱单、出境货物报检单”后，单击“报检”。报检完成后，检验机构给发“出境货物通关单”及出口商申请签发的相应检验证书。

27. 申请产地证

（1）添加“普惠制产地证明书”并填写，填写完成后单击“保存”。

（2）回到“业务中心”，单击“检验机构”，再单击“申请产地证”，选择产地证类型为“普惠制产地证明书”，单击“确定”，完成产地证的申请。

28. 备案

单击“海关”，再单击“备案”。

29. 送货

单击“备案”右边的“送货”，将货物送到海关指定地点。

30. 报关

（1）添加并填写“出口货物报关单”。

（2）单击“送货”右边的“报关”，选择单据“商业发票、装箱单、出境货物通关单”（不需要出口检验的商品可免附）、“出口货物报关单”，单击“报关”。完成报关后，货物自动装船出运。

31. 取回提单

单击“船公司”，再单击“取回提单”，将提单取回。

32. 发送装船通知

（1）添加并填写“Shipping Advice”。

（2）填写完成后，单击“船公司”，再单击“发送装船通知”，将装船通知发送给进口商。

33. 押汇

（1）添加并填写“汇票”。

（2）填写完成后单击“保存”，回到“业务中心”，单击“出口地银行”，再单击“押汇”，选中单据“商业发票、装箱单、普惠制产地证明书、货物运输保险单（CIF 条件时）、海运提单、汇票”前的复选框，单击“押汇”，完成押汇手续的办理。

34. 收取银行发来的可以结汇的通知邮件

35. 结汇

在“业务中心”里单击“出口地银行”，再单击“结汇”，结收货款。

36. 出口退税

单击“国税局”，再单击“退税”，选中单据“商业发票、出口货物报关单”，单击“退税”，完成退税手续的办理。

至此，该笔交易完成。

第二节　进口商操作流程说明

一、交易准备阶段

1. 登录系统

学生以进口商角色登录，输入用户名（如 xyz），在“选择用户类型”下拉框中选择“进口商”，单击“登录系统”，进入进口商业务主页面。

2. 创建公司

（1）单击“资料”，可查看公司注册资金、账号、所属国家、单位代码、邮件地址等资料，其他逐项填写如下：

公司名称：Carters Trading Company，LLC

公司简称：Carters

企业法人代表：Carter

电话：0016137893503

传真：0016137895107

网址：http：//www. carter. com

公司地址（注意应根据所属国家来填写）：P. O. Box 8935，New Terminal，Lata. Vista，Ottawa，Canada

公司介绍：We are importers in all items enjoying good reputation！

可自由添加图片

注意事项：最好使用 GIF 或 JPG 格式的图片，尺寸建议在 120×120（像素）左右。

（2）填写完毕后，单击“确定”。

3. 发布广告

（1）单击“业务中心”里标志为“广告公司”的建筑物，在弹出页面中单击“发布广告”，逐项填写如下：

输入标题：We are importers of Canned Foodstuffs!

输入关键词：Canned Foodstuffs

选择发布类型为“公司广告”

输入内容：We are importers of Canned Foodstuffs enjoying good reputation, please contact with us! E-mail：xyz2@ simtrade

（2）填写完毕后，单击“确定”，成功发布公司广告。

4. 发布信息

（1）单击“发布广告”左边的“发布信息”，逐项填写如下：

输入标题：We are looking to buy CANNED SWEET CORN

输入关键字：CANNED SWEET CORN

选择发布类型为“需求信息”

输入内容：We are looking to buy CANNED SWEET CORN, please contact with us! E-mail：xyz2@ simtrade

（2）填写完毕后，单击“确定”，成功发布信息。

5. 寻找商机

单击“淘金网”，进入查询页面，在首页上可查看通知以及各类市场信息与供求信息；单击上排的“产品展示”，可看到所有产品信息；单击“公司库”，可看到所有公司信息。

二、交易磋商阶段

6. 与出口商建立业务关系

建立业务关系的邮件可由出口商发送，也可由进口商发送。

（出口商发送联系邮件后）

7. 进口商询价

在 SimTrade 中，进口商所属的国家与币别是随机分配的，因此，学生在使用时，需在“淘金网”的“运费查询”中查询该国家所对应的港口，从中选择一个作为自己的交易港口，并在邮件中告知出口商。

（出口商回复报价邮件后）

8. 接收出口商报价邮件

9. 接受出口商报价

三、签订与履行合同阶段

（出口商起草并发送合同后）

10. 接收出口商要求确认合同的邮件

11. 填制进口预算表

（1）单击“业务中心”里标志为“出口商”的建筑物，在弹出界面的左边首先单击“切换”，将需要确认的合同设置为主合同；再单击“修改合同”，打开合同页面查看相关条款。

(2) 单击“添加单据”，选中“进口预算表”前的单选钮，单击“确定”，然后在“查看单据列表”中单击进口预算表对应的单据编号（以后添加与填写单据都用此方法），弹出表单，填写“进口预算表”（计算方法请参照在线帮助中的“进口预算表的填写”）。

12. 确认合同

(1) 单击“修改合同”，在弹出合同的左下方签字，分别在两行空白栏中填入“Carters Trading Company, LLC”与“Carter”，单击“保存”。

(2) 回到业务画面，单击“确认合同”，输入合同编号（本例中为 Contract 01），再输入本地银行编号（如 xyz），单击“确定”，成功确认合同。

13. 申领核销单

(1) 回到“业务中心”，单击“进口地银行”，再单击“申领核销单”，即领取“贸易进口付汇核销单”（L/C 方式下，需在开证前领单；其他方式下，则在付款前领单）。

(2) 再单击“出口商”建筑，进入“单据列表”中填写“贸易进口付汇核销单”。

14. 申请开立信用证

单击标志为“进口地银行”的建筑物，选择“信用证”业务，再单击“添加信用证申请书”，添加完成后，单击该申请书编号进行填写。

15. 发送开证申请书

填写完成后，仍在信用证管理界面中，选中对应信用证申请书前的单选钮，单击“发送申请书”。

（进口地银行开立信用证后）

16. 接收信用证

(1) 收取银行要求确认信用证的通知邮件。

(2) 到“业务中心”单击“进口地银行”，再单击“信用证业务”，检查对应的信用证内容；检查无误后，再选中对应信用证前的单选钮，单击“同意”。

（出口商发送装船通知后）

17. 接收装船通知

(1) 接收装船通知已发送的通知邮件。

(2) 到“业务中心”单击“出口商”，再单击“查看单据列表”，可查看“Shipping Advice”的内容（注：在 FOB、CFR 交易方式下，保险由进口商办理，进口商须凭此装船通知内容填写投保单办理保险）。

（进口地银行议讨单据后）

18. 支付货款

(1) 接收单据已到达的通知邮件。

(2) 回到“业务中心”，单击“进口地银行”，再单击“付款”，支付货款。

19. 取回单据

再单击“付款”旁边的“取回单据”，领取相关货运单据。

20. 换提货单

单击“业务中心”里的“船公司”，再单击“换提货单”。

21. 报检

在 SimTrade 中，交易商品是否需要进口检验，须在淘金网的“税率查询”页，输入商品的海关编码进行查询，可查到相对应的监管条件，单击击代码符号，各代码的意义均列明于其中。若适用规定为必须申请进口检验取得入境货物通关单者，则应按规定办理。

（1）添加并填写“入境货物报检单”，填写完成后单击“保存”。

（2）回到“业务中心”，单击“检验机构”，再单击“申请报检”，选择单据“销货合同、商业发票、装箱单、提货单、入境货物报检单”，单击“报检”。报检完成后，检验机构签发“入境货物通关单”，凭此报关。

22. 报关

（1）添加并填写“进口货物报关单”。

（2）填写完成后，单击“业务中心”里的“海关”，再单击“报关”，选择“销货合同、商业发票、装箱单、提货单、入境货物通关单（不需进口检验的商品可免附）、进口货物报关单”前的复选框，单击“报关”。完成报关后，海关加盖放行章后返还提货单与进口报关单。

23. 缴税

单击“报关”旁边的“缴税”，缴纳税款。

24. 提领货物

再单击“缴税”旁的“提货”，领取货物。

25. 付汇核销

（1）添加并填写“进口付汇到货核销表”。

（2）填写完成后单击“保存”，回到“业务中心”，单击“外管局”，再单击“付汇核销”，选择单据“进口付汇核销单、进口货物报关单、进口付汇到货核销表”前的复选框，单击“付汇核销”。

26. 销货

单击“业务中心”里的“市场”，再单击“销货”，选择编号为01005的产品，单击“确定”即可销售货物。

至此，该笔交易完成。

第三节　工厂操作流程说明

一、交易准备阶段

1. 登录系统

学生以工厂角色登录，输入账号（如xyz），在“选择用户类型”下拉框中选择“工厂”，单击“登录系统”按钮，进入工厂业务主页面。

2. 创建公司

（1）单击“资料”，可查看公司账号、邮件地址等资料，其他逐项填写如下：

公司全称：冠驰股份有限公司

公司简称：冠驰

企业法人代表：张驰

电话：886-2-29072727

传真：886-2-29072626

邮政编码：210016

网址：http：//www. guch. com

公司地址：南京市中正路651号3楼

公司介绍：我公司为信誉卓著的厂商，产品深受客户喜爱，欢迎与我公司洽谈业务，我们会竭力提供您所需！

可自由添加图片

注意事项：最好使用GIF或JPG格式的图片，尺寸建议在120×120（像素）左右。

（2）填写完毕后，单击“确定”。

3. 发布信息

（1）单击“业务中心”里标志为“广告公司”的建筑物，再单击“发布信息”，逐项填写如下：

输入标题：大量罐头食品出售

输入关键词：罐头

选择发布类型为“供应信息”

输入内容：我公司现有大量罐头食品存货，欲低价出售，欢迎来函来电洽谈！E-mail：xyz3@ simtrade

（2）填写完毕后，单击“确定”，成功发布信息。

4. 发布产品广告

（1）单击“发布信息”右边的“发布广告”，逐项填写如下：

输入标题：供应甜玉米罐头，优质低价！

输入关键词：甜玉米罐头

选择发布类型为“产品广告”，在产品编号下拉框中选择01005

输入内容：我公司现供应甜玉米罐头，优质低价，欢迎前来参观订购！E-mail：xyz3@ simtrade

（2）填写完毕后，单击“确定”，成功发布产品广告。

5. 发布公司广告

（1）单击“发布公司广告”，逐项填写如下：

输入标题：常年供应各类商品，优质低价！

输入关键词：各类商品

选择发布类型为“公司广告”

输入内容：我公司常年供应各类商品，包括罐头食品、服装、钟表、玩具等，优质低价，欢迎前来参观订购！E-mail：xyz3@ simtrade

（2）填写完毕后，单击“确定”，成功发布公司广告。

（出口商发布信息后）

6. 寻找商机

单击“淘金网”，进入查询页面，在首页上可查看通知以及各类市场信息与供求信息，其中在出口商发布信息中可找到宏昌国际股份有限公司发布的购买甜玉米罐头的信息。

7. 查看交易对手资料

单击“公司库”，可看到所有公司，输入关键词“宏昌”，选择类别为“出口商”，单击“搜索”，找到对应的公司，再单击“详细情况”，查看公司具体资料。

8. 查看交易商品资料

单击“产品展示”，可看到所有产品，输入关键词“甜玉米罐头”，单击“搜索”，找到对应的产品，再单击“详细情况”，查看商品具体资料。

9. 查看市场

回到工厂业务主页面，单击“业务中心”里标志为“市场”的建筑物，再单击“查看市场”，可看到甜玉米罐头的生产价格。

二、交易磋商阶段

10. 与出口商建立业务关系

注：建立业务关系的邮件可由工厂发送，也可由出口商发送。

（出口商回复询价邮件后）

11. 收取出口商询价邮件

12. 向出口商报价

（出口商回复同意邮件后）

13. 收取出口商接受报价通知

三、签订与履行合同阶段

（出口商起草并发送采购单后）

14. 收取出口商要求确认采购合同的邮件

15. 确认合同

（1）在“业务中心”里单击“出口商”，在弹出画面的左边首先单击“切换”，将需要确认的合同设置为主合同。

（2）再单击“修改合同”，在弹出的合同左下方签字，填入各项详细信息（账号等可在公司基本资料中找到），单击“保存”，然后再回到用户对话框中“确认合同”。

16. 组织生产

单击“业务中心”中标志为“市场”的建筑物，再单击“查看市场”，选择商品“01005”，单击“组织生产”，再输入生产数量“800”，单击“确定”，完成生产。

17. 放货

单击标志为“出口商”的建筑物，再单击“放货”，将货物送到出口商处，同时收取货款。

18. 缴税

单击标志为“国税局”的建筑物，再单击“缴税”。

至此，该笔交易完成。

第四节　出口地银行操作流程说明

1. 登录系统

输入账号（如 xyz），在“选择用户类型”下拉框中选择“出口地银行”，单击“登录系统”，进入出口地银行业务主页面。

2. 创建银行

（1）点“资料”，逐项填写如下：

银行全称（中文）：南京商业银行

银行全称（英文）：Nanjing Commercial Bank

银行简称（中文）：商业银行

银行简称（英文）：Commercial Bank

电话：86-25-27293344

传真：86-25-27203335

邮政编码：210014

网址：http：//www. firstbank. com

银行地址（中文）：南京市逸仙路 32 巷 19 号

银行地址（英文）：No. 19 Lane 32 I Sen Rd，Nanjing 210014，P. R. China

银行介绍：我行常年办理国际国内资金借贷与投资等业务，拥有良好信誉与业务能力，欢迎前来我行洽谈业务！

（2）填写完毕后，单击“确定”。

3. 查询信息

单击“淘金网”，进入查询页面，分别单击上排按钮查看各类信息。

（进口地银行开证后）

4. 收取进口地银行开证通知

5. 通知出口商

（1）回到出口地银行业务主页面，单击“信用证”按钮，打开合同号为 Contract 01 的信用证进行查看。

（2）再选中该信用证前的单选钮，单击“制作通知书”，添加信用证通知书；然后单击该信用证通知书所对应的单据编号，打开表单根据信用证内容填写“信用证通知书”。

（3）填写完成后单击“保存”，回到业务画面，选择该通知书，单击“通知受益人”。

（出口商押汇后）

6. 发送单据

收取单据已到达的通知邮件，单击“结汇单据”，选中合同 Contract 01 前的单选钮，逐一检查单据。如核实无误后，再单击“送进口地银行”。

第五节　进口地银行操作流程说明

1. 登录系统

输入账号（如 xyz），在“选择用户类型”下拉框中选择“进口地银行”，单击“登录系统”，进入进口地银行业务主页面。

2. 创建银行

（1）单击“基本资料”，逐项填写如下：

银行名称：THE CHARTERED BANK

银行电话：0096614659220

银行传真：0096614659123

银行网址：http：//www. chartered. com

银行地址：P. O. Box 99552，Riyadh 22766，KSA

银行介绍：We major in International Loan and Investment!

（2）填写完毕后，单击“确定”。

3. 查询信息

单击“淘金网”，进入查询页面，分别单击上排按钮查看各类信息。

（进口商向银行申请开发信用证后）

4. 收取进口商开证申请书

5. 开立信用证

（1）回到进口地银行业务主页面，单击“信用证”按钮，单击合同号为 Contract 01 的信用证申请书编号，查看其内容；再选中该申请书，单击“开证”，完成后单击信用证编号，填写“信用证”；

（2）填写完成后，单击“保存”，在“信用证”页面中再选中合同号为 Contract 01 的信用证前的单选钮，单击“送进口商”。

（进口商审核信用证后）

6. 发送信用证到出口地银行

再到信用证管理界面中，选择合同号为 Contract 01 的信用证前的单选钮，单击“送出口地银行”。

（出口地银行议讨单据后）

7. 收取单据到达通知

8. 议讨单据

单击“结汇单据”，选中合同 Contract 01 前的单选钮，单击“检查单据”，如单据检查无误，再单击“发送进口商”。

附录 1

商品体积与重量计算公式

商品体积与重量计算公式

项目	说明	计算公式
商品毛重	计算商品总毛重	1. 对销售单位与包装单位相同的商品： 总毛重 = 每箱的毛重×交易数量 2. 对销售单位与包装单位不同的商品： 包装箱数（四舍五入取整）= 交易数量×每箱的包装件数 包装箱重量 = 每箱毛重 - 每箱净重 单件净重 = 每箱的净重×每箱的包装件数 总毛重 = 包装箱重量×包装箱数 + 单件净重×交易数量
商品净重	计算商品总净重	1. 对销售单位与包装单位相同的商品： 总净重 = 每箱的净重×交易数量 2. 对销售单位与包装单位不同的商品： 单件的净重 = 每箱的净重÷每箱的包装件数 总净重 = 单件的净重×交易数量
商品体积	计算商品总体积	1. 对销售单位与包装单位相同的商品： 总体积 = 每箱的体积×交易数量 2. 对销售单位与包装单位不同的商品： 包装箱数（四舍五入取整）= 交易数量÷每箱的包装件数 总体积 = 每箱的体积×包装箱数

附录 2

国际贸易常用单据清单

国际贸易常用单据清单

单据名称	说　明	所处章节
合同	交易成立后，由当事人的一方将交易内容制成合同，然后由双方共同签署，这种合同的内容比较全面详细。由卖方制作的称为“售货合同”（Sales Contract）；由买方制作的称为“购货合同”（Purchase Contract）；如果是由买卖双方互派代表共同制作，当场签字的，则称为“购销合同”（Sales and Purchase Contract）。	第六章第三节
国内买卖合同	出口商接到国外信用证，如本身不是制造工厂，则必须迅速与国内工厂完成订货手续，准备出口货物。此类单据在缮制时要与原合同相符，并且清楚、完整。应主要列明货物的品质、规格、数量、包装、唛头及其备货时间。国内买卖合同与国际合同内容大致相同，较简单，用中文填写。它是关系出口公司与国内厂家相互之间权利和义务的法律文件。	第八章第二节
货物出运委托书	货物出运委托书是用来办理委托代理租船订舱事宜的。如果外贸公司本身开展托运业务，则需填具海运出口托运单、集装箱托运单等。如果外贸公司本身不办理运输业务，则可委托代理订舱，填具货物出运委托书。货物出运委托书的填写和托运单的有关栏目相同，填写时中英文结合，个别栏目依出口货物不同而不同。因此，各公司在自己印制此类单据时，稍有变化，但大体内容基本一致。	第九章第一节
普通产地证	普通产地证（Certificate of Origin），又称原产地证，是证明有关出口货物的原产地为本国的证明文件，即证明有关出口货物是本国天然产品或是在本国经过了主要的和最后的制造加工工序的产品，且该制造加工工序所使用的主要原料的外形、性质、形态或用途产生了实质性的改变。	第十章第二节
普惠制产地证	普惠制产地证（Generalized System of Preference Certificate of Origin Form A），是发达国家给予发展中国家出口制成品、半制成品的一种优惠的关税制度，它是在最惠国关税的基础上进一步减免的，因而是国际贸易中最低的关税。	第十章第二节

续表

单据名称	说　　明	所处章节
纺织品产地证	纺织品产地证（Certificate of Origin Textile Products）：对欧盟国家出口纺织品时，信用证一般都规定需要提供特定的产地证，即输欧盟纺织品产地证。	第十章第二节
货物运输保险投保单	货物运输保险投保单（Marine Insurance Application），是证实保险人（Insurer）与被保险人（Insuree）间成立保险合同的正式文件，载明双方当事人所约定的权利义务，其依承保的标的不同而有不同的保单名称。内容包括投保人名称、货物名称、运输标志、船名或装运工具、装运地（港）、目的地（港）、开航日期、投保金额、投保险别、投保日期和赔款地点等，并附上商业发票向保险公司办理投保。当发生保险纠纷时，保险单将是唯一具备法律效力的证明文件。	第十一章第三节
货物运输保险单	保险单是保险人接受被保险人的申请，并交纳保险费后而订立的保险契约，是保险人和被保险人之间权利义务的说明，是当事人处理理赔和索赔的重要依据，是出口商在CIF条件下向银行办理结汇所必须提交的单据。保险单就是一份保险合同：在保险单的正面，是特定的一笔保险交易，同时，该笔保险交易的当事人、保险标的物、保险金额险别、费率等应一一列出；在保险单的背面，详细地列出了投保人、保险人、保险受益人的权利、义务以及各自的免责条款。	第十一章第三节
出口货物报关单	出口货物报关单是出口商向海关申报出口的重要单据，也是海关直接监督出口行为、核准货物放行及对出口货物汇总统计的原始资料，直接决定了出口外销活动的合法性。出口货物报关单由中华人民共和国海关统一印制。它的填写质量直接关系到货物的通关时间、关税征收或减免的确定、海关对出口货物的查验、放行以及汇总、统计等环节。	第十二章第二节
出境货物报检单	实行出口检验的商品，报检人于出口前，应详细填写“出境货物报检单”（Application for Certificate of Export Inspection），向商品存放所在地的检验机构申请检验，缴纳检验费。	第十二章第三节

续表

单据名称	说　明	所处章节
海运提单	海运提单简称B/L，是承运人（Carrier）或其他代理人收到货物后签发给托运人，允诺将该货物运至指定目的港交付给收货人的一张书面凭证。商业习惯称海运提单为提单。海运提单是国际海上货物运输中十分重要的单据，也是买卖双方货物交接、货款结算最基本的单据。	第十三章第一节
装船通知	装船通知又称Declaration of Shipment或Notice of Shipment，是出口商向进口商发出货物已于某月某日或将于某月某日装运某船的通知。装船通知的作用在于方便买方购买保险或准备提货手续，其内容通常包括货名、装运数量、船名、装船日期、合同或信用证号码等。出口商发出通知时，有时也附上或另行寄上货运单据副本，以便进口商明确装货内容，并防止货运单据正本延迟时，可及时办理担保提货（delivery against letter of guarantee）。	第十三章第二节
汇票	汇票（Bill of Exchange，B/E），又称Draft，是国际贸易资金融通中常见的信用工具。它是发票人签发一定金额，请求付款人在到期日无条件支付受款人（持票人）的一种票据。出口商在货物交运后，依照信用证有关规定签发汇票，并备齐有关单据，向银行办理押汇。银行即可凭此汇票与有关单据，向被出票人（即付款人）追收票款。	第十四章第一节
商业发票	商业发票简称发票（Invoice），是货物交易成交后，在货物装运时，由出口商开给进口商，作为货物清单及账单的文件。商业发票记载的内容包括货物的名称、数量、规格、质量、单价、总价等详细说明，除供买卖双方使用外，还应考虑银行、海关、保险等方面的需要，且其内容应符合L/C条款规定。它常常是卖方陈述、证明和提示某些事宜的书面文件；另外，商业发票也是作为进口国确定征收进口关税的基本资料。	第十四章第二节
装箱单	装箱单由出口商编制，是发票的补充单据，它列明了信用证（或合同）中买卖双方约定的有关包装事宜的细节，便于国外买方在货物到达目的港时供海关检查和核对货物。通常可以将其有关内容加列在商业发票上，但是在信用证有明确要求时，就必须严格按信用证约定制作。	第十四章第三节

续表

单据名称	说　明	所处章节
信用证开证申请书	信用证开证申请书是进口商申请开立信用证的基本文件，此文件通常由银行印制，其格式因银行不同而不同，但主要内容大致相同，银行签发信用证完全依照申请书的指示。开证申请书主要依据贸易合同中的有关条款填制，申请人填制后附合同副本一并提交银行，供银行参考、核对。但信用证一经开立则独立于合同，因而在填写开证申请时应审核合同的主要条款，并将其列入申请书中。	第十七章第一节
信用证	信用证（Letter of Credit，L/C），是银行（开证行）根据申请人（一般是进口商）的要求，向受益人（一般是出口商）开立的一种有条件的书面付款保证，即开证行保证在收到受益人交付全部符合信用证规定的单据的条件下，向受益人或其指定人履行付款的责任。因此，信用证结算是依据银行开立的信用证进行的，信用证项下的所有单据是根据信用证的约定制定的。其内容包括申请人名称、受益人（Beneficiary）、发信日期、交易货物名称、数量、价格、贸易条件、受益人应开汇票的要求（称发票条款），押汇时应付的单据、装运日期、有效期限与开证银行给议付银行（Negotiating Bank）或其他关系人的条款。	第十七章第二节
信用证修改申请书	信用证修改申请书指信用证的开证申请人（Applicant for the Credit）要求开证银行（Opening Bank）修改已开立信用证内容时必须填具的文件。信用证的修改须由原申请人向开证银行提出请求，开证银行依照其指示修改原信用证内容，但所改内容应在不损及受益人权益范围内。一般信用证的修改均起因于受益人向申请人提出修改的请求，申请人同意后，再由申请人向开证银行提出修改申请。	第十七章第三节
信用证修改书	开证申请人填写“信用证修改申请书”向开证银行要求修改信用证后，开证银行根据申请人的要求，开出“信用证修改书”（Amendment to Irrevocable Letter of Credit），并以电报或邮寄方式发给通知银行（出口地银行），再由通知银行转达受益人。	第十七章第三节
入境货物报检单	凡进口检验的商品，须由进口商填具“入境货物报检单”并备齐有关进口证件，向进口港所在地的检验机构申请检验，并交纳检验费。	第十八章第二节
进口货物报关单	进口货物报关单是进口单位向海关提供审核是否合法进口货物的凭据，也是海关据以征税的主要凭证，同时还是国家法定统计资料的重要来源。所以，进口单位要如实填写，不得虚报、瞒报、拒报和迟报，更不得伪造、篡改。	第十九章第一节

续表

单据名称	说　明	所处章节
提货单	进口收货人或其代理在收到“到货通知”后，需持正本提单向承运人或其代理换取“提货单”（Delivery Order），然后向海关办理报关，经海关在提货单上盖章放行后，才能凭该单向承运人委托的堆场或货运站办理提箱或提货，提货时收货人或其代理要在提货单上盖章，以证明承运人的责任结束。“提货单”一般为一式五联，第一联称“提货单”，此联由港口方留存；第二联称“费用账单”，此联由收货人留存；第三联也是“费用账单”，此联由港口方留存；第四联、第五联均称“交货记录”，收货人提货时需在此两联上盖章，第四联由港口区留存，第五联由港口区转船代留存。	第十九章第二节
进口付汇核销表	根据《贸易进口付汇核销监管暂行办法》的规定，进口单位应当在有关货物进口报关后一个月内向外汇局办理核销报审手续。在办理核销报审时，对已到货的，进口单位应当如实填写“贸易进口付汇到货核销表”；对未到货的，应填写“贸易进口付汇未到货核销表”。在办理到货报审手续时，必须提供进口付汇到货核销表。	第二十章第二节

附录3

国际贸易实务模拟实验课程教学大纲

序号	课程基本信息	
1	课程中文名称：国际贸易实务模拟实验	
2	课程英文名称：Experimentation in Practice of International Trade	
3	课程代码：	
4	学分课时：2学分，18课时（建议）	
5	课程性质：实验课	
6	开课学期：	
7	适用专业：国际经济与贸易、经济学、运输物流、工商管理、电子商务	
8	实验环境与设备：服务器、交换机和计算机组成NT网络。服务器采用Microsoft Windows 2000 Server操作系统；学生客户端采用Windows 2000以上系统、IE5.0以上浏览器。采用南京世格软件有限责任公司的国际贸易实务系列教学软件V3.0-6.0，包括外贸实务教学系统、外贸模拟练习系统、外贸单证练习系统、SimTrade平台。	
9	考核方式：每次实验课须完成实验报告。实验报告评分结果作为平时成绩，占课程成绩的60%。根据实验内容组织期末随堂测验，测验分数占课程成绩的30%。学生缺勤不得多于总课时的1/5，出勤率占课程成绩的10%。	
10	实验地点：国际贸易实务实验室	
11	教学大纲撰写者签名：	
12	系主任签名：	院长签名：
	实验课程简介	
13	国际经济与贸易专业的实践教学体系主要由国际贸易实务、国际贸易实务综合实验、感性参观、毕业实习、学年论文、德育论文、毕业论文等环节组成。 “国际贸易实务综合实验”课程是国际经济与贸易专业学生必修的重要课程，课程以国际货物贸易流程为主线，以国际贸易实务模拟操作软件为核心，以《国际贸易实务模拟操作教程（第四版）》为实验教材，通过人机和现场模拟的方式将国际贸易实务知识、实务流程、应用案例分析和实务模拟操作提示展现出来，构成了三位一体的实践教学体系，为学生提供了一个在仿真模拟实践中了解和掌握进出口交易程序和基本技能的有效途径。课程内容包括国际商务谈判、国际商务函电和国际贸易实务模拟操作。 《国际贸易实务模拟操作教程（第四版）》包括国际货物买卖合同的签订、交易磋商的基本程序、进出口合同的履行、外汇核销与出口退税等内容。 《国际贸易实务模拟操作教程（第四版）》是根据教育部“高等学校面向21世纪经济管理系列课程教学内容与课程体系改革研究”项目中提出的应达到的教学基本要求而编写，是《跟单信用证统一惯例》（UCP600）和《国际贸易术语解释通则2020》（Incoterms® 2020）修订实施后国际贸易实务的新版实验课教材，由对外经济贸易大学出版社出版发行。	

续表

<table>
<tr><td>13</td><td>国际贸易实务模拟操作软件 SimTrade（V6.0）包括外贸单证教学系统、外贸考试系统软件、外贸实务教学系统、外贸实习平台教学系统四个模块。</td></tr>
<tr><td colspan="2">学习目标及要求</td></tr>
<tr><td>14</td><td>通过本课程的学习，学生须具备的能力和技能如下：
国际贸易实务模拟综合实验是专业教育的一个重要实践性教学环节，通过实验可使学生熟悉和了解外贸实务的具体操作程序，从而增强感性认识并从中进一步了解、巩固和深化已学过的理论、方法，提高发现问题、分析问题和解决问题的能力。外贸实习平台在很大程度上解决了学生实习难的问题。学生在网上进行国际货物买卖实务的具体操作，能熟练运用进出口的成本核算、询盘、报盘、还盘等各种基本技巧，熟悉国际贸易的物流、资金流和业务流的运作方式，体会国际贸易中不同当事人的不同地位、面临的具体工作和互动关系，学会外贸公司利用各种方式控制成本以达到利润最大化的方法，了解供求平衡、竞争等经济现象，并且学会合理地利用。教师通过在网站上发布新闻，调整商品成本和价格，调整汇率、业务费用、海运费、保险费率及突发事件的发生概率等方式对国际贸易环境实施宏观调控，让学生在实习中充分发挥主观能动性，真正掌握和吸收课堂中所学的知识，为将来步入工作岗位打下良好基础。</td></tr>
<tr><td>15</td><td>通过本课程的学习，学生必须掌握的知识如下：
通过实验课程，学生能够利用互联网进行国际市场调研和贸易磋商，能够提交某一特定标的物的目标市场调研报告和与对方进行贸易磋商往来的电子邮件，完成国际市场调研报告的撰写，也能够以网络谈判的方式达成买卖双方的交易条件，最终签订国际贸易合同，并能够开立信用证，并制作好相关的结汇单据。</td></tr>
<tr><td colspan="2">课程教材及参考教材</td></tr>
<tr><td>16</td><td>课程教材：
夏合群，夏菲菲．国际贸易实务模拟操作教程．4 版．北京：对外经济贸易大学出版社，2020.
参考教材：
（1）薛荣久．国际贸易．6 版．北京：对外经济贸易大学出版社，2016.
（2）黎孝先．国际贸易实务．6 版．北京：对外经济贸易大学出版社，2016.
（3）朱廷珺，夏合群．国际贸易．北京：北京大学出版社，2008.
（4）缪东玲，夏合群．国际贸易理论与实务．3 版．北京：北京大学出版社，2019.
（5）夏合群．国际贸易实务．3 版．北京：北京大学出版社，2019.
（6）冷柏军．国际贸易实务．北京：对外经济贸易大学出版社，2005.
（7）中华人民共和国商务部外贸发展事务局，北京国培商务研究所．中小企业外贸操作指南．北京：对外经济贸易大学出版社，2006.
（8）王健．跨境电子商务基础．北京：中国商务出版社，2015.
（9）周安宁，戈雪梅．跨境电子商务网络营销．北京：中国商务出版社，2015.
（10）黄斌，刘志惠．跨境电商案例分析．北京：中国商务出版社，2016.
（11）刁建东．跨境电商业务交流与沟通．北京：中国商务出版社，2015.
（12）陈明，许辉．跨境电子商务操作实务．北京：中国商务出版社，2015.
（13）唐红涛，谭颖．跨境电子商务理论与实务．北京：对外经济贸易大学出版社，2019.</td></tr>
</table>

续表

	课程学习内容
17	课程的设计是让学生在一个仿真的国际商业环境中，切身体会商品进出口交易的全过程，亲自处理交易过程中遇到的各种问题，在实际业务的操作过程中使其全面、系统、规范地掌握从事进出口交易的实际操作技能。 通过对该课程的学习，学生能提高对专业的兴趣，把理论应用到实践中，培养学生实践能力和综合素质。模拟操作课程设计具有很强的涉外性、实践性和综合性。通过任务的完成，学生可掌握必备的外贸业务知识，达到国际经济与贸易人才培养的目标。 （1）外贸实习平台 外贸实习平台通过归纳总结整个外贸行业的流程和惯例，在互联网上建立几近真实的国际贸易虚拟环境，让学生在其中亲身体验国际贸易的风险和乐趣，适用于外贸相关专业的教学练习、认识实习和专业实习。 （2）外贸模拟练习系统 外贸模拟练习系统是专门针对国际贸易相关课程日常教学的课后练习系统。系统通过情景模拟、实务操作的方式，整合了选择、是非、核算以及单证制作这些练习方式，帮助学生在较短的时间内，通过反复实践，快速、熟练、规范地掌握从事进出口贸易的各项业务操作的要领和技能，适用于外贸相关专业学生课后练习。 （3）外贸实务教学系统 外贸实务教学系统针对外贸业务的实践性和适时性，通过教学课程、外贸常识加深对国际贸易各种惯例及规则的理解和记忆，通过单证全库和案例来联接教学和实际工作。外贸实务教学系统可作为外贸知识的资源库放在校园网上，让有兴趣的学生可以随时随地了解更多的国际贸易惯例和外贸实务操作知识，适用于外贸专业学生的辅助教学。 （4）外贸单证教学系统 外贸单证教学系统提供了一个标准的单证教学和练习平台，教师通过简单的点选，就可以方便地利用这个平台安排学生进行有效的练习，巩固教学成果，适用于国际贸易单证课的教学和练习。
	课程实验内容设计
18	实验一　流程总览及建立业务关系（2课时） 【实验目的】 了解进出口贸易流程和单据流程；初步了解进出口交易前应做好的准备工作，学会利用各种渠道及现有资源对国际市场、目标产品、国内供应商、进出口商进行简单分析；初步掌握在交易准备过程中国际函电的撰写，建立业务关系。 【实验内容和要求】 1. 外贸实务教学系统： 练习要求：按照外贸实务教学系统中经典案例模块提供的案例，从食品、服装、手套、机电案例中任意选择一种，根据案例的信息和资料，总结外贸流程的业务环节，要求找到交易条件，并写出关键的业务步骤、时间要求和所涉及的单证。 2. 外贸模拟练习系统：试卷管理-函电练习一（建交函电） 【实验资料】 1. 外贸实务教学系统教学课程的流程总览模块，查看出口合同流程图、出口单据流程图、出口货运流程图；

续表

<table>
<tr><th colspan="2">课程实验内容设计</th></tr>
<tr><td>18</td><td>2. 外贸实务教学系统教学课程的交易准备模块，查看交易准备的流程图解及主要注意事项；
3. 外贸实务教学系统教学课程的进口详述模块，查看流程图解的相关介绍；
4. 教师示范交易准备阶段国际往来函电的样张，讲解商业书信的格式；
5. 外贸实务教学系统单证全库的往来函电模块，查看往来函电（建立业务关系）。
实验二　交易磋商及合同订立（2 课时）
【实验目的】
掌握交易磋商的基本程序和步骤；掌握往来函电的写作要点，熟悉交易磋商环节的函电表现形式，以及掌握商业用语、交易条件的英文表达方式；重点掌握合同中各项条款的具体含义。
【实验内容和要求】
外贸单证练习系统：E01-1 出口合同签订（制作出口合同）。根据题目中介绍的交易背景和成交条件签订出口合同，要求交易条件和相关条款表达准确，格式正规清晰。
【实验资料】
1. 外贸实务教学系统教学课程的交易磋商模块，查看交易磋商的基本环节和流程图解：询盘、发盘、还盘、接受、签订合同；
2. 外贸实务教学系统单证全库的往来函电模块，询盘函、发盘函、还盘函、接受函和报价单的英文函电样张；
3. 外贸实务教学系统教学课程的交易磋商模块，查看重点说明中关于出口交易的磋商和合同的订立部分；
4. 外贸实务教学系统单证全库的贸易合同模块、销售合同的不同样张示范，以及具体各项条款和栏目的填写说明和指导。
实验三　信用证业务（2 课时）
【实验目的】
掌握信用证的概念；掌握信用证的收付流程和支付特点；掌握信用证业务中的不同当事人及其之间的关系；掌握信用证的不同种类；了解国际商会《跟单信用证统一惯例》对信用证的有关规定；重点掌握信用证项下的有关概念；掌握信用证的审核、修改技巧。
【实验内容和要求】
外贸单证练习系统：E02-1 信用证审核［审核信用证（信开本）］。根据题目的交易条件和所提供的外销合同对信用证进行审核，要求找到信用证之中的不符点，并提出改证要求。
【实验资料】
1. 教师讲解信用证的收付流程和示范样张；
2. 外贸实务教学系统教学课程的信用证模块，查看流程图解，重点说明信用证的审核和信用证修改部分；
3. 外贸实务教学系统单证全库的信用证模块，查看信用证、信用证通知书、信用证修改件。
实验四　租船订舱（2 课时）
【实验目的】
了解租船订舱的基本流程；掌握租船订舱时所需的单据；重点掌握集装箱的规格和包装选择；重点掌握海运费的计算方法；重点掌握外贸报价核算方法。</td></tr>
</table>

续表

课程实验内容设计	
18	【实验内容和要求】 1. 外贸单证练习系统：E03 出口托运订舱，要求根据信用证和合同的规定填写“货物出运委托书”； 2. 外贸模拟练习系统：题目管理-02 交易磋商中关于报价核算部分，要求根据题目所给条件，核算最低运费下的报价数量。 【实验资料】 1.《国际贸易实务模拟操作教程（第四版）》中关于国际货物运输的相关介绍； 2. 外贸实务教学系统教学课程的租船订舱模块，重点说明海运费的计算； 3. 外贸实习平台中，查看商品基本资料，如商品的包装方式，销售单位与包装单位之间的换算，以及商品的重量特征等参数； 4. 外贸实习平台中，在淘金网中查看运费情况，查看目标航线所对应运费资费情况。 实验五　保险（2 课时） 【实验目的】 学习缮制保险单的方法；掌握保险单中具体栏位和项目的含义；通过阅读合同、信用证等相关单据，判断保险合同相关当事人，分析保险中的有关承保货物的范围、险别、费率、责任、赔款处理等条款内容；掌握保险金额和保费的计算方法；学习保险单中具体项目内容的表达方式，能根据案例背景和内容独立制作一份格式正确、内容完整、表达清晰无误的保险单。 【实验内容和要求】 外贸单证教学系统：在“我的练习”中找到“05/模拟实验-保险单的缮制”。请根据该笔业务的合同、信用证、已经制作的商业发票和装箱单，在“模版管理”中找到“05/模拟实验-保险单”，缮制保险单。 【实验资料】 1. 外贸单证教学系统，“05/模拟实验”参考文件：（1）Sales Confirmation；（2）Letter of Credit；（3）Commercial Invoice；（4）Packing List； 2.《国际贸易实务模拟操作教程（第四版）》中关于国际货物运输保险的相关内容； 3. 外贸实务教学系统教学课程的保险模块，查看流程图解、重点说明中海运货物保险承保范围、我国海运货物保险险别部分； 4. 外贸实务教学系统单证全库的保险单据模块，查看出口货物运输保险投保单、保险单、保险凭证。 实验六　报检报关（2 课时） 【实验目的】 熟悉商业发票和装箱单在进出口贸易流程中的作用；了解报检报关的基本流程和步骤；掌握报检报关所需单据。 【实验内容和要求】 1. 外贸模拟练习系统：题目管理-08 报检 2. 外贸单证练习系统：E07-2 出口货物报关。根据提供的单据，配齐出口报关所需的全套单证（报关委托书、出境货物报关单、商业发票、装箱单），要求格式清楚、内容完整。 【实验资料】 1.《国际贸易实务模拟操作教程（第四版）》中关于进出口商品检验的章节；

续表

<table>
<tr><th colspan="2">课程实验内容设计</th></tr>
<tr><td>18</td><td>2. 外贸实务教学系统教学课程的报检模块，重点说明报检的含义及作用、检验的程序；
3. 外贸实务教学系统单证全库的报检单据模块，查看商业发票、装箱单、报检委托书、出境货物报检单（出口商品检验申请单）和商检通关单（出口货物放行单）；
4. 外贸实务教学系统教学课程的报关模块，重点说明出口报关的程序、出口货物申报和出口关税部分；
5. 外贸实务教学系统单证全库的报关单据模块，查看报关委托书、出口货物报关单；
6. 外贸实务教学系统外贸常识，在相关常识类知识中查看贸易方式代码表、征免税方式代码表、征免性质代码表、成交方式代码表、收结汇方式代码表。
实验七　制单结汇（2 课时）
【实验目的】
了解不同结汇方式下的基本流程和步骤；掌握制单结汇所需单据；结汇单证审核的要求和方法。
【实验内容和要求】
1. 外贸单证练习系统：E14 制作全套议付单证，要求根据提供的信用证的内容制作信用证指定的议付单证（商业发票、装箱单、海运提单、汇票）；
2. 外贸模拟练习系统：题目管理-10 制单结汇。
【实验资料】
1.《国际贸易实务模拟操作教程（第四版）》中关于国际货款收付的章节；
2. 外贸实务教学系统教学课程的制单结汇模块，查看重点说明中出口结汇单证与流程、单证审核和货款支付方式部分；
3. 外贸实务教学系统单证全库的结汇单据模块，查看商业发票、箱单、海关发票、产地证明、商检证明、提单、保险单据、汇票等。
实验八　综合练习（4 课时）
【实验目的】
在 SimTrade 外贸实习平台的虚拟国际贸易环境中，学生通过扮演不同的业务角色，进行国际货物买卖实务的具体操作，熟悉国际贸易的物流、资金流和业务流的运作方式，体会国际贸易中不同当事人的不同地位、面临的具体工作和互动关系，理解供求平衡、竞争等经济现象。
【实验内容和要求】
出口商需要积极与进口商磋商，建立业务关系。通过不断的查询，核算产品成本、各种费用，来确定成交方式和价格，完成相应的出口履约流程，从而获得利润。进口商需要收集信息，寻找交易产品及对象，积极同出口商建立业务关系。在交易磋商过程中，进口商需要不断核算成本、费用和利润，以期获取最佳成交条件和价格，从而完成相应的进口履约流程。在消费市场销售货物，实现收入和利润。
学生三人组成一组，一人扮演出口商，一人扮演进口商，一人扮演供应商和进出口地银行，在 SimTrade 外贸实习平台中配合完成一笔进出口交易。交易条件、成交方式和结汇方式等可以根据具体情况自行选择。要求记录实验操作步骤和实验结果，并对实验小组的整体完成情况和个人表现进行总结。
【实验资料】
1. 登录 SimTrade 外贸实习平台后，查看系统帮助文件、业务助手及在线学习的相关内容；
2.《国际贸易实务模拟操作教程（第四版）》中有关内容。</td></tr>
</table>

续表

教学计划的安排与实施	
19	通过模拟操作实习，让每个学生深刻理解进出口贸易中一般贸易的实际应用和其中的工作细节。各院校要根据自身的特点，设计学时、授课内容等教学计划。 应用案例分析七个阶段共50个学生参加。 一、授课前教师要做好的准备工作 1. 在用户管理中给每个学生分配好5种角色。 2. 在新闻管理中发布本次实习内容的通知，并要求学生根据主页上显示的“通知”要求进行实习。 3. 检查学生到课状况，及时调整指定的角色，以免实习时发生无交易对象的状况。 4. 指定每次实习的商品范围。 5. 学生根据首页“产品展示”的详细资料，认真做好核算。对商品资料不清楚处，学生可参考在线帮助的“了解产品的基本特点”部分。 6. 有关计算部分，学生可参考在线帮助的“交易磋商阶段”内容；有关流程部分，学生可参考在线帮助中的“履约流程参考”。 二、教学计划的安排 第一阶段： 老师指定出口商22个（学号01~22），进口商11个（学号23~33），供应商11个（学号34~44），出口地银行3个（学号45~47），进口地银行3个（学号48~50）。 实习内容： 1. 了解SimTrade基本用法。 2. 以每个角色登录并注册公司名称，在“公司概况”中输入必要的资料。 3. 进入每个角色的画面，对照在线帮助说明，熟悉操作环境和每个角色的具体工作。 4. 出口商、进口商、供应商了解并掌握各项核算，可参考在线帮助中“交易磋商阶段”部分。 5. 寻找业务合作伙伴，使用邮件系统建立初步的业务联系，要求出口商和进口商之间的往来业务函电必须使用英文。 注意事项： 1. 输入公司名称时，注意不要使用\ /<> ‘@ !%^& * [ ] 等符号。 2. 公司概况中，公司法人代表可以修改，公司地址必须填写，否则以后单据中会缺少公司地址资料。 3. 使用画面右下方的内置邮件系统发送邮件，收件人填写交易对象登录的账号（学号+识别码）。不知道编号的，可在公司库中搜索查询。 第二阶段： 老师指定角色同第一阶段，要求必须做一笔L/C+CIF的业务。 实习内容： 1. 根据第第一阶段指定的角色进行交易磋商 （1）出口商、进口商之间的询盘、发盘、还盘、接受的往来函电，要求写英文函电。 （2）出口商、供应商之间的询价、报价、还价、接受的往来函电。 2. 出口商、进口商：签订一笔结汇方式为L/C、价格术语为CIF的外销合同，填写预算表，双方签字确认并开始履行合同。 3. 进口商：申请开证。 4. 进口地银行：审核开证申请表，开立信用证，通知出口地银行。

续表

教学计划的安排与实施	
19	5. 出口地银行：对照合同审核信用证，通知出口商信用证已到。 6. 出口商：审证，若信用证内容与合同条款不符或有较多条款时，必须通知开证行修改信用证。 7. 出口商：备货，按供应商接受的价格签订购销合同。 8. 供应商：组织生产，出货。 9. 出口商：制单，办理租船、报检、保险、报关、出运、交单事宜。 10. 出口地银行：审单，寄议付单据给进口地银行。 11. 进口地银行：审单，确认单证、单单相符后议付并通知进口商赎单。 12. 进口商：赎单，办理进口报检、报关、提货、销货事宜。 13. 出口商：办理结汇、核销、退税事宜。 第三阶段： 老师指定出口商 22 个（学号 29~50），进口商 11 个（学号 01~11），供应商 11 个（学号 18~28），出口地银行 3 个（学号 12~14），进口地银行 3 个（学号 15~17），要求做一笔 L/C+CFR 的业务。 实习内容： 1. 根据指定的角色进行交易磋商 （1）出口商、进口商之间的询盘、发盘、还盘、接受的往来函电，要求写英文函电。 （2）出口商、供应商之间的询价、报价、还价、接受的往来函电。 2. 出口商、进口商：签订一笔结汇方式为 L/C、价格术语为 CFR 的外销合同，填写预算表，双方签字确认并开始履行合同。 3. 进口商：申请开证。 4. 进口地银行：审核开证申请表，开立信用证，通知出口地银行。 5. 出口地银行：对照合同审核信用证，通知出口商信用证已到。 6. 出口商：审证，若信用证有问题，可要求进口商改证。 7. 出口商：备货，按供应商接受的价格签订购销合同。 8. 供应商：组织生产，出货。 9. 出口商：制单，办理租船、报检、报关、出运、发送装船通知、交单事宜。 10. 进口商：根据出口商的装船通知办理保险。 11. 出口地银行：审单，寄议付单据给进口地银行。 12. 进口地银行：审单，确认单证单单相符后议付并通知进口商赎单。 13. 进口商：赎单，办理进口报检、报关、提货、销货事宜。 14. 出口商：办理结汇、核销、退税事宜。 第四阶段： 老师指定出口商 24 个（学号 23~46），进口商 12 个（学号 13~20，47~50），供应商 12 个（学号 01~12），出口地银行 1 个（学号 21），进口地银行 1 个（学号 22），要求做一笔 D/P+FOB 的业务。 实习内容： 1. 根据指定的角色进行交易磋商 （1）出口商、进口商之间的询盘、发盘、还盘、接受的往来函电，要求写英文函电。 （2）出口商、供应商之间的询价、报价、还价、接受的往来函电。

续表

<table>
<tr><th colspan="2">教学计划的安排与实施</th></tr>
<tr><td>19</td><td>2. 出口商、进口商：签订一笔结汇方式为 D/P、价格术语为 FOB 的外销合同，填写预算表，双方签字确认并开始履行合同。
3. 出口商：备货，按供应商接受的价格签订购销合同。
4. 供应商：组织生产，出货。
5. 进口商：办理租船事宜。
6. 出口商：制单，办理报检、报关、出运、发装船通知、交单事宜。
7. 进口商：办理保险事宜。
8. 出口地银行：审单，寄单据给进口地银行。
9. 进口地银行：审单，通知进口商赎单。
10. 进口商：赎单，办理进口报检、报关、提货、销货事宜。
11. 出口商：办理结汇、退税事宜。
第五阶段：
老师指定出口商 24 个（学号 1~9，17~20，23~33），进口商 12 个（学号 10~12，21~22，34~40），供应商 12 个（学号 13~16，43~50），出口地银行 1 个（学号 41），进口地银行 1 个（学号 42），要求做一笔 T/T+CIF 的业务。在本次实习中，银行角色主要是为了处理出口商、供应商、进口商资金不够时的融资事宜。
实习内容：
1. 根据指定的角色进行交易磋商
（1）出口商、进口商之间的询盘、发盘、还盘、接受的往来函电，要求写英文函电。
（2）出口商、供应商之间的询价、报价、还价、接受的往来函电。
2. 出口商、进口商：签订一笔结汇方式为 T/T、价格术语为 CIF 的外销合同，填写预算表，双方签字确认并开始履行合同。
3. 出口商：备货，按供应商接受的价格签订购销合同。
4. 供应商：组织生产，出货。
5. 出口商：制单，办理租船、报检、保险、报关、出运、交单事宜。
6. 进口商：付款，办理进口报检、报关、提货、销货事宜。
7. 出口商：办理结汇、退税事宜。
第六阶段：
老师指定出口商 24 个（学号 3~14，21~27，34~38），进口商 12 个（学号 39~50），供应商 12 个（学号 15~20，28~33），出口地银行 1 个（学号 1），进口地银行 1 个（学号 2），要求做一笔 T/T+CFR 的业务。在本次实习中，银行角色主要是为了处理出口商、供应商、进口商资金不够时的贷款事宜。
实习内容：
1. 根据指定的角色进行交易磋商
（1）出口商、进口商之间的询盘、发盘、还盘、接受的往来函电，要求写英文函电。
（2）出口商、供应商之间的询价、报价、还价、接受的往来函电。
2. 出口商、进口商：签订一笔结汇方式为 T/T、价格术语为 CFR 的外销合同，填写预算表，双方签字确认并开始履行合同。
3. 出口商：备货，按供应商接受的价格签订购销合同。
4. 供应商：组织生产，出货。</td></tr>
</table>

续表

<table>
<tr><th colspan="2">教学计划的安排与实施</th></tr>
<tr><td>19</td><td>5. 出口商：制单，办理租船、报检、报关、出运、发装船通知、交单事宜。
6. 进口商：根据出口商的装运通知办理保险。
7. 进口商：付款，办理进口报检、报关、提货、销货事宜。
8. 出口商：办理结汇、退税事宜。
第七阶段：
老师不指定角色，学生之间可自由选择，也可采取自己和自己交易的方式，要求做一笔结汇方式为 D/A+FOB 的业务。
实习内容：
1. 根据自由选择的角色进行交易磋商
（1）出口商、进口商之间的询盘、发盘、还盘、接受的往来函电，要求写英文函电。
（2）出口商、供应商之间的询价、报价、还价、接受的往来函电。
2. 出口商、进口商：签订一笔结汇方式为 D/A、价格术语为 FOB 的外销合同，填写预算表，双方签字确认并开始履行合同。
3. 出口商：备货，按供应商接受的价格签订购销合同。
4. 供应商：组织生产，出货。
5. 进口商：办理租船事宜。
6. 出口商：制单，办理报检、报关、出运、发装船通知、交单事宜。
7. 进口商：根据出口商的装运通知办理保险。
8. 出口地银行：审单，寄单据给进口地银行。
9. 进口地银行：审单，通知进口商赎单。
10. 进口商：赎单，办理进口报检、报关、提货、销货事宜。
11. 出口商：办理结汇、退税事宜。
12. 进口商：汇款到期时办理付款事宜。
三、对学生的实习要求
1. 遵守相关法律法规，不得在网上发表违法言论。
2. 按实习内容，认真进行准备，积极开展调研活动，并做好实习日记。
3. 在实习期间应尽可能地多做业务，熟练掌握进出口业务相关环节的主要程序及操作技巧。
4. 每个角色必须完成以下任务：
（1）出口商：至少完成 4 笔以上出口业务（L/C、D/P、D/A、T/T 各 1 笔）。
（2）进口商：至少完成 4 笔以上进口业务（L/C、D/P、D/A、T/T 各 1 笔）。
（3）供应商：至少完成 3 笔以上销售合同。
（4）进口地银行：完成信用证申请表的审核及开证、审单。
（5）出口地银行：完成审证、审单。
5. 就下述具体业务操作的某些方面，完成实习报告。
（1）独立进行业务规划。
（2）掌握利用网络资源来寻找有利信息的基本技巧，利用网络发布广告、搜索信息。
（3）同业务伙伴建立合作关系。
（4）掌握成本、费用、利润的核算。
（5）询盘、发盘、还盘、接受。</td></tr>
</table>

续表

<table>
<tr><th colspan="2">教学计划的安排与实施</th></tr>
<tr><td>19</td><td>（6）外销合同的签订。
（7）信用证的申请和开证。
（8）信用证的审证和改证。
（9）购销合同的签订。
（10）租船订舱。
（11）进出口货物保险及索赔。
（12）办理进出口报检事宜。
（13）办理进出口报关事宜。
（14）缮制报检、报关、议付单据。
（15）银行处理议付、结汇。
（16）办理出口退税。
（17）常用价格术语 CIF、CFR、FOB 的具体实施。
（18）常用结算方式 L/C、D/P、D/A、T/T 的具体实施。
四、出口商实习
出口商的实习主要分以下几个步骤：
1. 交易准备：根据 SimTrade 主页提供的各类信息，确定目标市场，寻找交易产品和交易对象，同进口商建立业务关系，为出口做准备，同供应商建立业务关系，为备货做准备。
2. 交易磋商：根据 SimTrade 主页提供的各项费用（率）收集报价资料，通过邮件系统联络多家进口商和供应商，经询盘、发盘、还盘、接受四个环节，就交易条件达成一致。在交易磋商过程中，出口商需不断核算成本、费用和利润，以期获取最佳成交条件和价格。
3. 签订合同：买卖双方经过交易磋商，就交易条件达成一致后，签订书面合同，以进一步明确双方的权利和义务。
4. 履行合同：双方确定合同后进入履约程序。就卖方而言（以 CIF 条件达成的合同为例），履行的职责和义务主要包括催证、审证和改证、备货、租船订舱、报检、保险、报关、装船、制单、结汇等环节。如果货物发生意外，而承保人是出口商时，出口商可向保险公司提出索赔。
5. 业务善后：当出口商提交整套单据后，业务就进入了善后阶段。出口商应给客户发邮件，感谢对方合作，并提供新款产品目录等，以获得长久商机。
6. 注意事项：
（1）履约过程中出口商需要选择一家出口地银行，必要时可以贷款。
（2）随时查看邮件系统及财务状况，避免不必要的损失。
五、进口商实习（略）
六、实验应注意的问题
使用外贸模拟练习系统时，学生的问题可通过“论坛”功能来解答。
使用外贸实习平台时，应注意的问题如下：
1. 用学生的学号来分配五个实习角色的账号。学生登录的用户名以学号+角色识别码来登录，角色识别码分别为出口商、进口商、供应商、出口地银行、进口地银行。
2. 根据评分标准对出口商、进口商、供应商三个角色进行考核，评分标准可在教师专用的管理画面修改。</td></tr>
</table>

续表

教学计划的安排与实施	
19	3. 学生做交易的商品资料，只能以系统中的现有商品资料来做业务练习，教师可在专用的管理画面增加商品资料。 4. 对个别学生的问题，可利用邮件系统做个别解答；对多数学生都有的问题，除在课堂上说明外，可利用“通知”功能来解答。 5. 当有纠纷需要调解或仲裁时，老师担任调解、仲裁者的角色，学生可通过邮件系统向老师申诉，邮件的收件人写老师的登录账户。老师在自己的管理画面里，通过画面右下角的邮件系统进行调解或仲裁。

附录 4

国际贸易实务模拟实验报告书

专业____________ 班级____________

姓名____________ 学号____________

实验名称__________________________

同组者____________________________

实验时间__________________________

指导教师__________________________

实验名称		成绩	

一、实验目的

二、实验设备

三、实验步骤

四、实验数据统计、分析

五、实验报告

六、心得体会

七、其他

附录 5

国际贸易实务常用英汉词汇

A

@ 每；单价；在
accelerate trade payment（ATP）加速贸易付款
acceptance 承兑，接受
acceptance letter of credit（acceptance L/C）承兑信用证
accepting bank 承兑行
acceptor 承兑人
acknowledgement of insurance declaration 投保声明的回执
actual delivery 实际交货
actual quality 实际品质
actual tare 实际皮重
actual total loss 实际全损
Ad. val（拉丁语）从价
advanced bill of lading（advanced B/L）预借提单
advanced payment 预付货款
advising bank 通知行
afltoxin risk 黄曲霉素险
agency 代理
agent 代理商
agreement 协议书
agreement of consignment 寄售协议
Air Express 急件传送
air transportation all risks 航空运输一切险
air transportation cargo war risks 航空运输货物战争险
air transportation risks 航空运输险
air waybill 航空货运单
aligned document system 套合一致的单证
all risks 一切险
all risks for shipment of frozen products 冷藏货物运输一切险
alteration charge 变更卸货港附加费

American Association of Textile Chemists and Colorists（AATCC）美国纺织化学师与印染师协会标准

American Society of Testing Materials（ASTM）美国材料试验协会的标准

announcement of tender 发布招标公告

anticipatory letter of credit（anticipatory L/C）预支信用证

ante-dated bill of lading（ante-dated B/L）倒签提单

antirust packaging 防锈包装

applicant 开证申请人

application for credit 开证申请书

arbitration 仲裁

arbitration agreement 提交仲裁协议

arbitration application 仲裁申请

arbitration clause 仲裁条款

arbitration procedure 仲裁程序

arrival contract 到达合同

artificial harbor 人工港

assembling with customer's parts 来件装配

assignment of proceed 款项让渡或款项过渡

Association of Official Analytical Chemists（AOAC）美国公职分析化学师协会标准

assortment list 花色搭配单

at buyer's option 由买方决定

at seller's option 由卖方决定

auction 拍卖

auctioneer 拍卖人

authority to purchase（A/P）委托购买证

automatic revolving letter of credit
（automatic revolving L/C）自动循环信用证

available by negotiation 议付兑现

available by payment 付款兑现

average price 平均价

average tare 平均皮重

avoidance of delay 防止延迟

B

back to back letter of credit（back to back L/C）对背信用证

bale packing 捆包装

bank credit card 信用卡

bank guarantee 银行保证函

banker's acceptance bill 银行承兑汇票

banker's acceptance letter of credit (banker's acceptance L/C) 银行承兑信用证
banker's bill 银行汇票
banker's cheque 银行支票
banking charges 银行费用
barter trade 易货贸易
base port 基本港
beneficiary 受益人
benefit of insurance 保险利益
berth terms 船方负担装卸费
bid 递盘
bid bond 投标保证金，投标押金
bidding documents 编制招标文件
bill for collection (B/C) 托收汇票
bill of exchange 汇票
bill of lading (B/L) 海运提单
bill of lading weight 提单货量
blank endorsement 空白背书
bona fide holder 善意持有人
book 订购
booking note 托运单
both to blame collision clause (B. B. clause) 船船互撞条款
breach of condition 违反要件
breach of contract 违反合同
breach of innominate terms 违反无名条款
breach of intermediate terms 违反中间性条款
breach of warranty 违反担保或违反随附条件
brief cable 简电本
British standard (BS) 英国（工业）标准
bulk cargo 散装货物
bunker adjustment factor (BAF) 燃油附加费
business negotiation 交易磋商
buyback 回购
buyer's sample 买方样
buyer's usance credit 买方远期信用证
buying hedging 买期保值
buying offer 购货发盘

C

cable address (C/A) 电挂

cable confirmation 电报证实书
cable credit 电开信用证
call of tender 招标
Canadian Standards Association（C. S. A）加拿大标准协会
canceling date 解约日
cargo in bulk 散装货物
cargo manifest 货物舱单
cargo plan 积载图又名船图
cargo receipt 承运货物收据
carriage and insurance paid to（... named place of destination）（CIP）运费、保险费付至（……指定目的地）
carriage paid to（... named place of destination）（CPT）运费付至（……指定目的地）
carton 纸箱
cash against documents 凭单付款
cash discount 现金折扣
cash in advance（C. I. A）预付现款
cash in order（C. I. O）订货时付款
cash on delivery（C. O. D）交货付款
cash with order（C. W. O）附订单付现
certificate for dispatch of documents 寄单证明
certificate for dispatch of shipment samples 寄样证明
certificate in regard to handlooms textile handcrafts and traditional textile products of the cottage industry 手工制纺织品产地证
certificate of age of vessel 船龄证明书
certificate of classification 船舶船级证明
certificate of compliance 明白证明书
certificate of date of sailing 开船证明书
certificate of delivery 交货证明书
certificate of departure from port 离港证明书
certificate of load line 船舶载重线证明
certificate of vessel's nationality 船舶国籍证明
certificate of origin 产地证明书
certificate of textile products 纺织品产地证
certificate of ownership 所有权证书
certificate of weight 重量证书
certified cheque 保付支票
certified invoice 证实发票或签证发票
CFR ex ship's hold CFR 舱底交货
CFR ex tackle CFR 吊钩下交货

CFR landed CFR 卸到岸上

CFR liner terms CFR 班轮条件

CFS to CFS（集装箱运输）站到站

CFS to CY（集装箱运输）站到厂

CFS to door（集装箱运输）站到门

China Council for the Promotion of International Trade（C. C. P. I. T）中国国际贸易促进委员会

China Council for the Promotion of International Trade Certificate of Origin（CCPIT certificate of origin）中国国际贸易促进委员会产地证

China Exit and Entry Inspection and Quarantine Bureau（CIQ）中国出入境检验检疫局

China National Foreign Trade Transportation Corporation（SINOTRANS）中国外贸运输公司

China Ocean Shipping Agency（COSA）中国外轮代理公司

China Ocean Shipping Company（COSCO）中国远洋运输公司

CIF ex ship's hold CIF 舱底交货

CIF ex tackle CIF 吊钩下交货

CIF landed CIF 卸到岸上

CIF Liner terms CIF 班轮条件

claim 索赔

clash and breakage risks 碰损、破碎险

Class Rate Freight Tariff 等级运价表

classification of commodities 货物分级表

clean bill 光票

clean bill of lading（clean B/L）清洁提单

clean letter of Credit（clean L/C）光票信用证

clean report of findings 清洁报告书

closed bids 密封递价

closed policy 总括保险单

collecting bank 代收行

collection 托收

collection advice 托收委托书

colour sample 色彩样品

combined bill of lading（combined B/L）联运提单

combined certificate 联合凭证

combined certificate of value and origin 估价和原产地联合证明书

combined documents 联合单据

combined offer 复合发盘

combined transport bill of lading（CTB/L）联合运输提单

commercial acceptance bill 商业承兑汇票

commercial bill 商业汇票

commercial documents 商业单据
commercial invoice 商业发票
commercial paper letter of credit（commercial paper L/C）商业票据信用证
commercial technology transfer 商业性技术转让
commission 佣金
commission agency 佣金代理
commission agent 佣金代理商
commodity exchange 商品交易所
Commodity Futures Trading Commission 商品期货交易委员会
commodity inspection 商品检验
commodity inspection corporation（C. I. C）商检公司
common license 普通许可
communicate to all address 分送电
compensation agreement 补偿协定
compensation system 补偿制
compensation trade 补偿贸易
complete knock down（C. K. D）全拆卸
complete set bill of lading（complete set B/L）全套提单
Comprehensive Import Supervision Scheme（C. I. S. S）全面进口监督计划
computed tare 约定皮重
conciliation 调解
concurrent terms 对流条件
conditional sale lease 销售租赁
conditioned weight 公量
confirm 保兑
confirmation 确认书
confirmed letter of credit（confirmed L/C）保兑信用证
confirming bank 保兑行
confirming sample 确认样
consecutive days 连续日
consideration 对价
consignee 收货人，代销商
consignment 寄售
consignment bill for highway transportation 公路货物运输托运单
consignor 寄售人
constructive delivery 推定全损
constructive total loss 推定全损
consular invoice 领事发票
consular visa 领事签证

consulting engineers 咨询工程公司

consulting service 顾问咨询

container bill of lading (container B/L) 集装箱提单

container freight station (C. F. S) 集装箱货运站

container load 集装箱装载

container load plan (C. L. P) 装箱单

container number (container no.) 集装箱号

container yard (CY) 集装箱堆场

contingency insurance, covers seller's interest only 卖方利益险

contract 合同

contract for the international sale of goods 国际货物销售合同

Convention on the Recognition and Enforcement of Foreign Arbitral Award《承认及执行外国仲裁裁决公约》

cover note 暂保单

co-production 合作生产

copy of bill of lading (copy B/L) 副本提单

correspondent bank 代理行

cost and freight (... named port of destination) (CFR) 成本加运费(……指定目的港)

cost, insurance and freight... (named port of destination) (CIF) 成本加运保费(……指定目的港)

couriers receipts 快邮收据

counter offer 还盘，还价

counter purchase 互购

counter sample 对等样品

counter trade 对等贸易

counter card 信用卡

counter to expire abroad 国外到期信用证

crew list 船舶船员名单

cross license 交叉许可

cross offer 交叉发盘

crossed cheque 划线支票

currency adjustment factor (CAF) 币值附加费

customary packing 习惯包装

customary tare 习惯皮重

cutting sample 剪样

CY to CFS (集装箱运输) 场至站

CY to CY (集装箱运输) 场至场

CY to door (集装箱运输) 场至门

D

Dalsey, Hilbolom, Lind, Courier's Service DHL 信使专递
dampproof packing 防潮包装
date of issue 出票日期
date of draft 出票日期
dead freight 空舱费
dead weight 总载重量
dead-weight cargo 重货
dead-weight tonnage 载重量吨位
debit note（D/N）借款账单
declaration of country of origin 原产地声明书
deductible 绝对免赔率
deferred payment 延期付款
deferred payment letter of credit（deferred payment L/C）迟期付款信用证
delivered at frontier（... named place）（DAF）边境交货（……指定地点）
delivered duty paid（... named place of destination）（DDP）完税后交货（……指定目的港）
delivered duty unpaid（... named place of destination）（DDU）未完税交货（……指定目的地）
delivered ex quay（... named port of destination）（D. E. Q）目的港码头交货（……指定目的地）
delivered ex ship（... named port of destination）（D. E. S）目的港船上交货（……指定目的港）
delivery 交货
delivery order（D/O）提货单
demand draft（D/D）汇票
demise charter 光船租船
demurrage money 延期费，滞期费
deposit receipt（D/R）押金收据
description of goods 货物说明
desk to desk express service 桌到桌快递服务
dispatch money 速遣费
destination of discharge 目的地
detail airmail 详见航邮件
detailed invoice 详细发票
detailed packing list 详细装箱单
Diners Club international 大莱卡
direct additional 直航附加费

direct barter 直接易货
direct bill of lading（direct B/L）直运提单
direct price 直接价
discount 贴现
discrepancy and clam clause 异议与索赔条款
dishonor 拒付行为
Disinfection Inspection Certificate 消毒检验证书
displacement tonnage 排水量吨位
disponent owner 船东
dock receipt（D/R）码头收据；场站收据
documentary bill 跟单汇票
documentary letter of credit（documentary L/C）跟单信用证
documentary against acceptance（D/A）承兑交单
documentary against payment（D/P）付款交单
documentary against payment with trust receipt（D/P. T/R）付款交单凭信托收据借单
domestic credit 国内信用证
door to CFS（集装箱运输）门到站
door to CY（集装箱运输）门到场
door to door（集装箱运输）门到门
D/P at . . . days after sight 远期付款交单
D/P at sight 即期付款交单
draft 汇票
drawee 受票人，付款人
drawee bank 付款行
drawer 出票人，收款人
duplicate sample 复样
dutch auction 减价拍卖
duty paid value 完税价格

E

EDI message 电子信息
Electronic Data Interchange（EDI）电子数据通信
Electronic Data Processing（EDP）电子数据处理
enclosure 附件
endorsement 批单，背书
engineering contracting 工程承包
enquiry 询盘
equipment lease 设备租赁
errors and omissions excepted（E. &O. E）有错当查，错误或遗漏不在此限

establishing bank 开证行

estimated time of arrival（E. T. A）预定到达时间

estimated time of departure（E. T. D）预定开航时间；预定离港时间

ex works（... named place）（EXW）工厂交货（……指定地点）

except as otherwise noted（E. A. O. N）除非另有记载

exclusive agency 独家代理

exclusive agency agreement 独家代理协议

exclusive agent 独家代理商

exclusive distributor 包销商

exclusive License 独占许可

exclusive sale 包销

exclusive sale agreement 包销协议

expected time of finishing discharging（E. T. F. D）预计卸完时间

expected time of finishing loading（E. T. F. L）预计装完时间

export declaration（E/D）出口申报书

export freight manifest 出口载货运费清单或运费舱单

export licence 出口许可证

export licence textile products 纺织品出口许可证

export manifest 出口载货清单

exporter 出口人

extraneous risks 外来风险

F

failure to deliver risk 交货不到险

fair average quality（F. A. Q）良好平均品质

false bill of lading（false B/L）伪造提单

finance lease 融资租赁

financial documents 资金单据

fire risk extension clause-for storage of cargo at destination HongKong, including Kowloon, or Macao（F. R. E. C）货物出口到中国香港（包括九龙）或中国澳门寸仓火险责任扩展条款

first beneficiary 第一收益人

fixed price 固定价

fixed scale rogalty 固定提成率

flexible container 柔性集装袋

FOB liner term FOB 班轮条件

FOB stowed（FOBS）FOB 包括理舱

FOB stowed and trimmed（F. O B. S. T）FOB 包括平舱和理舱

FOB trimmed（FOBT）FOB 包括平舱

FOB under tackle FOB 钓钩下交货

FOB vessel (... named port of shipment) 指定运港船上交货
Food and Drug Administration (FDA) 美国食品及药品管理局
for reference only 仅供参考
force majeure 不可抗力
force majeure clause 不可抗力条款
fortuitous accidents 意外事故
forward price 期货价格
forward cargo receipt (FCR) 运输代理人的承运货物收据
forwarding agents 发货代理或货运代理
foul bill of lading (foul B/L) 不清单提单
franchise 相对免赔率
free all average (F-A-A) 不计一切海损
free alongside ship (... named port of shipment) (FAS) 船边交货 (……指定装运港)
free carrier (... named place) (FCA) 货交承运人 (……指定地点)
free from particular average (F-P-A) 平安险
free in (F-I) 船方管卸不管装
free in and out (F-I-O) 船房不管装和卸
free in and out, stowed and trimmed (F-I-O-S-T) 船方不管装卸，理舱和平舱
free on board (... named port of shipment) 装运港船上交货 (……指定装运港)
free out 船方管装不管卸
free perimeter 自由边境区
free port 自由港
free trade zone 自由贸易区
freight agent 货运代理人
freight bill 运费账单
freight manifest 运费舱单
freight prepaid 运费已付
freight to collect 运费到付
freight ton 运费吨
fresh water and /or rain damage (F-W-R-D) 淡水雨淋险
fresh water road line 淡水载重线
frustration of contract 合同落空
full cable 全电本
full container load (F-C-L) 整箱货
full packed 全部包装
full payout 完全付清
fill set bill of lading (full set B/L) 全套提单
full set of clean on board bill of lading made out to
order and endorsed in blank 全套清洁已装船做成凭指示和空白背书的提单

fundamental breach 根本违反合同
future contract 期货合同
futures market 期货市场
future transaction 期货交易

G

general additional 一般附加险
Civil Aviation Administration of China（AAC）中国民航总局
general agency 总代理
general agent 总代理人
general average（G-A）共同海损
general average contribution 共同海损分摊
general conditions of delivery of goods 交货共同条件
general terms and conditions 一般交易条件
generalized system of preference certificate of origin Form A（G-S-P Form A）普惠制产地证格式 A
Geneva uniform law on cheque 日内瓦统一支票法规
Good Merchantable Quality（G-M-Q）上好可销品质
goods quality 商品品质
grade of goods 商品等级
grane back 技术反馈
green clause credit 绿条款信用证
gross bills of lading weight 毛提单货量
gross for net 以毛作净
gross registered tonnage（G-R-T）注册总吨
gross terms 船方担负装卸费
grounded 搁浅
groundage bill of lading 成组提单
guarantee letter of credit（guarantee L/C）担保信用证，保证信用证
guarantor 保证人
gunny bags 麻袋

H

Hamburg Rules 海牙规则
hard ware 硬件
heavy lift additional 超重附加费
heavy weather 恶劣气候
hedging 套期保值
hire purchase 租购式租赁

hook damage 钩损险
house air way bill 分运单
house bill of lading 运输代理行提单

I

immediate shipment 立即装运
import declaration 进口申请书
import duty risk 进口关税险
importer 进口人
indent 订单
indicative marks 指示性标志
industrial activity 实用性
industrial property 工业产权
initial payment 初付费，入门费
initial price 初步价格
injured party 受害方
inland depot 内陆货运站
inland extended cover 内陆附加险
inland waterway bill of landing 内陆提单
inspection and claim clause 检验与索赔条款
Inspection Certificate of Health 健康检验证书
Inspection Certificate of Origin 产地检验证书
Inspection Certificate of Quality 品质检验证书
Inspection Certificate of Quantity 数量检验证书
Inspection Certificate of Value 价值检验证书
Inspection Certificate of Weight 重量检验证书
Inspection Certificate on Cargo Weight and Measurement 货物衡量证书
Inspection Certificate on damaged Cargo 验残检验证书
Inspection Certificate on Tank /Hold 验舱证书
inspection of goods 货物检验
Institute Cargo clauses（ICC）协会货物险条款
Institute Cargo clauses A［ICC（A）］协会货物（A）险条款
Institute Cargo clauses B［ICC（B）］协会货物（B）险条款
Institute Cargo clauses C［ICC（C）］协会货物（C）险条款
Institute strikes clauses-Cargo 协会罢工险条款（货物）
Institute War clauses-Cargo 协会战争险条款（货物）
insurable interest 保险利益；可保权益
insurance certificate 保险凭证
insured amount 保险金额

insurer 承保人；保险人
intellectual property 知识产权
interim measures of protection 保全措施又称临时保护措施
International Chamber of Commerce（ICC）国际商会
International code of conduct on the technology transfer 国际技术转让行动守则
international competitive bidding 国际竞争性招标
international combined transport 国际多式联运
international express mail service（EMS）国际特快专递
international multimodal transport 国际多式联运
international railway through transport 国际铁路货物联运
International rules for the interpretation of trade terms（INCOTERMS）国际贸易术语解释通则
International standard organization 国际标准化组织
International trading certificate（ITC）国际贸易证书
intrinsic quality 商品内在素质
inventive activity 创造性
invitation to make offer 邀请发盘
invitation to tender 招标
irrespective of percentage（I-O-P）不论损失程度
irrespective letter of credit（irrevocable L/C）不可撤销信用证
issue 出票
issuing bank 开证行
insurance policy 保险单
insurance value 保险价值

J

Japanese Industrial Standard（JIS）日本工业标准
jettison and/or washing over board 抛掷，海水冲击险

K

kite mark 风筝标志
knocked-down in carloads 拆散成整车皮装货物
knocked-down shipment（货物）分运
know how 专有技术

L

land bridge transport 大陆桥运输
landed terms 起货条件
landing account 卸货报告

landing quality, weight as final 以到岸品质，重量为准
landing weight 卸货重量，到岸重量
last pay certificate 最后付款证明书
late acceptance 逾期接受
law and practice 法律惯例
lay time 装卸时间
lay days date 受载时间
leakage risk 渗漏险
lease trade 租赁贸易
licensor's share on licensee's profit（LSLP）利润分成原则
legal net weight 法定净重
legal weight 法定重量
less than container load（LCL）拼箱货
lessee 承担人
lessor 出租人
letter of credit（L/C）信用证
letter of guarantee（L/G）银行保证函
letter telegramme 书信电报
leverage lease 杠杆租赁
licensing 许可证贸易
licensing agreement 许可证协议
lien 扣押权
light displacement 空船排水量或清排水量
liner 班轮
liner shipping 班轮运输
liner terms 班轮条件，船方负担装卸费
liner's freight tariff 班轮运价表
liquidated damages 预定损害赔偿
litigation 诉讼
load line 船舶载重线
loaded displacement 满载排水量或重排水量或总排水量
loading list 装货清单
local freight agent 当地运输代理商
local vanning 当地装箱
log book 航行日志
London Metal Exchange 伦敦五金交易所
London Stock Exchange 伦敦证券交易所
long form bill of lading（long from B/L）全式提单
long length additional 超长附加费

loss and/or damage caused by breakage of packing 包装破裂险
lot tolerance rate 批内允许破损率
lot tolerance defective 批内允许次品费
lowest price limit 最低售价
lump sum payment 一次总算

M

mail confirmation to follow 随寄证实书
mail credit 信开信用证
mail transfer（M/T）信汇
main mark 主要标志
major causes 重大意外事故
malicious damage clauses 恶意损害险条款
manufacture's certificate of origin 生产商原产地证明书
manufacture's invoice 厂商发票
marine bill of lading 海运提单
marine insurance policy 水运保险单
marker capacity 标定容量
master airway bill 民航运单
Master Card 万事达卡
master document 总单证
master receipt 大副收据
material breach 重大违约
mate's receipt 大副收据
measurement and weight mark 体重和重量标志
measurement cargo 轻货
measurement list 尺码单
measurement ton（M/T）尺码吨
memorandum 备忘录
method of dispatching documents 寄单方法
method of reimbursement 所汇方法
mildew proof packaging 防霉包装
mini land bridge（M-L-B）小路桥
minimum bill of lading（minimum B/L）起码提单
minimum freight 起码运费
minimum premium 最低保险费
minimum rate 起码费率
minimum weight 最低重量
minor breach 轻微违法

mixed agreement 混合协议
mixed policy 混合保险单
mode of shipment 运输方式
money of account 计价货币
money of payment 支付货币
more or less clause 溢短装条款
multimode transport documents（MTO）多式联运单据
multimode transport operator（MTO）多式联运经营人
multiple country declaration 多国家产地声明书

N

name of commodity 品名
national harbors 天然港
natural calamity 自然灾害
negotiable calamity 流通证券
negotiated bidding 谈判招标
negotiating bank 议付行
negotiation 议付
negotiation letter of credit 议付通行证
net bills of lading weight 净提单货量
net dead weight 净载重量
net net weight 净净重
net registered tonnage（NRT）注册净吨
net weight 净重
neutral invoice 中性发票
neutral packing 中性包装
New York Commodity Exchange 纽约商品交易所
no commercial value（N-C-V）无商业价值
no mark（N/M）无唛头
no orders（N/O）无指示，无订单，不指定人
non-acceptance（N/A）拒绝承兑，拒绝接受
non-automatic revolving letter of credit Non-base port 非自动循环信用证
non-commercial technology transfer 非基本港
non-cumulative revolving letter of credit 非商业性技术转让
non-payout 非累计循环信用证
non-vessel operating carrier（NVOC）不完全付清
non-vessel operating common carrier（NVOCC）无船承运人
non-vessel owning common carrier（NVOCC）无船承运人
notice of abandonment 委付通知

notice of readiness 备装通知
notify party 被通知人
notifying bank 通知行
novelty 新颖性
nuded cargo 裸装货物

O

ocean bill of lading (ocean B/L) 海运提单
ocean marine insurance frozen products 海洋运输冷藏货物保险
ocean marine insurance wood oil bulk 海洋运输散装桐油保险
ocean waybill 海上货运单或海运单
off set 抵消贸易
offer 发盘
offer without engagement 不受约束的发盘
omnibus bill of lading (omnibus B/L) 并提单
on board bill of lading (on B/L) 已装车提单
on deck risk 舱面险
once on demurrage a leeway's on demurrage 一旦滞期，始终滞期
open account transaction 赊账交易
open bidding 公开招标
open by airmail 信开
open by telecommunication 电开
open policy 预约保单
open negotiation letter of credit 公开议付信用证
opener 开证人，开证申请人
opening bank 开证行
opening of tender 开标
operating lease 经营租赁
operative instrument 有效文本
optional charges 选港费
optional fees 选择卸货港附加费
optional port 选择港
order 订货，订单
order bill of lading (order B/L) 指示提单
original mark 原产地标志
outturn sample 船样
overland common points (O-C-P) 内陆地区
overland transportation all risks 陆运一切险
overland transportation cargo war risks-by train 路上运输货物战争险

overland transportation frozen products 路上运输冷藏货运险
overland transportation risks 陆运险

P

pack slip 装箱单
packaging 销售包装
package number mark 件号标志
package list 装箱单
packed cargo 包装货物
packing 运输包装
packing documents 包装单据
packing loan 打包放款
packing specification 包装证明
packing summary 包装提要
paper bags 纸袋
paperless documentation
parcel post all risks 邮包一切险
parcel post risk 邮包险
parcel post war risks 邮包战争险
part packed 局部包装
partial loss 部分损失
partial shipment 分批装运
particular average 单独海损
patent 专利
pattern sample 款式样品
pay by installment 分期付款
payee 受款人
payer 付款人
paying bank 付款行
payment 付款
payment in advance 预付条款
penalty clause 罚金条款
performance bond 履约保证金
performance guaranty 履约保证函
performance letter of credit 履约信用证
perils of the sea 海上风险
physical delivery 实际交货
place of departure 起运地
place of issue 出票地点

place of payment 付款地点
place of receipt 收货地
port of call 挂靠港
port congestion surcharge 港口拥挤附加费
port of destination 目的港
port of discharge 卸货港
port of loading 装货港
port of shipment 装运港
port of transshipment 转运港
port surcharge 港口附加费
port to port 港到港
postal money order 邮政汇票
presentation for acceptance 承兑提示
presentation for payment 付款提示
presenting bank 提示行
price adjustment clause 价格修正条款
price terms 价格条件，价格术语
principal 委托人
processing with customer's materials 来料加工
product buyback 产品返销
product sharing 产品分成
performa invoice 形式发票
progress 先进性
progression payment 分期付款
promissory note 本票
prompt shipment 即期装运
protest 拒付证书
provisional price 暂作价
public certificate 公务证书
purchase order 购货订单
purchase confirmation 购货确认书
purchase contract 购货合同

Q

quality sample 品质样品
quality latitude 品质机动幅度
quality of goods 商品品质
quality to be about equal to the sample 品质与样品大致相同
quality tolerance 品质公差

quote 报价

R

real tare 实际皮重
receipt for the goods 货物收据
receipt invoice 收妥发票
received for shipment bill of lading 备运提单
reciprocal letter of credit 对开信用证
red clause letter of credit 红条款信用证
reference sample 参考样品
registered tonnage 注册吨
regular shipping liner 班轮
reimbursing agent 偿付代理人
reimbursing bank 偿付行
reissuing bank 转开行
rejection risk 拒收险
related product 相关样品
remittance 汇付
remittance against documents 凭单付汇
remitting bank 托收行
repayment guarantee 还款保证函
representative sample 代表性样品
restricted negotiation letter of credit 限制议付信用证
restrictive endorsement 限制背书
resultant product 直接产品
return sample 回样
return voyage charter 来回航程次
Revised American Foreign Trade Definitions 1941 1941年美国对外贸易定义修正本
revocable letter of credit 可撤销信用证
revoke 撤销
revolving around time letter of credit 按时间循环信用证
revolving around value letter of credit 按金额循环信用证
revolving letter of credit 循环信用证
right of exclusive sale 独家经销权利
right of recourse 追索权
right of subrogation 代位追偿权，代位权
risk for shipment of frozen products 冷藏险
risk of intermixture and contamination 混杂，沾污险
risk of odour 串味险

risk of shortage 短量险
risks clause 风险条款
risks covered 承保范围
risks of strikes, riots and civil commotion（SRCC）罢工，暴动，民变险
Rules for Prearbitral Referee Procedures 仲裁前公断程序规则
ruling price 现行价
running days 连续日
running working days 连续工作日
rust-inhibiting packaging 防锈包装
rusting risk 锈损险

S

safty-mark 安全标志
sailing date 开航日期，船期
sale and lease back 回租
sale by brand name or trade mark 凭牌名或商标销售
sale by buyer's sample 凭买方样品销售
sale by description 凭文字说明销售
sale by grade 凭等级销售
sale by illustration 凭说明书销售
sale by sample 凭样销售
sale by seller's sample 凭卖方样品销售
sale by specification 凭规格销售
sale by standard 凭标准销售
sales confirmation 销售确认书
sales contract 销售合同
salvage charge 救助费用
Sanitary Inspection Certificate 卫生检验证书
scheduled airline 班机运输
sea protest 海事报告
sea water damage 海水损失险
sea waybill 海运单或海上货运单
seal number（seal no.）封号
sealed bid 密封发盘，密封递价
sealed sample 封样
seaworthy packing 适合海运包装
second beneficiary 第二受益人
secondary credit 从属信用证或对背信用证
selected bidding 选择性招标

seller's sample 卖方样
seller's usual packing 卖方惯用包装
selling hedging 卖期保值
selling offer 售货发盘
semi knock down（S. K. D）半拆卸
semi-automatic revolving credit 半自动循环信用证
separate bill of lading 分提单
settlement of exchange 结汇
shipment 装运
shipment as soon as possible 尽快装运
shipment certificate 装船证明
shipment certificate textile products 纺织品装船证明
shipment contract 装运合同
shipment request 装货申请
shipped bill of lading 已装船提单
shipper 托运人
shipping advice 装船通知
shipping agent 船务代理
shipping mark 运输标志
shipping note 装货通知单
shipping order（S/O）装货单
shipping package 运输包装
shipping quality，weight or quantity as final 以离岸品质，重量或数量为准
shipping sample 装船样品
ship's classification 船级
shockproof packing 防震包装
short delivery 短交，短交获
short from bill of lading（short from B/L）略式提单
show how 技术示范
sight 见票
sight draft 即期汇票
sight letter of credit 即期信用证
sight payment letter of credit 即期付款信用证
signature of the drawer 出票人签字
similar credit 套证
single country declaration 单一国家声明
simple license 普通许可
single rate freight tariff 单相费率运价表
single voyage charter 单程航次

sliding price 滑动价
soft ware 软件
sole agency 独家代理
sole agent 独家代理商
sole license 排他许可
special additional risk 特别附加险
special drawing rights（SDRs）特别提款权
special endorsement 特别背书
special order 特别订单
special policy 逐笔保险单
specification list 规格明细单
specification of goods 商品规格
speed post receipt 快递收据
standby letter of credit 备用信用证
stowage factor 积载系数
stowage plan 积载图，船图
straight bill of lading 记名提单
straight lease 直接租赁
strand 触礁
strikes risk 罢工险
subject matter insured 保险标的物
sub-license 分许可
submission of arbitration agreement 提交仲裁协议
submission of tender 投标
subsidiary credit 从属信用证或对背信用证
sue and labour expense 施救费用
summer load line 夏季载重险
survey report 检验报告
sweat and heating risks 受潮受热险
switch bill of lading 交货提单
switcher 转手商
symbolic delivery 象征性交货

T

Technical and Clause Committee 技术与条款委员会
technical servicing and assistance 技术服务与协助
technology continuing assistance 技术继续援助
technology transfer agreement 技术转让协议
technology transfer transaction 技术转让

telegraphic transfer（T/T）电汇
tender guarantee 投标保证书
terminal devanning（集装箱）区内拆箱
The British System 英制
the doctrine of strict compliance 严格符合的原则
the metric system 米制
The People's Insurance Company of China（PICC）中国人民保险公司
The U，S，Export Quotations and abbreviations 美国出口报价及其缩写条例
The U. S. System 美制
theft, pilferage and non-delivery 偷窃，提货不着险
theoretical weight 理论重量
through bill of lading（through B/L）联运提单
time charter 定期租船
time draft 远期汇票
time letter of credit（time L/C）远期信用证
time policy 定期保险单
to draw 出票
to order 凭指定
to order of 凭某某指定
to order of（××）Bank 凭某某银行指定
to order of shipper 凭托运人指定
tonnage certificate 船舶吨位证书
total amount 总值
total loss 全部损失
total quality control 全面质量控制
trade and payment agreement 贸易和支付规定
trade discount 贸易折扣
trade mark 商标
trade terms 贸易条件，贸易术语
transferable letter of credit 可转让信用证
transfering bank 转证行
transshipment bill of lading 转船提单
transshipment risk 转运费
transshipment surcharge 转船附加费
transshipment to be allowed 允许转船
Transit Siberian Land Bridge Container Service Traffic（TSCS）西伯利亚大陆桥集装箱运输
transit storage 转运仓库
transmitting bank 转递行
transport document 运输单据

traveler's cheque 旅行支票
traveler's letter of credit 旅行信用证
trip charter 定程租船
tropical fresh water load line 热带地区淡水载重线
tropical load line 热带地区载重线
true lease 正式租赁
trust receipt（T/R）信托收据
T/T reimbursement 电报索赔条款
turn key project 交钥匙项目
Twenty-foot Equivalent Unit（TEU）20 英尺（集装箱）等量单位
two-stage bidding 两段招标
type sample 标准样品

U

unclean bill of lading 不清洁提单
unconditional guarantee 无条件函
unconfirmed letter of credit 不保兑信用证
Underwriter Laboratories Inc.（U. L）美国保险人公会安全认证标志
Uniform Customs and Practice for Commercial Documentary Credit（UCP）商业跟单信用证统一惯例
Uniform Rules for Collection 托收统一规则
unit load device 成组装运设备
unit packing list 成组（货物）装箱单
unit price 单价
United Nations Conference on Trade and Development（UNCTAD）联合国贸发会议
United Nations Layout Key for Trade Documents 联合国贸易单据设计样式
universal bulk ship 通用散装货船
universal products code（UPC）通用产品符号
unlimited competitive bidding 不限竞争性招标
unlimited price 不限价
unvalued policy 不定值保险单
usance credit 远期信用证
usual risks 通常险
utility 实用性

V

value added tax 增值税
value policy 定值保险单
verification certificate 验单

Veterinaty Inspection Certificate 兽医检验证书
Visby Rules 维斯比规则
voyage charter 定程租船
voyage policy 船程保单

W

war risk 战争险
warehouse receipt 仓库收据
warehouse stock 仓库存货
warehouse to warehouse clause (W/W clause) "仓至仓" 条款
warf-owner's liability 码头主责任
warning marks 警告性标志
Warsaw-Oxford Rules 1932 1932 年华沙—牛津规则
waterproof packaging 防雨包装
weather working days 晴天工作日
weather working days of 24 consecutive hours 连续 24 小时晴天工作日
weather working days of 24 hours 24 小时晴天工作日
weight certificate 重量证书
weight list 重量单
weight memo. 磅码单
weight note 重量单
weight ton (W/T) 重量吨
winter load line 冬季载重线
winter north Atlantic load line 北大西洋冬季载重线
with average (W. A) 水渍险
with particular average (W. P. A) 水渍险
with recourse credit 有追索权信用证
withdraw 撤回
without engagement 不受约束
without recourse 不受追索
without recourse credit 无追索权信用证
wooden cakes 木桶
wooden cases 木箱
working days 工作日
written statement 书面声明

Y

York-Antwerp Rules 约克 · 安特卫普规则（共同海损理算规则）

参 考 文 献

[1] 薛荣久. 国际贸易. 6 版. 北京：对外经济贸易大学出版社，2016.

[2] 黎孝先. 国际贸易实务. 6 版. 北京：对外经济贸易大学出版社，2016.

[3] 朱廷珺，夏合群. 国际贸易. 北京：北京大学出版社，2008.

[4] 缪东玲，夏合群. 国际贸易理论与实务. 3 版. 北京：北京大学出版社，2019.

[5] 夏合群. 国际贸易实务. 3 版. 北京：北京大学出版社，2019.

[6] 夏合群. 国际贸易实务模拟操作教程. 3 版. 北京：对外经济贸易大学出版社，2015.

[7] 冷柏军. 国际贸易实务. 北京：对外经济贸易大学出版社，2005.

[8] 中华人民共和国商务部外贸发展事务局，北京国培商务研究所. 中小企业外贸操作指南. 北京：对外经济贸易大学出版社，2006.

[9] 王健. 跨境电子商务基础. 北京：中国商务出版社，2015.

[10] 周安宁，戈雪梅. 跨境电子商务网络营销. 北京：中国商务出版社，2015.

[11] 黄斌，刘志惠. 跨境电商案例分析. 北京：中国商务出版社，2016.

[12] 刁建东. 跨境电商业务交流与沟通. 北京：中国商务出版社，2015.

[13] 陈明，许辉. 跨境电子商务操作实务. 北京：中国商务出版社，2015.

[14] 唐红涛，谭颖. 跨境电子商务理论与实务. 北京：对外经济贸易大学出版社，2019.